Die schwarze Flamme

Stanley G. Weinbaum

Verlag Heliakon

Verlag Heliakon

Original Titel: Dawn of Flame und The Black Flame
Übersetzer: Osmar Henry Syring

Umschlaggestaltung: Verlag Heliakon

Druck und Vertrieb: BoD – Books on Demand

www.verlag-heliakon.de
info@verlag-heliakon.de

ISBN: **978-3-949496-49-3**

Titelbild: Pixabay (CursedQueen)

Die Deutsche Nationalbibliothek verzeichnet diese Publikation in der Deutschen Nationalbibliografie; detaillierte bibliografische Daten sind im Internet über www.dnb.de abrufbar.

Inhaltsverzeichnis

Alle Gespräche, die der Prinzessin Margaret in dieser Geschichte zugeschrieben werden, sind wortwörtlich aus einem anonymen Buch mit dem Titel „Die Liebschaften der schwarzeb Flamme“ entnommen, das im Jahr 186 in Urbs veröffentlicht wurde. Es wird Jacques Lebeau zugeschrieben, dem befehlshabenden Offizier der Leibwache der schwarzen Flamme.

1. Buch – Die ersten Zeiten der Flamme

Die Welt

Hull Tarvish blickte nur einmal zurück, und das auch nur, als er die Biegung der Straße erreichte. Das kleine, geräumige Steinhaus, das sein Zuhause gewesen war, lag da, wie er es schon tausendmal gesehen hatte, eingerahmt von Zedern. Seine Mutter beobachtete ihn noch immer, und zwei seiner jüngeren Brüder standen dort und starrten den Berghang hinunter auf ihn. Er hob die Hand, um sich zu verabschieden, ließ sie aber fallen, als er merkte, dass ihn keiner mehr sah; seine Mutter hatte sich gleichgültig der Tür zugewandt, und die beiden Jungen hatten ein Kaninchen erspäht. Er drehte sich um und ging den Hang hinunter aus Ozarky hinaus.

Er kam an der Stelle vorbei, wo einst die große Stahlstraße der Alten verlief, die jetzt nur noch aus zwei rostigen Streifen und einer Reihe verrotteter Baumstämme bestand. Daneben lag der moosbewachsene Steinhaufen, der in den Tagen vor den Dunklen Jahrhunderten, als Ozarky noch zum alten Staat M'souri gehörte, ein uraltes Bauwerk gewesen war. Die Bergbewohner suchten hier noch immer nach quadratischen Steinen, um sie zum Bauen zu verwenden, aber das zähe Metall der Stahlstraße selbst war zu widerspenstig, um es zu benutzen, und die Schienen waren in diesen dreihundert Jahren still vor sich hin gerostet.

So viel wusste Hull Tarvish, denn das waren Dinge, über die man nachts am Kamin noch sprach. Sie waren mächtige Zauberer gewesen, diese Alten, ihre stählernen Straßen führten überall hin, und überall lagen die Ruinen ihrer Städte, die, wie es hieß, von einer Magie gebaut worden waren, die Gewichte heben konnte. Unten im Tal, das wusste er, suchten die Menschen noch immer nach diesem Zauber. Einmal hatte ein Reiter im Haus der Tarvish übernachtet, ein kleiner Mann, der erzählt hatte, im fernen Süden sei das Geheimnis gefunden worden. Aber niemand hatte je wieder etwas davon gehört.

Also pfiff Hull vor sich hin, schob sich den Lumpensack über die Schulter, legte den Bogen bequemer auf seinen mächtigen Rücken und stapfte weiter. Das war der Grund, warum er selbst auf dem Weg ins Tal war; er wollte die Welt in Augenschein nehmen. Er war schon immer ein rastloser Mensch gewesen, ganz anders als die anderen sechs Tarvish-Söhne und auch anders als die drei Tarvish-Töchter. Sie waren echte Bergbewohner, die Söhne große Jäger und die Töchter behäbig und fleißig. Nicht so Hull. Er war weder faul wie seine Brüder noch behäbig wie seine Schwestern, sondern rastlos, neugierig und verträumt. So pfiff er sich durch die Welt und war glücklich.

Am Abend machte er bei der Hobel-Hütte am Rande der Berge Halt. Vor ihm erstreckte sich die Ebene, und in der dunkler werdenden Ferne war der Kirchturm von Norse zu sehen. Das war ein Dorf; Hull hatte noch nie ein Dorf gesehen, jedenfalls nicht mehr als diesen weit entfernten Kirchturm, der die Form einer geraden weißen Kiefer hatte. Aber er hatte von Norse gehört, denn die Bergbewohner, die ein Gewehr hatten, gingen gelegentlich dorthin, um Pulver und Kugeln für ihre Gewehre zu kaufen.

Hull besaß nur einen Bogen. In Gewehren sah er keinen Sinn. Pulver und Kugeln kosteten Geld, aber ein Pfeil erledigte die gleiche Arbeit umsonst, und das, ohne das Wild eine Meile weit zu verscheuchen.

Am Morgen verabschiedete er sich von den Hobels, die ihn wie immer für ein wenig verrückt hielten, und machte sich auf den Weg. Seine kräftigen, braunen nackten Beine blitzten unter der zerlumpten Hose hervor, seine nackten Füße machten ein angenehmes Geräusch im Staub der Straße, die Juni-Sonne schien warm auf seine rechte Wange. Er war glücklich. Es gab nie eine schönere Welt als diese, also lächelte er und pfiff und spuckte vorsichtig in den Staub, weil er sich daran erinnerte, dass es Unglück brachte, in die Sonne zu spucken. Er war auf dem Weg ins Abenteuer.

Das Abenteuer begann. Hull war nun in der Ebene angelangt, wo die Bäume höher waren als das Gestrüpp der Hügel und wo die vereinzelten

Farmen breiter, besser bestellt und wohlhabender waren. Der Weg war zu einem Karrenweg geworden, der sich hier zwischen zwei Waldreihen hindurchschlängelte. Plötzlich erhob sich ein Mann – nein, zwei Männer – von einem Baumstamm am Straßenrand und kamen auf Hull zu. Er beobachtete sie. Der eine war groß und hellhaarig wie er, aber nicht so schwer, und der andere war einen Kopf kleiner und dunkler. Zweifellos waren sie aus dem Tal, denn der Dunkle trug eine stumpfe Pistole am Gürtel, mit einem Holzschaft wie bei den Alten, und der Bogen des Großen war aus glänzendem Federstahl.

»Hallo, Bergmann!« sagte der dunkle Mann. «Wohin gehst du?«

»Nach Norden«, antwortete Hull kurz.

»Was ist in dem Rucksack?«

»Meine Zunge«, schnappte der Jüngling.

»Sachte, sachte«, grunzte der hellere Mann. »Nichts für ungut, Bergmann. Wir sind nur neugierig. Das ist ein gutes Messer, das du da hast. Ich möchte es eintauschen.«

»Gegen was?«

»Für das Blei in deinem Schädel«, knurrte der Dunkle. Plötzlich hatte er die stumpfe Pistole in der Hand. »Gib es her, und die Tasche auch.«

Hull sah von einem zum anderen. Schließlich zuckte er mit den Schultern und machte eine Bewegung, als wolle er seine Tasche von den Schultern heben. Dann schoss sein linker Fuß nach vorn und traf den Dunklen mit der ganzen Kraft von Hulls Muskeln und Gewicht direkt in die Magengrube.

Der Mann konnte gerade noch ein leises Grunzen hervorbringen, dann krümmte er sich und fiel hin, während seine Waffe ein Dutzend Meter weit in den Staub geschleudert wurde. Der Leichte stürzte sich auf sie, aber Hull packte ihn an der Kehle, drehte ihn zweimal um, und der kurze Kampf war vorbei. Mit einem stumpfen, geladenen Revolver an der Hüfte, einem blitzenden Bogen aus Federstahl über der Schulter und zweiundzwanzig glänzenden Stahlrohren im Köcher schwang er sich gemächlich auf den Weg nach Norden.

Er erklomm eine kleine Anhöhe und die Stadt lag vor ihm. Er starrte sie an. Mindestens hundert Häuser. In der Stadt lebten bestimmt fünfhundert Menschen, mehr, als er in seinem ganzen Leben gesehen hatte. Er ging eifrig weiter und blickte auf die baumhohe Kirche, auf die Fenster, die aus alten Ruinen geborgen und sorgfältig zusammengesetzt worden waren, auf die Taverne mit dem schwingenden Wappen eines unglaublich dicken Mannes, der einen riesigen Becher in der Hand hielt. Er starrte auf die Häuser, vor denen sich zum Teil Läden befanden, und auf die Menschen, von denen die meisten in Leder gekleidet waren.

Er selbst erregte kaum Aufmerksamkeit. Norse war an die Bergmänner gewöhnt, und nur ein oder zwei Mädchen warfen einen abschätzenden Blick auf seine mächtige Gestalt. Das war ihm unangenehm, denn die Mädchen in den Bergen kicherten und wurden rot, aber in diesem Alter starrten sie nie einen Mann an. Also blickte er trotzig zurück, ließ den Blick von ihren Hauben zu den wehenden Röcken über ihren Ledersandalen wandern, und sie lachten und gingen weiter.

Hull interessierte sich nicht für die Nordländer, beschloss er. Als die Sonne unterging, kamen ihm die Häuser zu nahe, als würden sie ihn erdrücken, also machte er sich auf den Weg ins Grüne, um zu schlafen. Die Überreste einer alten Stadt grenzten an das Dorf und ihre gespenstischen Mauern bröckelten gegen Westen.

Natürlich gab es dort Geister, also ging er weiter, fand eine bewaldete Stelle, legte sich hin und steckte seinen Bogen und die Stahlpfeile in seine Tasche, um sie vor dem rostenden Nachttau zu schützen. Dann band er die Tasche um seine nackten Füße und Beine, streckte sich bequem aus und schlief mit der Hand am Pistolengriff. Natürlich gab es in diesen Wäldern keine Tiere, die man fürchten musste, außer Wölfen, und die griffen in der warmen Jahreszeit nie Menschen an, aber es gab Menschen, und die hielten sich nicht an solche jahreszeitlichen Gesetze.

Er wachte triefend nass auf. Die Sonne schoss goldene Lanzen durch die Bäume, und er hatte einen Bärenhunger. Er aß das letzte braune Brot seiner Mutter aus seiner Tasche, das nun neben seinen Füßen zerbröselte, und schritt dann zur Straße. Dort stand ein Wagen, der knarrend nach Norden fuhr. Der bärtige, freundliche Mann darin war froh, dass er ihn als Begleiter mitnehmen durfte.

»Bergmann?«, fragte er.

»Ja.«

»Wo wohnst du?«

»Die Welt«, sagte Hull.

»Nun«, bemerkte der andere, »es ist ein großer Ort, und alles, was ich davon gesehen habe, ähnelt dem hier. Alles außer Selui. Das ist eine Stadt. Ja, das ist eine Stadt. Warst du schon mal da?«

»Nein.«

»Da sind«, sagte der Bauer beeindruckt, »zwanzigtausend Menschen drin. Vielleicht sogar noch mehr. Und sie haben dort die größten Ruinen, die du je gesehen hast. Brücken. Gebäude. Vier- bis fünfmal so hoch wie die Kirche im Norden, und sie sind schon eingestürzt. Weiß der Teufel, wie hoch sie früher einmal waren.«

»Wer hat dort gelebt?«, fragte Hull.

»Ich weiß nicht. Wer will schon so hoch oben wohnen, dass man einen ganzen Vormittag braucht, um hinaufzukommen? Es sei denn, es war Magie. Ich glaube nicht an Magie, aber man sagt, dass die Alten fliegen konnten.

Hull versuchte, sich das vorzustellen. Eine Zeit lang herrschte Schweigen, nur das langsame Hufgetrappel der Pferde war zu hören. »Ich glaube es nicht«, sagte er schließlich.

»Ich auch nicht. Aber hast du gehört, was man in Norse sagt?«

»Ich habe nichts gehört.«

»Man sagt«, sagte der Bauer, »dass Joaquin Smith wieder marschieren wird.«

»Joaquin Smith!«

»Ja. Sogar die Bergmänner wissen über ihn Bescheid, was?«

»Wer nicht?«, erwiderte Hull. »Dann wird wohl im Süden gekämpft werden. Ich glaube, ich werde nach Süden gehen.«

»Warum?«

»Ich mag das Kämpfen«, sagte Hull einfach.

»Das ist eine gute Antwort«, sagte der Bauer, »aber wie man hört, wird nicht viel gekämpft, wenn der Meister kommt. Es gibt viel Zauberei in

N'Orleans, vom einfachen Zauberer bis zu Martin Sair, der ein Blutsohn des Teufels sein soll.«

»Ich würde gerne sehen, wie seine Zauberei gegen die Pfeile und Kugeln des Bergmanns aussieht«, sagte Hull grimmig. »Es gibt keinen von uns, der nicht auf tausend Schritt Entfernung mit dem Gewehr ein Auge trifft. Oder zweihundert mit dem Pfeil.«

»Zweifellos; aber was ist, wenn das Pulver in Flammen aufgeht und die Kanonen sich selbst abfeuern, bevor er überhaupt über den Horizont kommt? Man sagt, dass er oder die Schwarze Margot dafür einen Zauberspruch haben.«

»Schwarze Margot?«

»Die Prinzessin, seine Halbschwester. Die dunkle Hexe, die neben ihm reitet, die Prinzessin Margaret.«

»Oh – aber warum die schwarze Margot?«

Der Bauer zuckte mit den Schultern.

»Wer weiß? So wird sie von ihren Feinden genannt.«

»Dann nenne ich sie auch so«, sagte Hull.

»Ich weiß nicht«, sagte der andere. »Für mich macht es keinen Unterschied, ob ich Steuern an N'Orleans zahle oder an den mürrischen alten Marcus Ormiston, den Dorfältesten von Ormiston.« Er schnippte mit der Peitsche in die Ferne, wo Hull jetzt Häuser und das Rauschen eines kleinen Flusses entdeckte. »Ich habe in den Städten des Reiches Waren verkauft, und die Menschen dort schienen genauso glücklich zu sein wie wir, nicht mehr und nicht weniger.«

»Es gibt aber einen Unterschied. Es ist die Freiheit.«

»Nur ein Wort, mein Freund. Sie pflügen, sie säen, sie ernten, genau wie wir. Sie jagen, sie fischen, sie kämpfen. Und was die Freiheit angeht: sind sie weniger frei, wenn ein Hexenmeister über sie herrscht, als ich, wenn ich ein schrulliger Narr bin?«

»Die Bergmänner zahlen an niemanden Steuern.«

»Und niemand baut Straßen oder gräbt öffentlichen Brunnen. Wo du wenig zahlst, bekommst du weniger, und ich behaupte mal, dass die Straßen im Reich besser sind als unsere.«

»Besser als das?«, fragte Hull und starrte auf die staubige und breite Ortsstraße.

»Viel besser. In der Nähe von Memphis gibt es eine Straße aus festem Gestein, das sie durch Zauberei weich gemacht haben und dann aushärten ließen, so dass es weder Schlamm noch Staub gibt.«

Hull dachte darüber nach. »Der Meister«, platzte er plötzlich heraus, »ist er wirklich unsterblich?«

Der andere zuckte mit den Schultern. »Wie soll ich das beschreiben? Es gibt große Zauberer im Süden, und der größte von ihnen ist Martin Sair. Aber ich weiß, dass ich zweiundsechzig Jahre alt bin, und solange ich denken kann, gab es hier im Süden immer Joaquin Smith und immer ein Reich, das Städte verschlingt wie ein Hase Karotten.

Als ich jung war, war es weit weg, jetzt ist es zum Greifen nah, das ist der Unterschied. Damals wie heute sprach man von der Schönheit der Schwarzen Margot und der Magie des Martin Sair.«

Hull antwortete nicht, denn Ormiston war in der Nähe. Das Dorf ähnelte dem von Norsen, nur dass es sich an niedrige Hügel schmiegte, auf deren Kämmen uralte Ruinen thronten. In der Nähe hielt sein Begleiter an und Hull dankte ihm, als er zu Boden sprang.

»Wohin?«, fragte der Bauer.

Hull dachte einen Moment nach. »Selui«, sagte er.

»Nun, es sind hundert Meilen, aber es werden viele sein, die dich mitnehmen.«

»Ich habe meine eigenen Füße«, sagte der Junge. Plötzlich drehte er sich bei einer Stimme auf der anderen Straßenseite um: »Hallo! Bergmann!«

Es war ein Mädchen. Ein sehr hübsches Mädchen mit schlanker Taille, kupferfarbenen Haaren und blauen Augen, das am Tor vor einem großen Steinhaus stand. »Hallo!«, rief sie. »Willst du für dein Abendessen arbeiten?«

Hull hatte wieder Heißhunger. »Gerne!«, rief er.

Die Stimme des Bauern ertönte hinter ihm. »Das ist Vail Ormiston, die Tochter des gottlosen Dorfältesten. Arbeite für eine volle Mahlzeit, Bergmann. Meine Steuern zahlen dafür.«

Aber Vail Ormiston war es nicht wert, sich mit einem wandernden Bergmann zu unterhalten. Sie betrachtete seine mächtige Gestalt anerkennend, zeigte ihm die Baumstämme, die er vierteln sollte, und verschwand dann im Haus. Wenn sie vielleicht durch das klarste der alten Glasfragmente, die das Fenster bildeten, hinausspähte und die Muskeln seiner großen nackten Arme beobachtete, während er die Axt schwang, so bekam er das nicht mit.

So kam es, dass er am Nachmittag, mit einer kräftigen Mahlzeit in der Hand und drei silbernen Dimes in der Tasche in Richtung Selui marschierte. Mit diesen Münzen, der stumpfen Pistole an seiner Hüfte, dem glänzenden Stahlbogen und den Pfeilen und der Erinnerung an das kupferfarbene Haar und die blauen Augen von Vail Ormiston war er reicher, als er aufgebrochen war.

Der alte Einar

Drei Wochen in Selui hatten dazu beigetragen, dass Hull Tarvish mit dem Ort sozusagen vertraut war. Er starrte nicht mehr auf die himmelhohen Ruinen der alten Stadt oder die riesigen eingestürzten Brücken, und er fühlte sich in der Stadt, die daneben lag, ganz zu Hause. Er hatte leicht Arbeit in einer Bäckerei gefunden, wo seine großen Muskeln gute Dienste leisteten; die Stunden waren lang, aber sein Lohn war großzügig – fünf Silberlinge pro Woche.

Er zahlte zwei für Unterkunft und Essen – was er über die verbrannten Brote seiner Arbeit hinaus brauchte, kostete ihn einen weiteren Quarter, aber dann blieben noch zwei übrig, um über die Runden zu kommen. Er wettete nur ab und zu auf seine eigene Treffsicherheit, und das war einträglicher als sonst.

Normalerweise schloss Hull schnell Freundschaften, aber seine langen Arbeitszeiten hinderten ihn daran. Er hatte nur einen, einen unglaublich alten Mann, der abends auf der Treppe vor seiner Unterkunft saß, den alten Einar. An diesem Abend ging Hull wie immer zu ihm hinaus und starrte auf die verfallenen Türme der Alten, die in der Abendsonne leuchteten.

Auf vielen von ihnen wuchsen Bäume, und alle waren grün mit Ranken und Büscheln und dem Wachstum der Samen, die der Wind hergetragen hatte. Niemand wagte es, inmitten der Ruinen zu bauen, denn niemand konnte ahnen, wann ein großer Turm einstürzen würde.

»Ich frage mich«, sagte er zum alten Einar, »wie die Menschen der Antike waren. Waren sie Menschen wie wir? Wie konnten sie dann fliegen?«

»Sie waren Männer wie wir, Hull. Was das Fliegen angeht – nun, ich glaube, dass das Fliegen eine Legende ist. Es soll einen Mann gegeben haben, der über die kalten Länder im Norden und im Süden geflogen ist, und auch über das große Meer. Aber dieser fliegende Mann wird in einigen Berichten Lindbird und in anderen Bird genannt, und man kann sicher den Ursprung einer solchen Legende erkennen. Die Wanderungen der Vögel, die jedes Jahr Land und Meere überqueren, das ist alles.«

»Oder vielleicht Magie«, schlug Hull vor.

»Es gibt keine Magie. Die Alten selbst haben sie geleugnet und ich habe mich durch so manches verschimmelte Buch in einer seltsamen, archaischen Sprache gekämpft.«

Der alte Einar war der erste Gelehrte, dem Hull je begegnet war. Es gab zwar viele, als das glanzvolle Zeitalter der Zweiten Aufklärung anbrach, aber die meisten von ihnen lebten im Kaiserreich. John Holland war tot, aber Olin lebte noch in der Welt, und Kohlmar und Jorgensen und Teran und Martin Sair und Joaquin Smith der Meister. Große Namen – Namen von Halbgöttern.

Aber Hull wusste wenig über sie. »Du kannst lesen!«, rief er aus. »Das ist an sich schon eine Art von Magie. Und du warst schon im Reich, sogar in N'Orleans. Sag mir, wie ist es in der Großen Stadt? Haben sie wirklich die Geheimnisse der Alten gelernt? Sind die Unsterblichen wirklich unsterblich? Wie haben sie ihr Wissen erlangt?«

Der alte Einar ließ sich auf der Stufe nieder und paffte blauen Rauch aus seiner Pfeife, die mit dem herben Tabak der Region gefüllt war. »Zu viele Fragen geben keine Antworten«, stellte er fest. »Soll ich dir die wahre Geschichte der Welt erzählen, Hull – die Geschichte, die man Weltgeschichte nennt?«

»Ja. In Ozarky haben wir wenig über solche Dinge gesprochen.«

»Nun«, sagte der alte Mann gemütlich, »dann werde ich mit dem beginnen, was für uns der Anfang ist, für die Alten aber das Ende war. Ich weiß nicht, welche Faktoren, welche Kriege, welche Kämpfe zu der mächtigen Welt geführt haben, die in den dunklen Jahrhunderten unterging, aber ich weiß, dass die Welt vor dreihundert Jahren ihren Höhepunkt erreichte. Du kannst dir einen solchen Ort nicht vorstellen, Hull. Es war auch die Zeit der riesigen Städte … fünfzigmal so groß wie N'Orleans mit seinen hunderttausend Menschen.«

Er schnaufte langsam. »Große stählerne Wagen brausten über die eisernen Straßen der Alten. Die Menschen überquerten die Ozeane nach Osten und Westen. Die Städte waren voller surrender Räder, und statt der vielen kleinen Stadtstaaten unserer Zeit gab es riesige Nationen mit Tausenden von Städten und hundert Millionen – hundertfünfzig Millionen Menschen.«

Hull starrte. »Ich glaube nicht, dass es so viele Menschen auf der Welt gibt«, sagte er.

Der alte Einar zuckte mit den Schultern. »Wer weiß?«, gab er zurück. »In den alten Büchern – von denen es viel zu wenige gibt – steht, dass die Welt rund ist und dass jenseits der Meere ein oder mehrere Kontinente liegen, aber welche Rassen es heute gibt, kann nicht einmal Joaquin Smith sagen.« Er paffte wieder Rauch. »Nun, so war die alte Welt. Es waren kriegerische Völker, die so gerne kämpften, dass sie viele Bücher über die Schrecken des Krieges schreiben mussten, um sich den Frieden zu bewahren, aber sie scheiterten immer. In der Zeit, die sie ihr zwanzigstes Jahrhundert nannten, gab es eine ganze Reihe von Kriegen, und zwar nicht solche kleinen Streitereien, wie wir sie so oft zwischen unseren Stadtstaaten haben, und auch nicht solche wie die zwischen dem Memphis-Bund und dem Kaiserreich vor fünf Jahren. Ihre Kriege verbreiteten sich wie Sturmwolken über die ganze Welt und wurden zwischen Millionen von Männern mit unvorstellbaren Waffen, die hundert Meilen weit Zerstörung brachten, und mit Schiffen auf den Meeren und mit Gasen geführt.«

»Was sind Gase?«, fragte Hull.

Der alte Einar winkte mit seiner Hand, so dass der Wind über die braune Wange des Jungen streifte. »Luft ist ein Gas«, sagte er. »Sie wussten, wie man die Luft vergiftet, damit alle, die sie einatmen, sterben. Und sie kämpften mit Krankheiten, und die Legende besagt, dass sie auch in der Luft mit Flügeln kämpften, aber das ist nur eine Legende.«

»Krankheiten!«, sagte Hull. »Krankheiten sind der Atem der Teufel, und wenn sie die Teufel kontrollierten, dann benutzten sie Zauberei und kannten daher Magie.«

»Es gibt keine Magie«, wiederholte der alte Mann. »Ich weiß nicht, wie sie sich gegenseitig mit Krankheiten bekämpft haben, aber Martin Sair von N'Orleans weiß es. Das war seine Studie, nicht meine, aber ich weiß, dass sie keine Magie enthielt.« Er fuhr mit seiner Erzählung fort. »So warfen sich diese großen, wilden Völker gegeneinander, denn für sie bedeutete der Krieg mehr als für uns. Für uns ist er ein raues, fröhliches und gefährliches Spiel, aber für sie war er eine Leidenschaft. Sie kämpften aus jedem Grund oder aus keinem anderen als der Liebe zum Kampf.«

»Ich liebe es zu kämpfen«, sagte Hull.

»Ja, aber würdest du es lieben, wenn es nur bedeutet, dass Tausende von Männern jenseits des Horizonts vernichtet werden? Männer, die du nie sehen würdest?«

»Nein, der Krieg sollte von Mann zu Mann geführt werden, oder zumindest nicht weiter als bis zur Kugel.«

»Stimmt. Nun, irgendwann gegen Ende des zwanzigsten Jahrhunderts explodierte die antike Welt in einem Krieg wie ein Pulverhorn in einem Feuer. Man sagt, dass jede Nation kämpfte und die Schlachten über Meere und Kontinente hin und her wogten. Es ging nicht nur um Nation gegen Nation, sondern auch um Rasse gegen Rasse, schwarz und weiß, gelb und rot, alle verwickelt in einen gigantischen Kampf.«

»Gelbe und Rote?«, wiederholte Hull. »In Ozarky gibt es ein paar Schwarze, die Nigs genannt werden, aber ich habe noch nie von gelben oder roten Menschen gehört.«

»Ich habe gelbe Menschen gesehen«, sagte der alte Einar. »Es gibt einige Städte mit gelben Menschen am Rande des westlichen Ozeans, in der Region, die Friscia genannt wird. Die rote Rasse, so heißt es, ist verschwunden, ausgerottet durch die Seuche, die man den Grauen Tod nennt, dem sie leichter erlagen als die anderen Rassen.«

»Ich habe von dem Grauen Tod gehört«, sagte Hull. »Als ich noch sehr jung war, gab es einen alten Mann, der erzählte, dass sein Großvater in den Tagen des Todes gelebt hatte.«

Der alte Einar lächelte. »Das bezweifle ich, Hull. Es ist etwas mehr als zweieinhalb Jahrhunderte her. Aber«, fuhr er fort, »die großen alten Völker waren im Krieg, und wie ich schon sagte, bekämpften sich mit Krankheiten. Ob ein Volk das Geheimnis des Grauen Todes erlernt hat oder ob er als eine Art Kreuzung zwischen zwei oder mehreren anderen Krankheiten entstanden ist, weiß ich nicht. Martin Sair sagt, dass Krankheiten lebendige Wesen sind, also könnte es so sein. Auf jeden Fall sprang der Graue Tod plötzlich über die Welt und traf alle Menschen gleichermaßen. Überall wütete er in den Armeen, in den Städten und auf dem Land, und von denen, die er traf, starben sechs von zehn. In der Welt muss ein Chaos geherrscht haben, denn es gibt kein einziges Buch, das in dieser Zeit gedruckt wurde, und nur Legenden erzählen die Geschichte.

Aber der Krieg brach zusammen. Armeen standen plötzlich ohne Gegner da und wurden in die Luft gesprengt, bevor sie sich bewegen konnten. Schiffe wurden mitten auf dem Meer getroffen und trieben unbemannt dahin, um Wrackteile anzuhäufen oder andere zu zerstören. In den Städten wurden die Toten auf den Straßen aufgehäuft und nach einer Weile einfach liegen gelassen, während die Überlebenden ins Land flohen. Was von den Armeen übrig blieb, wurde kaum besser als umherstreifende Räuberbanden, und im dritten Jahr der Pest gab es nur noch wenige, wenn überhaupt stabile Regierungen auf der Welt.«

»Was hat die Krankheit aufgehalten?«, fragte Hull.

Ich weiß es nicht. Diese Epidemien, sie verschwinden. Diejenigen, die sie bekommen und überleben, können sie kein zweites Mal bekommen, und diejenigen, die aus irgendeinem Grund immun sind, bekommen sie überhaupt nicht, und der Rest stirbt. Der graue Tod fegte drei Jahre lang über die Welt, und als er endete, war laut Martin Sair einer von vier Menschen gestorben. Aber die Pest kehrte noch viele Jahre lang in immer schwächeren Wellen zurück; nur eine Seuche im vierzehnten Jahrhundert, der Schwarze Tod, scheint ihr je das Wasser gereicht zu haben.

»Doch die Auswirkungen begannen erst. Das alte Transportsystem war einfach zusammengebrochen, und die Städte hungerten. Hungrige Banden begannen, das Land zu überfallen, und statt eines einzigen großen Krieges gab es nun eine Million kleiner Schlachten. Die Waffen der Alten waren überall zu finden, und diese Schlachten waren in der Tat heftig genug, wenn auch nicht mit den kolossalen Schlachten des großen Krieges zu vergleichen. Jahr für Jahr verfielen die Städte, bis im fünfzigsten Jahr nach dem Grauen Tod die Weltbevölkerung um drei Viertel geschrumpft war und die Zivilisation am Ende war. Die Welt wurde nun von der Barbarei beherrscht, aber nur von der Barbarei, nicht von der Wildheit. Die Menschen erinnerten sich noch an die mächtige alte Zivilisation, und überall gab es Versuche, sich zu den alten Nationen zusammenzuschließen, aber diese scheiterten aus Mangel an großen Anführern.«

»Sie sollten scheitern«, sagte Hull. »Wir haben jetzt Freiheit.«

»Vielleicht. Im ersten Jahrhundert nach der Pest war von den Alten nur noch wenig übrig außer ihren zerstörten Städten, in denen Räuberbanden lauerten, die nachts das Land durchstreiften. Sie hatten kaum Interesse an irgendetwas, außer an Lebensmitteln oder dem Münzgeld der alten Völker, und sie richteten unermesslichen Schaden an. Nur wenige konnten lesen, und in kalten Nächten war es üblich, die alten Bibliotheken nach Büchern zu plündern, um sie zu verbrennen, und zu allem Übel brannte das Feuer die Ruinen aller Städte nieder, und es gab keinen organisierten Widerstand dagegen. Die Flammen brannten einfach von selbst aus, und unbezahlbare Bücher verschwanden.«

»Aber in N'Orleans studieren sie doch, oder?«, fragte Hull.

»Ja, dazu komme ich gleich. Etwa zwei Jahrhunderte nach der Pest – also vor hundert Jahren – hatte sich die Welt stabilisiert. Sie war ähnlich wie heute, mit kleinen Bauernstädten und weiten, verlassenen Landstrichen. Das Schießpulver war wiederentdeckt worden, man benutzte Gewehre, und die meisten Räuberbanden waren vernichtet worden. Und dann kam der junge John Holland in die Stadt N'Orleans, die neben der alten Stadt gebaut worden war.

Holland war ein seltenes, lernbegieriges Exemplar. Er fand die Überreste einer alten Bibliothek und begann langsam, die archaischen Wörter in den wenigen Büchern, die noch erhalten waren, zu entziffern. Nach und nach schlossen sich ihm andere an, und als sich das herumsprach, kamen auch Leute aus anderen Orte mit Büchern, und die Akademie war geboren. Natürlich unterrichtete niemand, es war nur eine Gruppe von Studenten, die eine Art gemeinschaftliches, klösterliches Leben führten. Es gab keinen Versuch, das uralte Wissen in die Praxis umzusetzen, bis ein junger Mann namens Teran einen Traum hatte – keinen geringeren Traum, als die jahrhundertealten Kraftwerke von N'Orleans zu überholen, um die Stadt mit Strom, der durch Drähte fließt, zu versorgen.«

»Was ist das?«, fragte Hull. »Was ist das, alter Einar?«

»Das würdest du nicht verstehen, Hull. Teran war ein Enthusiast; es hielt ihn nicht davon ab, zu erkennen, dass es weder Kohle noch Öl gab, um seine Maschinen zu betreiben. Er glaubte, dass die Energie da sein würde, wenn man sie brauchte, also schrubbten, feilten und schweißten er und seine Anhänger weiter, und Teran hatte recht. Als er Strom brauchte, war er da.

Das war das Geschenk eines Mannes namens Olin, der das letzte, das krönende Geheimnis der Alten ausgegraben hatte, die Kraft namens Atomenergie. Er gab sie Teran, und N'Orleans wurde zu einer Wunderstadt, in der Lichter leuchteten und Räder sich drehten. Aus allen Teilen des Kontinents kamen Menschen, um sie zu sehen. Unter ihnen waren auch Martin Sair und Joaquin Smith, die mit Joaquins Halbschwester, der satanischen Schönheit, die manchmal auch Schwarze Margot genannt wird, aus Mexiko angereist waren.

Martin Sair war ein Genie. Er fand sein Feld in der Medizin und es dauerte keine zehn Jahre, bis er das Geheimnis der harten Strahlen gelüftet hatte. Er untersuchte Sterilität, aber er fand – Unsterblichkeit!«

»Dann sind die Unsterblichen unsterblich!«, murmelte Hull.

»Das mag sein, Hull. Zumindest scheinen sie nicht zu altern, aber … nun, Joaquin Smith war auch ein Genie, aber von einer anderen Art. Er träumte davon, die Völker des Landes wieder zu vereinen. Ich glaube, er träumt von mehr, Hull. Die Leute sagen, er hört auf, wenn er hundert Städte regiert, aber ich glaube, er träumt von einem amerikanischen Imperium oder« – Einars Stimme sank – »einem Weltreich. Jedenfalls hat er Martin Sairs Unsterblichkeit gegen Macht eingetauscht. Das zweite Zeitalter der Aufklärung brach an, und in N'Orleans gab es viele Genies. Er tauschte die Unsterblichkeit mit Kohlmar gegen eine Waffe, er bot sie Olin gegen die Atomenergie an, aber Olin war schon über die Jugend hinaus und lehnte ab, erstens, weil er sie nicht wollte, und zweitens, weil er nicht ganz auf der Seite von Joaquin Smith stand. So nahm der Meister das Geheimnis des Atoms ohne Rücksicht auf Olin an sich, und die Eroberung begann. N'Orleans, das unter dem unmittelbaren Einfluss der magnetischen Persönlichkeit des Meisters stand, war bereit, sich zu fügen, und gab ihm jubelnd nach. Er versammelte seine Armee und marschierte nach Norden, und überall fielen Städte oder ergaben sich bereitwillig. Joaquin Smith ist ein großartiger Mann, die Menschen strömen zu ihm, die Städte jubeln ihm zu, selbst die Frauen und Kinder der Erschlagenen schwören ihm die Treue, wenn er ihnen auf seine edle Art vergibt. Nur hier und da hassen ihn die Leute bitterlich und sprechen von Tyrann und Freiheit.«

»So sind die Bergmänner«, sagte Hull.

»Nicht einmal die Bergleute können den ionischen Strahlen widerstehen, die Kohlmar aus alten Büchern ausgegraben hat, oder dem Erdresonator, der Schießpulver kilometerweit explodieren lässt. Ich glaube, Joaquin Smith wird Erfolg haben, Hull. Und ich habe nichts dagegen, dass er es tut, denn er ist ein großer Herrscher und ein Förderer der Zivilisation.«

»Wie sind sie denn so, die Unsterblichen?«

»Nun, Martin Sair ist kalt wie ein Bergfelsen, und Prinzessin Margaret ist wie schwarzes Feuer. Sogar meine alten Knochen fühlen sich jünger, wenn ich sie nur ansehe, und junge Männer sollten sie besser nicht ansehen, denn sie ist herzlos, rücksichtslos und erbarmungslos. Was Joaquin Smith, den Meister, betrifft, so fehlen mir die Worte, um einen so komplexen Charakter zu beschreiben, und ich kenne ihn gut. Er ist vielleicht sanftmütig, aber enorm stark, gütig oder grausam, je nachdem, was er will, unglaublich intelligent und gefährlich charmant.«

»Du kennst ihn!«, rief Hull und fügte neugierig hinzu: »Wie ist dein anderer Name, alter Einar, den du von den Unsterblichen kennst?«

Der alte Mann lächelte. »Als ich geboren wurde«, sagte er, »nannten mich meine Eltern Einar Olin.«

Der Meister marschiert

Joaquin Smith marschierte.

Hull Tarvish lehnte an der Tür von File Ormsons Eisenwarenhandlung in Ormiston und starrte über Felder und Wälder hinweg zu den blauen Bergen von Ozarky im Süden.

Dort hätte er sein sollen, bei den Bergleuten, aber als der müde Reiter Selui die Nachricht überbrachte und Hull Ormiston erreichte, war es schon zu spät, und Ozarky war nur noch eine abgelegene Provinz des expandierenden Reiches, während der Meister oberhalb von Norse lagerte und Gesandte nach Selui schickte.

Selui würde nicht nachgeben. Die Städte des drei Monate alten Selui-Bundes schickten bereits ihre Männer, aus Bloom'ton, aus Kairo und sogar aus dem fernen Ch'cago am salzlosen Mitchin-Meer. Die Männer der Konföderation hassten die kleinen, schlanken, dunklen Ch'cagoer, denn sie hatten die verheerende Schlacht am Starved Rock noch nicht vergessen, aber gegen Joaquin Smith war jeder Verbündete willkommen. Auch die Ch'cagoer waren gute Kämpfer und mit Leib und Seele bei der Sache, denn wenn der Meister Selui eroberte, würde sein Reich gefährlich nahe an die salzlosen Meere heranreichen und sich vom Ozean im Westen bis zu den Bergen im Norden und bis zum großen Zusammenfluss von M'sippi und M'souri erstrecken.

Hull wusste, dass ein Kampf bevorstand, und er freute sich darauf. Es war schade, dass er nicht in Ozarky für sein eigenes Volk kämpfen konnte, aber Ormiston würde reichen. Das war sein jetziges Zuhause, seit er hier Arbeit bei File Ormson gefunden hatte, dem stämmigen Eisenarbeiter, breitschultrig wie Hull selbst, aber einen Kopf kleiner. Eine angenehme Arbeit für seine kräftigen Muskeln, auch wenn es im Moment nichts zu tun gab.

Er starrte auf die friedliche Landschaft. Joaquin Smith war auf dem Marsch, und jenseits des Dorfes arbeiteten die Bauern noch immer auf ihren Feldern. Hull lauschte dem langsamen Aussaat-Lied:

Das ist es, was der Boden braucht:
Erst den Pflug und dann die Saat,
dann die Egge und dann die Hacke,
und Regen, damit die Ernte wächst.

Das ist es, was der Mann braucht:
Erst die Versprechen, dann die Taten,
dann den Pfeil und dann die Klinge,
und zuletzt den Totengräber mit seinem schwarzen Spaten.
Das ist es, was seine Frau braucht:
Zuerst einen Garten ohne Unkraut,
dann die Tochter und dann den Sohn,
und eine warme Feuerstelle, wenn die Arbeit getan ist.

Das ist es, was sein Sohn braucht ...

Hull hörte nicht mehr zu. Sie sangen, aber Joaquin Smith marschierte, marschierte mit den Männern von hundert Städten, mit seinem schwarzen Banner und der goldenen Schlange, die flatterte.

Diese Schlange, hatte der alte Einar gesagt, war die Midgardschlange, die der alten Sage nach, die Erde umspannte. Sie war das Symbol für den Traum des Meisters, und einen Moment lang hatte Hull Mitgefühl für diesen Traum.

»Nein!«, knurrte er vor sich hin. »Die Freiheit ist besser, und es ist an uns, der Midgardschlange den Kopf abzuschlagen.«

Neben ihm ertönte eine Stimme. »Hull! Großer Hull Tarvish! Bist du zu stolz, um bescheidene Leute zu bemerken?«

Es war Vail Ormiston, deren violette Augen unter ihrem glatten kupferfarbenen Haar hervorlugten. Er errötete, denn er war die Art der Mädchen aus dem Tal nicht gewöhnt, die so offen flirteten, wie es den schüchternen Mädchen aus den Bergen unmöglich war.

Doch irgendwie gefiel es ihm, und er mochte Vail Ormiston, und er erinnerte sich gerne an den Abend vor zwei Tagen, als er volle drei Stunden mit ihr auf der Bank bei dem Baum im Schatten des Ormiston-Brunnens gesessen und geredet hatte.

Und er erinnerte sich an den Spaziergang durch die Felder, bei dem sie ihm die Mündung des großen, alten Abwasserkanals gezeigt hatte, der unter der Toten Stadt hindurchgeflossen war und sich noch meilenweit unterirdisch in die Hügel erstreckte, und er erinnerte sich an ihre Geschichte, wie sie sich als Kind darin verlaufen hatte, woraufhin ihr Vater das Brombeergestrüpp gepflanzt hatte, das die Öffnung immer noch verbarg.

Er grinste: »Ist es die Tochter des Dorfältesten, die von einfachen Leuten spricht? Dein Vater wird mich doppelt besteuern, wenn er davon erfährt.«

Sie schüttelte den Kopf mit ihrem kupferfarbenen Haar. »Das wird er, wenn er dich in deinem Selui-Gewand sieht.« Ihre Augen funkelten. »Für wessen Augen hast du es gekauft, Hull? Denn du solltest dein Geld lieber sparen.«

»Silber sparen, Glück verlieren«, erwiderte er. Immerhin war es gar nicht so schwer, mit ihr zu reden. »Wie auch immer, besser ein Lächeln von dir als das Glitzern von Geld.«

Sie lachte. »Aber wie schnell du lernst, Bergmann! Und wenn ich sage, dass du mir mit zerfetzten Gewand besser gefällst, mit deinen kräftigen braunen Muskeln, die durch die Risse blitzen?«

»Sagst du es, Vail?«

»Ja, genau!«

Er kicherte und hob seine großen Hände auf seine Schultern. Das Geräusch von reißendem Stoff war zu hören, und ein langer Riss schimmerte auf der Rückseite seines Selui-Hemdes. »Hier, Vail!«

»Oh!«, keuchte sie. »Hull, du Nichtsnutz! Aber es ist doch nur eine Naht.« Sie wühlte in der Tasche an ihrem Gürtel. »Lass mich das für dich nähen.«

Sie beugte sich über ihn, und er konnte ihren Atem auf seiner Haut spüren, warm wie die Frühlingssonne. Er klappte die Kinnlade herunter, blickte finster drein und stürzte sich dann entschlossen auf das, was er zu sagen hatte. »Ich möchte heute Abend noch einmal mit dir reden, Vail.«

Er spürte ihr Lächeln in seinem Rücken. »Möchtest du?«, murmelte sie schüchtern.

»Ja, wenn Enoch Ormiston nicht zuerst um deine Zeit gebeten hat.«

»Aber das hat er, Hull.«

Er wusste, dass sie ihn absichtlich ärgern wollte. »Es tut mir leid«, sagte er kurz.

»Aber … ich habe ihm gesagt, dass ich beschäftigt bin«, beendete sie.

»Und bist du?«

Ihre Stimme klang wie ein Flüstern hinter ihm. »Nein. Nur wenn du mir sagst, dass ich es bin.«

Sein lautes, brüllendes Lachen ertönte. »Dann sage ich es dir, Vail.«

Er spürte, wie sie an der Naht zog, dann beugte sie sich ganz nah an seinen Hals, aber nur, um mit ihren weißen Zähnen in den Faden zu beißen. »So!«, sagte sie fröhlich. »Einmal geflickt, zweimal neu.«

Bevor Hull antworten konnte, ertönte das Klappern von File Ormsons Schlitten und das gemessene Brüllen seines Schmiedeliedes. Sie lauschten, als seine Schläge im Rhythmus des Liedes erklangen.

Dann heißt es ho-oh-ho-oh-ho!
Während ich zum Klang singe
zu jedem Schlag – Schlag – Schlag!
Bis das Metall weich ist wie Butter
lLass meine Schmiede und meinen Blasebalg zischen
wie das Gelage der Teufel da unten tief– tief – tief!
Wie das Fest der Teufel da unten!

»Ich muss gehen«, sagte Hull und lächelte zögerlich. »Es gibt Arbeit für mich.«

»Was macht File?«, fragte Vail.

Hulls Lächeln verblasste augenblicklich. »Er schmiedet ein Schwert!«

Auch Vail war nicht mehr der fröhliche Mensch von vorhin. Über sie beide war ein Schatten gezogen, der Schatten des Imperiums. Draußen in den blauen Hügeln von Ozarky marschierte Joaquin Smith.

* * * * *

Am Abend beobachtete Hull wie der kupferfarbene Mond auf Vails kupferfarbenem Haar glitzerte, und lehnte sich auf der Bank zurück. Diesmal war es nicht die in der Nähe der Pumpe; dort saßen bereits zwei lachende Paare, und obwohl sie herzlich willkommen geheißen worden wären, zog Hull es vor, allein zu sein. Es war keine Bergscheu mehr, denn seine große, gutmütige Gegenwart hatte im Dorf Ormiston viele Freunde gefunden; es war nur die Projektion der Stimmung, die sich beim Abschied über sie beide gelegt hatte, und so saßen sie jetzt auf der Bank neben dem Tor von Vail Ormiston am Rande der Stadt. Hinter ihnen lag das steinerne Haus im Dunkeln, denn ihr Vater war in der Stadt unterwegs, um Geschäfte für die Konföderation zu erledigen, und die Helfer hatten den Abend der Freiheit genutzt, um sich unter die Menge auf dem Dorfplatz zu mischen. Aber das gelbe Tageslicht der Öllampe zeigte auf der anderen Straßenseite das Haus von Hue Helm, dem Bauern, der Hull aus Norsen nach Ormiston gebracht hatte.

Auf dieses Licht starrte Hull nachdenklich. »Ich kämpfe gerne«, wiederholte er, »aber irgendwie ist die Freude daran verloren gegangen. Es ist, als ob man auf eine herannahende Gewitterwolke wartet.«

»Wie«, fragte Vail mit zaghafter, kleiner Stimme, »kann man Magie bekämpfen?«

»Es gibt keine Magie«, sagte der Junge und wiederholte die Worte des alten Einar. »So etwas gibt es nicht ...«

»Hull! Wie kannst du nur so dumme Worte sagen?«

»Ich sage, was mir jemand gesagt hat, der es weiß.«

»Keine Magie«, rief Vail zurück. »Dann sag mir, was die Zauberer des Südens so mächtig macht. Warum hat Jaoquin Smith noch nie eine Schlacht verloren? Was hat den Männern der Memphis-Liga, die gute Kämpfer sind, den Mut genommen? Und was – ich habe es mit eigenen Augen gesehen – treibt die pferdelosen Wagen von N'Orleans durch die Straßen, und was erleuchtet die Stadt bei Nacht? Wenn nicht Magie, was dann?

»Wissen«, sagte Hull. »Das Wissen der Antiken.«

»Das Wissen der Alten war Magie«, sagte das Mädchen. »Jeder weiß, dass die Alten Zauberer, Hexenmeister und Hexenmeisterinnen waren. Wenn Holland, Olin und Martin Sair keine Zauberer sind, was sind sie dann? Wenn die Schwarze Margot keine Hexe ist, dann haben meine Augen nie eine gesehen.«

»Hast du sie gesehen?«, fragte Hull.

»Natürlich alle außer Holland, der ist tot. Vor drei Jahren, während des Friedens von Memphis, reisten mein Vater und ich ins Reich. Ich habe sie alle in N'Orleans gesehen.«

»Und ist sie das, was man über sie sagt?«

»Die Prinzessin?« Vails Augen starrten zu Boden. »Die Männer sagen, sie sei schön.«

»Aber du glaubst nicht?«

»Und wenn sie es ist?«, schnauzte das Mädchen fast trotzig. »Ihre Schönheit ist wie ihre Jugend, wie ihr Leben selbst – künstlich, nach der ihr zustehenden Zeit konserviert, eingefroren. Das ist es – eingefroren durch Zauberei. Und was den Rest von ihr angeht …« Vails Stimme wurde leiser, sie zögerte, denn nicht einmal die einfachen Mädchen aus dem Tal sprachen über solche Dinge mit Männern. »Man sagt, sie hat ein Dutzend Liebhaber überlebt«, flüsterte sie.

Hull war erschrocken, schockiert. »Vail!«, murmelte er.

Sie lenkte das Thema wieder auf den sicheren Boden, aber er sah, wie sie rot wurde. »Sag mir nicht, dass es keine Magie gibt!«, sagte sie scharf.

»Am Ende«, antwortete er, »hält kein Zauber eine Kugel auf, außer Fleisch und Knochen. Ja, und der Zauberer, der eine Kugel mit seinem Schädel aufhält, ist so tot wie ein ehrlicher Mann.«

»Ich hoffe, du hast recht«, hauchte sie zaghaft. »Hull, er muss aufgehalten werden! Er muss!«

»Aber warum bist du so entschlossen, Vail? Ich kämpfe gerne, aber die Menschen sagen, dass das Leben im Reich genauso ist wie das Leben außerhalb, und wen kümmert es schon, wem er seine Steuern zahlt, wenn er nur …« Er brach plötzlich ab, weil er sich erinnerte. »Dein Vater!«, rief er aus. »Der Dorfälteste!«

»Ja, mein Vater, Hull. Wenn Joaquin Smith Ormison einnimmt, ist mein Vater der Leidtragende. Seine Steuern werden wegfallen, sein Land wird aufgeteilt, und er ist alt, Hull … alt. Was wird dann aus ihm? Ich weiß, dass viele so denken wie du, und deshalb kämpfen sie halbherzig, und der Meister nimmt eine Stadt nach der anderen ein, ohne einen einzigen Mann zu töten. Und dann glauben sie, dass der Name Joaquin Smith Magie in sich birgt, und er marschiert durch Armeen, die ihm zehnmal überlegen sind.« Sie hielt inne. »Aber nicht Ormiston!«, rief sie wütend. »Nicht, wenn Frauen Waffen tragen müssen!«

»Nicht Ormiston«, stimmte er sanft zu.

»Du wirst kämpfen, Hull, nicht wahr? Auch wenn du nicht aus Ormiston stammst?«

»Natürlich. Ich habe Bogen und Schwert und eine gute Pistole. Ich werde kämpfen.«

»Aber kein Gewehr? Warte, Hull.« Sie erhob sich und schlich in der Dunkelheit davon.

Im nächsten Moment war sie wieder da. »Hier. Hier sind Gewehr, Horn und Kugel. Weißt du, wie man damit umgeht?«

Er lächelte stolz. »Was ich sehen kann, kann ich auch treffen«, sagte er, »wie jeder Bergmann.«

»Dann«, flüsterte sie mit Feuer in der Stimme, »schick mir eine Kugel durch den Schädel des Meisters. Und noch eine zwischen die Augen der Schwarzen Margot … für mich!«

»Ich kämpfe nicht gegen Frauen«, sagte er.

»Nicht Frau, sondern Hexe!«

»Trotzdem, Vail, zwei Kugeln für den Meister und nur die Ketten der Gefangenen für Prinzessin Margaret, zumindest was Hull Tarvish betrifft. Aber würde es dir nicht auch gefallen, wenn sie Wasser aus deiner Pumpe schöpfen oder in deiner Küche Töpfe spülen würde?« Er versuchte, sie aufzumuntern, indem er ihr fantasievolle Bilder malte, um sie aus ihrer trüben Stimmung herauszuholen.

Aber sie hat es anders gesehen.

»Ja!«, rief sie. »Oh ja, Hull, das ist besser. Wenn ich je hoffen könnte, das zu sehen …« Plötzlich stand sie auf, und er folgte ihr zum Tor. »Du musst gehen«, murmelte sie. »Aber bevor du gehst, darfst du mich küssen, wenn du willst, Hull.«

Plötzlich war er wieder der schüchterne Bergmann. Er stellte das Gewehr an den Zaun, das Horn baumelte am Abzugsbügel. Er stand ihr gegenüber und errötete, aber nur halb aus Verlegenheit, der Rest war Glück. Er umarmte sie mit seinen großen Armen und berührte hastig ihre weichen Lippen.

»Jetzt«, sagte er freudig, »jetzt werde ich kämpfen, und wenn ich die Männer des Reiches allein angreifen muss.«

Die Schlacht am Eaglefoot Fluss

Die ganze Nacht hindurch strömten die Männer der Konföderation nach Ormiston, die kleinen dunklen Männer aus Ch'cago und Selui, die großen blonden Männer aus der Gegend von Iowa, wo das holländische Blut noch überlebt hatte, jetzt vermischt mit einem skandinavischen Einschlag von den oberen Flüssen. Die ganze Nacht hindurch rumpelten die Wagen, die Pulver und Kugeln aus Selui brachten, und auch Lebensmittel, denn Ormiston konnte gar nicht versuchen, so viele hungrige Mäuler zu stopfen. Ein großes Heer, zehntausend Mann stark, alles erfahrene Kämpfer, die in einem Dutzend kleiner Kriege und im blutigen Krieg der Seen und Flüsse, als Ch'cago einen so großen Teil des Selui-Territoriums erobert hatte, ausgebildet worden waren.

Die Stellung sollte in Ormiston sein, und Norse, die einzige Siedlung zwischen Joaquin Smith und der Konföderation, wurden ihrem Schicksal überlassen. Erfahrene Anführer hatten das Gebiet untersucht und sich auf einen Plan geeinigt. Drei Meilen südlich der Stadt folgte die Straße einer alten Eisenbahntrasse mit fünfzig Fuß hohen Dämmen auf beiden Seiten, die für eine Meile nördlich und südlich der Brücke über den Eaglefoot Fluss stark bewaldet war.

Entlang dieser Strecke sollten sie ihre Männer verteilen, in einer einzigen Linie, wo die Felsen hoch und steil waren, und in Massen, wo es das Gelände zuließ. Joaquin Smith musste der Straße folgen, es gab keinen anderen Weg. Eine ideale Situation für einen Hinterhalt und ein herrlich einfacher Plan. So großartig und so einfach, dass er nicht scheitern konnte, sagten sie und vergaßen dabei völlig, dass sie es mit dem größten militärischen Genie des gesamten Zeitalters der Aufklärung zu tun hatten.

Es war mitten am Vormittag, als die Waldläufer, die nach Ozarky geschickt worden waren, mit einer überraschenden Nachricht zurückkehrten. Joaquin Smith war von Selui abgewiesen worden und hatte sich auf den Weg gemacht. Der Meister war auf dem Vormarsch, und obwohl sie schnell gekommen und aus Norse geritten waren, konnte er nicht mehr weit sein. Seine Streitmacht? Die Läufer schätzten sie auf viertausend Mann, alle beritten, dazu vielleicht noch einmal tausend Hilfstruppen. Zwei zu eins in der Überzahl! Aber Hull Tarvish erinnerte sich an Geschichten von anderen Begegnungen, bei denen Joaquin Smith eine größere Übermacht besiegt hatte.

Die Zeit war gekommen. In dem kleinen Raum neben File Ormsons Werkstatt inspizierte Hull seine Waffen, während Vail Ormiston, blass, nervös und sehr hübsch, ihn beobachtete. Er fuhr mit einem geölten Lappen über den Lauf des Gewehrs, das sie ihm geschenkt hatte, rieb einen Rostfleck vom Hammer und blies ein Staubkorn aus der Pfanne. Pulverhorn und Kugel lagen neben ihm auf dem Tisch, der stählerne Bogen lehnte an seinem Stuhl.

»Eine schöne Waffe!«, sagte er bewundernd und visierte den langen Lauf an.

»Ich ... Ich hoffe, sie dient dir gut«, murmelte Vail zitternd. »Hull, er muss aufgehalten werden. Er muss!«

»Wir werden es versuchen, Vail.« Er stand auf. »Es ist Zeit, dass ich aufbreche.«

Sie stand ihm gegenüber. »Bevor du gehst, küsst du mich, Hull?«

Er ging auf sie zu und wich plötzlich zurück, denn in diesem Augenblick geschah es. Ein leises Klicken ertönte, und für einen Augenblick glaubte Hull, winzige blaue Funken auf Kerzenständern und Metallgegenständen im Raum aufblitzen zu sehen, und für einen kurzen Moment spürte er ein seltsames Kribbeln. Dann vergaß er all diese seltsamen Kleinigkeiten; das Pulverhorn auf dem Tisch ging in hellen Flammen auf und brennende Pulverfetzen schossen wie Meteoriten um ihn herum.

Für einen Moment war er wie erstarrt. Vail schrie, ihr Kleid brannte. Dann trat er in Aktion, riss sie von den Füßen und schleuderte sie seitwärts auf den Boden, wo seine großen Hände das Feuer löschten. Dann schlug er auf Tisch und Boden, ließ seine großen Sandalen auf die brennenden Stellen niederfallen, und schließlich waren keine Flammen mehr zu sehen.

Er drehte sich hustend und würgend im schwarzen Rauch um und beugte sich über Vail, die keuchte. Ihr Rock hatte bis zu den Knien gebrannt, und im Moment war sie zu verzweifelt, um sich zu bedecken, obwohl es in jenen Tagen keine größere Schamhaftigkeit auf der Welt gab als die der Frauen in den mittleren Flussregionen. Doch als Hull sich über sie beugte, wich sie vor ihm zurück.

»Bist du verletzt?«, rief er. »Vail, bist du verbrannt?«

»Nein, nein!«, keuchte sie.

»Dann raus!«, schnauzte er und griff nach unten, um sie hochzuheben.

»Nein, nicht so!«

Er verstand. Er schnappte sich seine lederne Schmiedeschürze von der Wand, legte sie ihr um und trug sie in die klare Luft der Straße.

Draußen herrschte Chaos. Er setzte Vail behutsam auf die Treppe und betrachtete den Tumult, der sich dort abspielte. Männer rannten schreiend umher, schwarzer Rauch quoll aus den Fenstern entlang der Straße. Ein Dutzend Meter entfernt hatte sich ein Pulverwagen in einen riesigen Rauchpilz verwandelt, der Pferde und Kutscher verbrannte. Auf der Veranda gegenüber, lag ein sich windender Mann, zerfetzt von dem Gewehr, das in seinen Händen zerbrochen war.

Plötzlich begriff er. »Die Funken!«, brüllte er. »Die Funken von Joaquin Smith! Der alte Einar hat mir von ihnen erzählt.« Er stöhnte auf. »Das war's mit unserer Munition.«[1)]

Das Mädchen gab sich große Mühe, sich zu beherrschen. »Joaquin Smiths Zauberei«, sagte sie düster. »Und damit schwindet auch die Hoffnung.«

Er fing an. »Hoffnung? Nein! Warte, Vail.«

Er stürmte auf die Gruppe zu, die den bärtigen alten Marcus Ormiston und die Anführer der Konföderation umringte. Er bahnte sich wütend seinen Weg und packte den panischen Graubart. »Was jetzt?«, brüllte er. »Was willst du jetzt tun?«

»Machen? Tun?« Der alte Mann konnte es nicht verstehen.

---

1) Die Erden-Resonatoren. Ein inzwischen veraltetes Gerät, das ein induktives Feld projizierte, das ausreichte, um winzige elektrische Entladungen in Metallobjekten bis zu einer Entfernung von vielen Kilometern zu induzieren. Auf diese Weise entzündete es brennbare Stoffe wie Schießpulver.

»Ja, tun! Ich werde es euch sagen.« Er blickte die fünf Anführer an. »Ihr werdet das durchziehen. Versteht ihr? Statt Pulver und Kugeln gibt es Bogen und Schwert, und für die Reichweite, die wir brauchen, sind sie genauso gut. Trommelt eure Männer zusammen! Versammelt eure Männer und marschiert!«

Und so war die Entscheidung innerhalb einer Stunde gefallen. Hull marschierte mit den Ormiston-Männern als Erster, und er trug die Erinnerung an Vails Abschied mit sich.

Es war ihm grausam peinlich, in der Öffentlichkeit geküsst zu werden, aber der Anblick von Enoch Ormistons säuerlichem Gesicht, als er sie beobachtet hatte, bereitete ihm große Freude.

Die Männer von Ormiston waren die ersten, die das Herannahen des Meisters bemerkten, und sie verschwanden so leise wie Füchse in ihren Verstecken im Wald.

Hull ließ seinen Blick den Pfad entlang zurückwandern, und was er sah, gefiel ihm, denn kein Auge konnte erkennen, dass zehntausend kämpfende Männer den verlassenen Weg säumten. Sie waren auch gute Waldarbeiter, diese Kerle von den oberen Flüssen und den salzlosen Meeren.

Ein einzelner Reiter galoppierte den Weg von Norse herab. Der alte Marcus Ormiston erkannte ihn, richtete sich auf und grüßte ihn. Sie unterhielten sich; Hull konnte die Worte hören.

Der Meister war durch die Länder des Nordens geritten, hatte nur lange genug innegehalten, um dem Dorfältesten mitzuteilen, dass seine Steuern von nun an nach N'Orleans zu überweisen seien, und war dann in gemächlichem Tempo weiter geritten.

Nein, es gab keine Anzeichen von Zauberei, und von der Hexe Schwarze Margot hatte er auch keine Spur gesehen, aber er war auch schon wieder weg geritten, bevor der Meister überhaupt eingetroffen war.

Ihr Informant ritt weiter in Richtung Ormiston, und die Männer warteten in aller Ruhe. Eine halbe Stunde verging, und dann ertönte in der stillen Luft leise Musik. Gesang; Männerstimmen sangen.

Hull hörte aufmerksam zu, und seine Haut kribbelte und seine Haare sträubten sich, als er die Worte des Schlachtgesangs von N'Orleans erkannte:

Königin der Städte, herrschend
Kaiserin, mit Sternenperlen,
sieh unsere Waffen erhoben,
Schlachtfahnen entrollt!

Höre unser Lied emporsteigen,
stark wie Schlachtfeuer,
Tod unser einziger Wunsch
oder das Reich der Welt!

Hull packte seinen Bogen und spannte die Feder an die Schnur. Er wusste genau, dass der Plan darin bestand, den Feind unbehelligt vorbeiziehen zu lassen, bis seine ganze Linie im Bereich des Hinterhalts war, aber das Grollen des fernen Gesangs war wie ein Funke im Pulver.

Und jetzt, weit hinter dem Einschnitt, sah er den Staub aufsteigen. Joaquin Smith war in der Nähe.

Und dann – das Unerwartete! Im Nachhinein sagte sich Hull, dass es das Unerwartete hätte sein müssen, dass der Ruf des Meisters ihn hätte warnen müssen, dass ein so einfacher Plan wie der ihre scheitern musste.

Jetzt war keine Zeit mehr für solche eitlen Gedanken, denn plötzlich glitten braun gekleidete, geschmeidige kleine Männer wie rasende Schatten durch die Bäume zu seiner Rechten, Hörner dröhnten, Pfeifen ertönten. Die Waldläufer des Meisters! Genau mit einem solchen Hinterhalt hatte Joaquin Smith gerechnet.

Hull erkannte sofort seine eigene Schwäche. Sie waren zwar zehntausend Mann, aber sie waren über eine Entfernung von zwei Meilen verteilt, und jetzt, da sich die Hauptgruppe näherte, waren die Waldläufer zahlenmäßig weit im Vorteil.

Eine Chance! Wir müssen sie nutzen, die Späher vertreiben und uns in die Wälder zurückziehen. Solange die Armee stand, gab es Hoffnung, auch wenn Ormiston fiel.

Dann – die zweite Überraschung! Die Waldläufer hatten ihre eigenen Waffen aufblitzen lassen, kleine stumpfe Revolver.[1] Aber sie schickten keine

1) Kohlmars Ionenstrahlen. Zwei parallele Strahlen aus hochintensivem Licht ionisieren einen Luftweg, und entlang dieses leitfähigen Gaswegs kann ein elektrischer Strom fließen, der stark genug ist, um zu töten, oder gerade stark genug ist, um zu bestrafen.

Kugeln; nur blasse Strahlen schossen durch Blätter und Äste, schwache blaue Lichtstreifen. Zauberei? Und was hat das gebracht?

Er lernte es auf der Stelle. Sein Schwert wurde plötzlich glühend heiß in seinen Händen, und einen Augenblick später durchfuhr ihn der stärkste Schmerz, den er je erlebt hatte. Ein heftiges, stechendes, inneres Kribbeln, das seine Muskeln zucken ließ und seine Bewegungen lähmte. Nach einer kurzen Sekunde ließ der Schock nach, aber sein Schwert lag rauchend im Laub, und der stählerne Bogen hatte seine Schultern verletzt. Um ihn herum schrien die Männer vor Schmerz, krümmten sich zu Boden und rannten zurück in die Tiefen des Waldes.

Er verfluchte die Strahlen, die wie Sonnenlicht durch das verzweigte und belaubte Gewirr flimmerten, wo ein ehrlicher Pfeil keine Bresche schlagen konnte.

Aber offenbar wurde niemand getötet. Die Hände waren versengt und verbrannt von den Waffen, die sich unter den blauen Strahlen erhitzten, die Körper gepeinigt von der Folter, von der Hull nicht wissen konnte, dass es sich um Elektroschocks handelte, aber niemand wurde getötet. Hoffnung keimte auf, und er rannte einer Gruppe hinterher, die sich zurückzog.

»Auf die Straße!«, brüllte er. »Raus, wo unsere Pfeile frei fliegen können! Greift die Kolonne an!«

Einen Moment lang hielt die Gruppe inne. Hull schnappte sich ein noch nicht erhitztes Schwert von jemandem und drehte sich um. »Kommt schon!«, rief er. »Kommt schon! Wir werden noch einen Kampf erleben!«

Hinter ihm hörte er das Getrampel von Füßen. Die Strahlen flackerten wieder auf, aber er hielt sein Schwert im Schatten seines eigenen Körpers, biss die Zähne zusammen und ertrug den Schmerz. Er stürmte weiter; er hörte, wie die dröhnende Stimme von File Ormson seinen Namen brüllte, aber er rief nur aufmunternde Worte und stürmte hinaus in das volle Sonnenlicht der Straße.

Unten im Straßengraben war die Spitze der Kolonne, die sich gemächlich vorwärts bewegte. Er sah einen Mann mit silbernem Helm und schwarzen Haaren auf einer großen weißen Stute an der Spitze der Kolonne und daneben eine kleinere Gestalt auf einem schwarzen Hengst. Joaquin Smith! Hull rannte die Böschung hinunter auf ihn zu.

Vier Männer sprangen sofort zwischen ihn und die Gestalt mit dem Silberhelm. Ein Strahl zuckte; sein Schwert versengte seine Haut und er schleuderte es weg. »Kommt schon!«, brüllte er. »Hier gibt es einen Kampf!«

Mit seltsamer Klarheit sah er die Augen der Männer des Imperiums, ein Lächeln in ihnen, geheimnisvoll amüsiert. Keine Wut, keine Angst – nur Belustigung. Hull spürte einen plötzlichen Anflug von Beklemmung, blickte schnell hinter sich und kannte endlich den Grund für diese Belustigung. Niemand war ihm gefolgt; er hatte die Armee des Meisters allein angegriffen!

Jetzt packte Hull die größte Wut, die er je erlebt hatte. Im Stich gelassen! Im Stich gelassen von denen, für die er gekämpft hatte. Er brüllte seine Wut zu den widerhallenden Klippen und stürzte sich auf den Reiter, der ihm am nächsten war.

Das Pferd bäumte sich auf und schlug in die Luft. Hull schob seine mächtigen Arme unter den Bauch des Pferdes und riss es mit einer Anspannung seiner großen Muskeln herum. Ross und Reiter kippten nach hinten, und um den Meister entstand ein Gedränge, in dem ein Mann verzweifelt versuchte, den klappernden Hufen zu entkommen.

Doch Hull erblickte Joaquin Smith, der wie eine Statue auf seiner großen weißen Stute saß und lächelte.

Er riss einen weiteren Reiter aus dem Sattel, und dann sah er aus dem Augenwinkel, wie der schlanke Junge an der Seite des Meisters kühl und methodisch eine Waffe hob. Für einen winzigen Augenblick sah Hull in eisgrüne Augen, aus denen der kalte, leidenschaftslose Tod drohte. Er warf sich zur Seite, als ein Strahl rauchend in den Staub der Straße fuhr.

»Nicht!«, schnappte Joaquin Smith, dessen tiefe Stimme durch den Aufruhr hindurch deutlich zu hören war. »Der Junge ist prächtig!«

Aber Hull hatte keine Lust, sinnlos zu sterben. Er bückte sich, schleuderte sich mit einem gewaltigen Sprung die halbe Klippe hinauf, erwischte einen herabhängenden Ast und schwang sich in den Wald. Ein aufgeschreckter Waldläufer kam ihm entgegen; er schleuderte den Kerl hinter sich den Abhang hinunter und schlüpfte in den Schutz der Blätter. »Der weise Krieger kämpft mit seinem Stolz«, murmelte er vor sich hin. »Es ist keine Schande für einen Mann, vor einer Armee zu fliehen.«

Er stammte aus den Bergen. Er trabte lautlos durch den Wald und wich den Waldläufern aus, die die Armee der Konföderation zurück nach Ormiston trieben. Er lächelte grimmig, als er sich an die Worte erinnerte, die er zu Vail gesprochen hatte. Er hatte sie gerechtfertigt; er hatte die Armee des Meisters allein angegriffen.

Die schwarze Margot

Hull zog weite Kreise durch den Wald, und es kostete ihn sein ganzes Geschick, sich durch die Reihen der Waldläufer zu schlängeln. Schließlich kam er zu den Feldern östlich von Ormiston und schlug dort die Straße ein, die aus Richtung Selui kam.

Überall waren Spuren der Flucht zu sehen. Umgekippte Wagen, deren Gespanne zweifelsohne dazu benutzt wurden, die Flucht ihrer Fahrer zu erleichtern. Pistolen und Gewehre, viele davon zerborsten, lagen am Straßenrand, und ab und zu kam er an schwarzen, rauchenden Haufen und verkohlten Stellen vorbei, die den Rastplatz eines Munitionswagens markierten.

Aber Ormiston war kaum beschädigt. Er sah die vom Feuer zerfressenen Überreste von ein oder zwei Schuppen, in denen Pulver gelagert worden war, und unten an der Straße rauchte noch ein Hausdach. Aber es gab keine Anzeichen für ein Blutbad, und nur die überfüllte Straße zeugte von dem Ungewöhnlichen.

Er fand File Ormson in der Gruppe, die quer durch die Stadt starrte, wo die Straße aus Norse nach Osten abbog. Hull hatte den gemächlichen Marsch des Meisters übersehen, denn dort an der Biegung stand die glitzernde Armee, die jetzt stehen blieb.

Nicht einmal die Waldläufer waren nach Ormiston gekommen, denn auch sie standen in brauner Kleidung in Reih und Glied am Waldrand jenseits der nächsten Felder. Sie hatten offenbar keine Anstalten gemacht, Gefangene zu machen, sondern die verängstigten Verteidiger einfach ins Dorf getrieben. Joaquin Smith hatte es wieder einmal geschafft: Er hatte eine Stadt eingenommen, ohne auch nur einen einzigen Toten zu beklagen, abgesehen von den Verletzungen, die durch Gewehrsalven und Pulverfeuer verursacht worden waren.

Plötzlich bemerkte Hull etwas. »Wo sind die Männer der Konföderation?«, fragte er scharf.

File Ormson sah ihn mit düsteren Augen an. »Weg. Sie sind zurück nach Selui geflogen wie verängstigte Maulwürfe in ihre Löcher.« Er runzelte die Stirn, dann lächelte er. »Das war eine törichte Geste von dir am Eaglefoot Fluss, Hull. Eine törichte Geste, aber mutig.«

Der Jugendliche zog eine Grimasse. »Ich dachte, man verfolgt mich.«

»Das hätte auch so sein sollen, aber diese teuflischen Kitzler haben uns den Mut geraubt. Aber sie können nicht nur kitzeln, sondern auch töten; als es vor Memphis nötig war, haben sie schnell getötet.«

Hull dachte an den Jungen mit den grünen Augen. »Ich glaube, ich habe es fast verstanden«, sagte er lächelnd.

Unten auf dem Weg gab es eine Art von Bewegung. Hull verengte seine Augen und entdeckte den silbernen Helm des Meisters. Er stieg ab und stellte sich jemandem gegenüber; es war – ja, der alte Marcus Ormiston. Er verließ File Ormson und bahnte sich seinen Weg zum Rand der Menge, die die beiden umkreiste.

Joaquin Smith sprach.

»Und«, sagte er, »alle Steuern werden nach N'Orleans überwiesen, auch die von deinem eigenen Land. Die Hälfte davon werde ich zur Aufrechterhaltung meiner Regierung verwenden, die andere Hälfte geht an deinen eigenen Distrikt, der einem Gouverneur untersteht, den ich in Selui ernennen werde, sobald die Stadt eingenommen ist. Du bist nicht mehr der Vorsteher des Dorfes, aber bis auf Weiteres hast du das Recht, die Steuern in der von mir vorgeschriebenen Höhe zu behalten.«

Der alte Marcus hatte große Angst; Hull konnte sehen, wie sein Bart wackelte wie das Nest eines Pirols in der Brise. Doch in ihm steckte auch ein gewitzter, feilschender Zug. »Du bist sehr hart«, jammerte er. »Du hast Pace Helm in Norse ungestört als Vorsteher des Dorfes gelassen. Warum bestrafst du mich, weil ich dafür gekämpft habe, das zu behalten, was mir gehört? Warum ärgert dich das so?«

»Ich bin nicht wütend«, sagte der Meister passiv. »Ich mache niemandem einen Vorwurf, wenn er gegen mich kämpft, aber es ist meine Politik, diejenigen als Älteste zu bevorzugen, die sich friedlich ergeben.« Er hielt inne. »Das sind meine Bedingungen, und sie sind großzügig genug.«

Sie waren großzügig, dachte Hull, vor allem gegenüber den Einwohnern von Ormiston, die viel weniger als die Hälfte ihrer Steuern vom Dorfältesten in Form von Straßen, Brücken oder Brunnen zurückbekamen.

»Meine … meine Ländereien?«, stotterte der alte Mann.

»Behaltet, was ihr habt«, sagte Joaquin Smith gleichgültig. »Die anderen gehen zu ihren Pächtern.« Er wandte sich ab, setzte den Fuß in den Steigbügel und schwang sich auf seine große weiße Stute.

Hull erhaschte seinen ersten Blick auf den Eroberer. Schwarzes Haar, das unterhalb der Ohren abgeschnitten war, kühle grüngraue Augen und ein Mund, der etwas leicht Humorvolles an sich hatte. Er war so groß wie Hull selbst, schlanker, aber mit kräftigen Schultern, und er schien nicht älter als Ende zwanzig zu sein, höchstens dreißig, aber das war nur die Magie von Martin Sair, denn seit seiner Geburt in den Bergen Mexikos waren mehr als achtzig Jahre vergangen. Er trug das Kriegsgewand der Südländer, ein Hemd aus metallischen Silberschuppen, eine kurze, schenkellange Hose aus einem glänzenden, seidenen Material und Stiefel an den Füßen. Sein gebräunter Körper glich den antiken Statuen, die Hull in Selui gesehen hatte, und er sah kaum wie der Teufel aus, für den ihn die meisten Menschen hielten. Er wirkte sympathisch, abgesehen von einem leicht arroganten Gesichtsausdruck … nein, nicht arrogant, aber stolz oder selbstbewusst, als ob er sich vom Schicksal getrieben fühlte, was er vielleicht auch war.

Er sprach wieder, jetzt zu seinen Männern. »Lagert dort«, befahl er und winkte zum Ormiston-Platz, »und dort«, er zeigte auf ein brachliegendes Feld. »Beschädigt die Ernte nicht.« Er ritt vorwärts, und ein Dutzend Offiziere folgte ihm. »Die Kirche«, sagte er.

Eine Stimme, eine angespannte, kreischende Stimme hinter Hull. »Du! Du bist es, Hull! Du bist es!« Es war Vail, tränenüberströmt und blass. »Sie sagten, du wärst …« Sie brach schluchzend ab und klammerte sich an ihn, während Enoch Ormiston mürrisch zusah.

Er hielt sie fest. »Es scheint, ich habe dich enttäuscht«, sagte er reumütig. »Aber ich habe mein Bestes getan, Vail.«

»Gescheitert? Das ist mir egal.« Sie beruhigte sich. »Es ist mir egal, Hull, wichtig ist, dass du hier bist.«

»Und es ist nicht so schlimm, wie es sein könnte«, tröstete er. »Er war nicht so schlimm, wie ich befürchtet habe.«

»Schlimm!«, wiederholte sie. »Glaubst du seinen milden Worten, Hull? Erst unsere Steuern, dann unsere Ländereien und als Nächstes wird es unser Leben sein – oder zumindest das meines Vaters. Verstehst du denn nicht? Das war kein Ältester aus einer feindlichen Stadt, Hull, das war Joaquin Smith. Joaquin Smith! Vertraust du ihm?«

»Vail, glaubst du das wirklich?«

»Natürlich glaube ich es!« Sie begann wieder zu schluchzen. »Siehst du, wie er schon die halbe Stadt mit der Sache mit den Steuern für sich gewonnen hat? Lass dich nicht überreden, Hull. Ich könnte es nicht ertragen!«

»Das werde ich nicht«, versprach er.

»Er und Black Margot und ihr Handwerk! Ich hasse sie, Hull. Ich … Sieh mal da! Sieh mal da!«

Er drehte sich um. Für einen Moment sah er nur noch den grünäugigen Jungen, der ihn am Eaglefoot Fluss mit todesmutigen Augen angesehen hatte, auf dem mächtigen schwarzen Hengst. Der Junge! Plötzlich sah er, dass es eine Frau war, ein Mädchen, um genau zu sein. Achtzehn, fünfundzwanzig? Er konnte es nicht sagen. Ihr Gesicht war abgewandt, als sie die Menschenmenge auf der anderen Straßenseite musterte, aber die untergehende Sonne fiel auf einen Schopf tief schwarzen Haars, das so schwarz war, dass es blau schimmerte – ein intensives, unglaubliches Schwarz. Wie Joaquin Smith trug sie nur ein Hemd und sehr kurze Shorts, aber ein Tuch schützte ihre schlanken, zierlichen Beine vor jedem Kontakt mit den Rippen des Reittiers. Die Art, wie sie auf dem trägen Pferd saß, eine Hand auf der Hüfte, die andere am Widerrist, das Zaumzeug locker baumelnd, hatte etwas seltsam Anmutiges. Das Blut ihrer spanischen Mutter zeigte sich nur in dem hellen, durchscheinenden Oliv ihrer Haut und natürlich in dem erstaunlichen Ebenholz ihres Haares.

»Schwarze Margot!« flüsterte Hull. »Unverschämt! Halbnackt! Was ist so schön an ihr?«

Als hätte sie sein Flüstern gehört, drehte sie sich plötzlich um, ihre smaragdgrünen Augen musterten die Menge um ihn herum, und er spürte, dass seine Frage beantwortet war. Ihre Schönheit war einfach unglaublich – verführerisch, unverschämt. Es war mehr als das Fehlen von Makeln, es war eine reizvolle, flammende, anziehende Schönheit mit einem Hauch von Mürrischkeit darin. Der Humor des Meisters umspielte ihren Mund wie Spott; ihre perfekten Lippen schienen immer lächeln zu wollen, aber ein grausames, höhnisches Lächeln. Ihre Perfektion war erbarmungslos und gnadenlos, aber sie war perfekt, selbst mit dem leicht orientalischen Touch, den ihr schwarzes Haar und ihre meergrünen Augen hatten.

Ihre Augen trafen die von Hull, und er meinte, ein Klicken zu hören. Er sah, dass sie ihn erkannt hatte, und sie ließ ihren Blick lässig über seine mächtige Gestalt gleiten. Er versteifte sich, starrte trotzig zurück und ließ seinen Blick frech über ihren Körper gleiten, von ihrem mitternächtlichen Haar bis zu den zierlichen Kothurns an ihren Füßen. Wenn sie seinen Blick überhaupt erwiderte, dann nur mit einem schwachen, spöttischen Lächeln, während sie kühl in Richtung Joaquin Smith ritt.

Vail zitterte vor ihm, und es war eine große Erleichterung, in ihre tiefen, aber keineswegs geheimnisvollen blauen Augen zu schauen und die natürliche Lieblichkeit ihrer blassen Züge zu sehen. Was wäre, wenn sie den dreisten Glanz der Prinzessin hätte, dachte er grimmig. Sie war süß und ehrlich und stand treu zu ihren Überzeugungen, und er liebte sie. Dennoch konnte er seinen Blick nicht davon abhalten, noch einmal zu der Gestalt auf dem schwarzen Hengst zu schweifen.

»Sie … sie hat dich angelächelt, Hull!«, keuchte Vail. »Ich habe Angst. Ich habe furchtbare Angst.«

Seine Faszination wich einer Welle des Hasses auf Joaquin Smith, auf die Prinzessin und auf das ganze Königreich. Es war Vail, die er liebte, und sie wurde von diesen Leuten erdrückt. Langsam formte sich ein Gedanke, während er die Straße hinunterblickte zu der Stelle, wo Joaquin Smith abgestiegen war und nun auf die kleine Kirche zuging. Er hörte, wie ein zustimmendes Raunen durch die Menge ging, die schon halb überzeugt war von der Verteilung des Landes. Es war einfach Politik, dass der Meister in der Kirche von Ormiston beten würde, eine Geste an die Menge.

Er hob den Stahlbogen von seinem Rücken und bog ihn. Die Spannung war noch vorhanden; der Bogen war heiß genug geworden, um seine Haut zu versengen, aber nicht so heiß, um die Spannkraft zu verlieren. »Warte hier!«, rief er Vail zu und schritt die Straße zur Kirche hinauf.

Draußen standen ein Dutzend Reichsleute, und die Prinzessin saß auf ihrem großen schwarzen Pferd. Es schlich über den Kirchhof, wo sich ein Gewirr von Ranken bis zum Dach hinaufzog. Würden sie sein Gewicht tragen? Sie taten es, und er zog sich Stück für Stück bis zum Dachvorsprung und von dort bis zur Spitze. Der Turm verbarg ihn vor den Männern des Meisters, und keiner von Ormistons Leuten blickte in seine Richtung.

Er kroch bis zum Fuß des Kirchturms vor. Jetzt musste er den Turm verlassen und vorsichtig die Schräge hinunterkriechen. Er erreichte die Kante des Dachs und spähte vorsichtig hinüber. Der Meister war immer noch da. Gegen seinen Willen warf er einen Blick auf die Schwarze Margot, spannte sogar den Bogen und starrte auf ihre elfenbeinfarbene Kehle. Aber er konnte nicht. Er konnte den Pfeil nicht loslassen.

Unter ihm gab es eine Bewegung. Joaquin Smith kam heraus und schwang sich auf sein weißes Pferd. Jetzt war der Moment gekommen. Hull ging in die Knie und hoffte, dass er auf der steilen Dachschräge sicher stehen bleiben konnte. Vorsichtig, vorsichtig, zog er den Stahlpfeil zurück.

Ein Schrei ertönte. Er war entdeckt worden, und ein blauer Strahl schickte einen stechenden Schmerz durch seinen Körper. Einen Moment lang ertrug er ihn, dann ließ er seinen Pfeil los und rutschte die Dachkante hinunter.

Er fiel auf weichen Lehm. Ein Dutzend Hände packten ihn, zerrten ihn hoch und stießen ihn auf die Straße. Er sah Joaquin Smith noch immer auf seinem Pferd sitzen, aber der glitzernde Pfeil stand aufrecht wie eine Feder in seinem silbernen Helm, und ein Rinnsal von Blut war rot auf seiner Wange.

Aber er war nicht tot. Er hob den Helm von seinem Kopf, winkte die Gruppe von Offizieren beiseite und band sich mit seinen eigenen Händen ein weißes Tuch um die Stirn. Dann richtete er seine kühlen grauen Augen auf Hull.

»Du hast einen starken Bogen«, sagte er, und dann flackerte Erkenntnis in seinen Augen auf. »Ich habe dein Leben vor ein paar Stunden verschont, nicht wahr?«

Hull sagte nichts.

»Warum«, fuhr der Meister fort, »wollt ihr mich töten, nachdem euer Ältester mit mir Frieden geschlossen hat? Du bist jetzt Teil des Reiches, und das ist Verrat.«

»Ich habe keinen Frieden geschlossen!«, knurrte Hull.

»Aber dein Anführer hat es getan und dich damit gebunden.«

Hull konnte seinen Blick nicht von den smaragdgrünen Augen der Prinzessin lassen, die ihn ausdruckslos und mit leichtem Spott beobachtete.

»Hast du nichts zu sagen?«, fragte Joaquin Smith.

»Nichts.«

Die Augen des Meisters glitten über ihn. »Bist du in Ormiston geboren?«, fragte er. »Wie ist dein Name?«

Kein Grund, seine Freunde in Schwierigkeiten zu bringen. »Nein«, sagte Hull. »Ich heiße Hull Tarvish.«

Der Eroberer wandte sich ab. »Sperrt ihn ein«, befahl er kühl. »Lass ihn die Vorbereitungen treffen, die seine Religion verlangt, und dann … tötet ihn.«

Über das Gemurmel der Menge hinweg hörte Hull den Schmerzensschrei von Vail Ormiston. Er drehte sich um, um sie anzulächeln, und sah, wie sie von zwei Männern des Imperiums festgehalten wurde, während sie sich abmühte, ihn zu erreichen. »Es tut mir leid«, rief er sanft. »Ich liebe dich, Vail.« Dann wurde er die Straße hinuntergestoßen. Er wurde in den mit Stein gemauerten Geräteschuppen von Hue Helm geschoben.

Der Schuppen war leer geräumt worden, zweifellos für ein Offiziersquartier. Hull richtete sich auf und stand passiv in der aufkommenden Dunkelheit, wo ein einzelner Lichtstrahl aus dem Sonnenuntergang durch die Tür fiel, vor der zwei grimmige Reichsmänner standen.

Einer von ihnen sprach. »Bleib friedlich, Weed[1)]«, sagte er in seinem N'Orleans-Dialekt. »Mach dein Gebet oder was auch immer du tun willst.«

---

1) Weed (Unkraut): Der Begriff, den die Doministen [die Anhänger des Meisters] auf ihre Gegner anwenden. Er geht auf die Bemerkung von Joaquin Smith vor der Schlacht von Memphis zurück: »Sogar das Unkraut auf den Feldern hat sich gegen mich bewaffnet.«

»Ich tue nichts«, sagte Hull. »Die Bergmänner glauben, dass ein richtiges Leben besser ist als ein richtiges Ende, und ob richtig oder falsch, ein Geist ist sowieso nur ein Geist.«

Der Wächter lachte. »Und ein Geist wirst du werden.«

»Wenn ich schon ein Gespenst bin«, erwiderte Hull und drehte sich langsam zu ihm um, »dann würde ich mich lieber in einen Kämpfer verwandeln!«

Plötzlich sprang er auf, schlug mit einer mächtigen Faust gegen den Arm, der die Waffe trug, stieß einen Wächter nach dem anderen und sprang durch das Gewirr in die Dämmerung. Als er sich umdrehte, um das Haus zu umrunden, traf ihn ein harter Schlag auf den Hinterkopf, der ihn halb benommen gegen die Wand schleuderte.

Die Harriers

Für einen kurzen Moment blieb Hull wie betäubt liegen, dann erwachten seine Muskeln aus ihrer Lähmung, und er sprang auf die Beine, um sich dem Angriff zu stellen. Die Wachen waren immer noch am Tor, aber direkt vor ihm erhob sich ein Reiter auf einem schwarzen Pferd, flankiert von zwei Männern zu Fuß. Der Reiter war natürlich die Prinzessin, deren strahlend grüne Augen in der Dämmerung wie die einer Katze leuchteten, als sie ihr Kurzschwert in die Scheide steckte. Ein Hieb mit der flachen Klinge brachte ihn zu Fall.

Sie hielt jetzt die stumpfe Waffe des blauen Strahls. Er erinnerte sich, dass er sie noch nie hatte sprechen hören, aber jetzt sprach sie mit einer tiefen, fließenden Stimme, kalt wie ein eisiger Winterbach. »Bleib ruhig, Hull Tarvish«, sagte sie. »Ein einziger Blitz wird dein störrisches Herz für immer zerstören.«

Er stand reglos mit dem Rücken zur Wand des Schuppens. Er hatte keinen Zweifel daran, dass die Prinzessin ihn töten würde, wenn er sich bewegte; daran konnte er nicht zweifeln, wenn ihre eisigen Augen auf ihn gerichtet waren. Er starrte mürrisch zurück, und ein Satz des alten Einar kam ihm in den Sinn. „Satanisch schön“, hatte der Alte sie genannt, und das war sie auch. Die Hölle oder Martin Sairs Kunst hatte sie so geformt, dass kein Mann ungerührt in die falsche Reinheit ihres Gesichts blicken konnte, jedenfalls kein Mann, in dem rotes Blut floss.

Sie sprach wieder und ließ ihren Blick verächtlich über die beiden entsetzten Wachen schweifen. »Der Meister wird sich freuen«, sagte sie verächtlich, »wenn er hört, dass ein unbewaffneter Weed zwei Männer seiner eigenen Garde besiegt hat.«

Der nähere Mann zögerte: »Aber Eure Hoheit, er hat uns unerwartet überfallen …«

»Das macht nichts«, unterbrach sie ihn und drehte sich wieder zu Hull um. Zum ersten Mal spürte er wirklich die Gegenwart des Todes, als sie kühl sagte: »Ich habe vor, dich zu töten.«

»Dann tu es!«, schnauzte er.

»Ich bin hergekommen, um dich sterben zu sehen«, bemerkte sie ruhig. »Es interessiert mich, wie Männer sterben, ob mutig, feige oder resigniert. Ich glaube, du würdest mutig sterben.«

Es schien Hull, dass sie ihn mit diesem Zögern absichtlich quälte. » Versuche es doch!«, knurrte er.

»Aber ich denke auch«, fuhr sie fort, »dass dein Leben mich mehr amüsieren könnte als dein Tod, und«, zum ersten Mal lag ein Hauch von Gefühl in ihrer Stimme, »Gott weiß, ich brauche Unterhaltung!« Ihr Ton wurde wieder kühl. »Ich schenke dir dein Leben.«

»Eure Hoheit«, murmelte der eingeschüchterte Wächter, »der Meister hat befohlen …«

»Ich widerrufe die Befehle«, sagte sie kurz. Und dann zu Hull. »Du bist ein Kämpfer. Bist du auch ein Mann der Ehre?«

»Wenn ich es nicht wäre«, antwortete er, »würde die Lüge, dass ich es bin, nichts bedeuten«.

Sie lächelte kalt. »Nun, ich denke, das bist du, Hull Tarvish. Du bist frei, wenn du versprichst, keine Waffen zu tragen, und wenn du versprichst, mich heute Abend in meinem Quartier im Haus des Ältesten zu besuchen.« Sie hielt inne. »Und?«

»Ich gebe mein Wort.«

»Und ich nehme es.« Sie rammte ihre Fersen gegen die Rippen des großen Hengstes und das Tier bäumte sich auf und wirbelte herum. »Weg mit euch allen!«, befahl sie. »Ihr zwei, bringt Wanne und Wasser für mein Bad.« Sie ritt in Richtung Straße davon.

Mit einem leisen »Puh!« lehnte sich Hull gegen die Wand. Der kalte Schweiß stand ihm auf der Stirn, und seine mächtigen Muskeln fühlten sich fast schwach an.

Es war nicht so, dass er den Tod fürchtete, sagte er sich. Es war die Anstrengung, diesen herrlichen, teuflischen Smaragdaugen gegenüberzustehen, und die kalte Qual der Stimme der Schwarzen Margot, und das Gefühl, dass sie ihn verspottete, ihn verhöhnte, sogar ihre letzte unvorsichtige Geste, ihn zu befreien. Er richtete sich auf. Ob er den Tod fürchtete oder nicht, er liebte das Leben, und das genügte ihm.

Er ging langsam auf die Straße zu. Auf der anderen Seite des Weges leuchteten Lichter im Haus von Marcus Orison, und er fragte sich, ob Vail dort war und vielleicht der Prinzessin Margaret diente, wie er es neulich angedeutet hatte. Er wollte Vail finden; er wollte ihre kühle Liebenswürdigkeit als Gegengift für das dunkle Gift der Schönheit nutzen, der er gegenüberstand. Und dann, am Tor, wich er plötzlich zurück. Eine Gruppe von Männern in der Kleidung des Kaiserreichs schritt vorbei, und unter ihnen bewegte sich der Meister, ohne Helm und mit verbundenem Kopf.

Sein Blick fiel auf Hull. Er hielt plötzlich inne und runzelte die Stirn. »Du schon wieder!«, sagte er. »Wie kommt es, dass du noch lebst, Hull Tarvish?«

»Die Prinzessin hat es befohlen.«

Das Stirnrunzeln wich. »Also«, sagte Joaquin Smith langsam, »Margaret nimmt es auf sich, sich etwas zu oft einzumischen. Ich nehme an, sie hat dich auch befreit?«

»Ja, wenn ich verspreche, keine Waffen zu tragen.«

Das Gesicht des Eroberers machte einen seltsamen Eindruck. »Nun«, sagte er fast sanft, »es war nicht meine Absicht, dich zu foltern, sondern dich für deinen Verrat töten zu lassen. Vielleicht wirst du dir bald wünschen, meine Befehle wären nicht geändert worden.« Er ging weiter in den Hof des Ältesten, und seine schweigenden Männer folgten ihm.

Hull lenkte seine Schritte auf das Zentrum des Dorfes. Überall, wo er vorbeikam, wuselten die Männer des Imperiums mit ihren Aufgaben im Lager herum, und auf den Straßen rumpelten und rüttelten die Versorgungswagen. Er sah Soldatengruppen, die langsam vor Kochwagen vorbeizogen, und der Geruch von Essen lag in der Luft und erinnerte ihn daran, dass er einen Bärenhunger hatte. Er eilte zu seinem Zimmer neben File Ormistons Laden, und dort fand er Vail Ormiston mit unglücklichen Augen und blassem Gesicht.

Sie kauerte auf der Türschwelle, während der finstere Enoch sie an sich drückte. Enoch war es, der Hull zuerst wahrnahm, und seine Kinnlade fiel herunter, seine Augen weiteten sich und ein gurgelnder Laut entrang sich seiner Kehle. Und Vail sah mit verständnislosen Augen auf, starrte einen Moment lang ausdruckslos vor sich hin und fiel dann mit einem kleinen Stöhnen in sich zusammen und wurde ohnmächtig.

Sie war nur wenige Augenblicke bewusstlos, kaum lange genug für Hull, um sie in sein Zimmer zu tragen. Dort lag sie nun auf seiner Couch, klammerte sich an seine große Hand und war endlich von seiner lebendigen Gegenwart überzeugt.

»Ich glaube«, murmelte sie, »du bist so unsterblich wie Joaquin Smith, Hull. Ich werde nie mehr glauben, dass du tot bist. Sag mir, wie das geschah«.

Er erzählte es ihr. »Das verdanke ich der schwarzen Margot«, beendete er.

Aber schon der Name machte Vail Angst. »Sie bedeutet das Böse, Hull. Sie macht mir Angst mit ihren Hexenaugen und ihrem höllisch gefärbten Haar. Ich habe mich aus Angst vor ihr nicht einmal nach Hause getraut.«

Er lachte. »Mach dir keine Sorgen um mich, Vail. Ich bin sicher genug.«

Enoch mischte sich ein. »Hier ist also einer für die Harriers«, sagte er säuerlich. »Das Rudel braucht ihn.«

»Die Harriers?« Hull sah verwirrt auf.

»Oh, Hull, ja!«, sagte Vail. »File Ormson war fleißig. Die Harriers sind das, was von der Armee übrig geblieben ist – die besseren Bürger von Ormiston. Der Zauber des Meisters reichte nicht über den Kamm hinaus, und auf den Hügeln gibt es noch Pulver und Gewehre. Und auch im Tal ist der Zauber nicht mehr zu spüren. Einer der Männer trug einen Becher mit Pulver über den Kamm, und es brannte nicht«.

Die besseren Bürger, dachte Hull lächelnd. Sie meinte natürlich diejenigen, die Land besaßen und eine Aufteilung befürchteten, wie sie Marcus Ormiston erlitten hatte. Aber laut sagte er nur: »Wie viele Männer hast du?«

»Oh, es werden mehrere Hundert sein, mit den Bauern auf der anderen Seite der Hügel.« Sie sah ihm in die Augen: »Ich weiß, es ist eine vergebliche Hoffnung, Hull, aber wir müssen es versuchen. Du hilfst uns doch, oder?«

»Natürlich. Aber alles, was deine Harriers versuchen können, sind Überfälle. Sie können die Armee des Meisters nicht bekämpfen.«

»Ich weiß. Ich weiß es, Hull. Es ist eine verzweifelte Hoffnung.«

»Verzweifelt?«, sagte Enoch plötzlich. »Hull, sagtest du nicht, du wurdest heute Abend zu Margots Quartier bestellt?«

»Ja.«

»Dann … siehe hier! Du wirst ein Messer in deiner Achselhöhle tragen. Früher oder später wird sie mit ihr allein sein wollen, und dann wirst du das Messer leise in ihr unbarmherziges Herz gleiten lassen! Es gibt eine Hoffnung für dich … wenn du den Mut hast!«

»Nur Mut!«, knurrte er. »Eine Frau zu ermorden?«

»Die schwarze Margot ist ein Teufel!«

»Teufel oder nicht, was soll das bringen? Es ist Joaquin Smith, der das Imperium aufbaut, nicht die Prinzessin.«

»Ja«, sagte Enoch, »aber die Hälfte seiner Macht ist die Kunst der Hexe. Sobald sie weg ist, könnte die Konföderation seine Armee auslöschen wie Enten in einem Froschteich.«

»Es ist wahr!«, keuchte Vail. »Was Enoch sagt, ist wahr!«

Hull runzelte die Stirn. »Ich habe ihr geschworen, keine Waffen zu tragen!«

»Ich habe es ihr geschworen!«, schnappte Enoch. »Das braucht dich nicht zu binden.«

»Mein Wort ist gegeben«, sagte Hull fest. »Ich lüge nicht.«

Vail lächelte. »Du hast recht«, flüsterte sie, und als sich Enochs Gesicht verfinsterte, »ich liebe dich dafür, Hull.«

»Dann«, grunzte Enoch, »wenn es nicht an mangelndem Mut liegt, mach Folgendes. Locke sie irgendwie durch die Westfenster. Wir können zwei oder drei Harriers an den Rand des Waldes locken, und wenn sie mit dem Licht im Rücken an einem Fenster vorbeikommt, werden sie sie nicht verfehlen.«

»Oh, das werde ich nicht«, sagte Hull müde. »Ich werde nicht gegen Frauen kämpfen, und ich werde die Schwarze Margot nicht betrügen.«

Aber Vails blaue Augen flehten. »Damit brichst du dein Wort nicht, Hull. Bitte! Es ist kein Verrat an einer Frau. Sie ist eine Zauberin. Sie ist böse. Bitte, Hull.«

Verbittert gab er nach. »Dann werde ich es versuchen.« Er runzelte düster die Stirn. »Sie hat mir das Leben gerettet und … nun, welches Zimmer gehört ihr?«

»Das meines Vaters. Meines ist die westliche Kammer, die sie genommen hat für … ihr Dienstmädchen«, Vails Augen glänzten angesichts dieser Demütigung. »Wir«, sagte sie, »müssen in der Küche schlafen.«

Eine Stunde später, nachdem er gegessen hatte, ging er düster mit Vail nach Hause, während Enoch sich in Richtung der Hügel davonschlich. Im Vorgarten standen Zelte und in jedem Fenster brannte Licht, und vor der Tür standen zwei dunkle Männer aus dem Reich der Mitte, die das Mädchen bereitwillig passieren ließen, aber Hull mit einer kleinen Zeremonie anhielten.

Vail warf ihm einen wehmütigen Blick zu, als sie nach hinten verschwand, und er ließ sich grimmig von den Wachen ausfragen.

»In welcher Angelegenheit?«

»Um die Prinzessin Margaret zu sehen.«

»Bist du Hull Tarvish?«

»Ja.«

Einer der Männer trat an seine Seite und fuhr mit den Händen forschend über seinen Körper. »Auf Befehl Ihrer Hoheit«, erklärte er unwirsch.

Hull lächelte. Die Prinzessin hatte seinem Wort nicht allzu sehr getraut. Im nächsten Moment hatte der Mann seine Suche beendet und öffnete die Tür.

Hull trat ein. Er hatte das Haus noch nie von innen gesehen und war für einen Moment von der Pracht geblendet. Antike, geschnitzte Möbel, gewebte Teppiche, kunstvoll gefertigte Öllampenständer und sogar – er konnte es für einen Moment nicht begreifen – ein ganzer Spiegel in antiker Handwerkskunst, in dem ihm sein eigenes Spiegelbild entgegenblickte. Bisher hatte er nur Bruchstücke und Fragmente von Spiegeln gesehen.

Zu seiner Linken versperrte eine Wache eine offene Tür, aus der Stimmen kamen. Die Stimme des alten Marcus Ormiston. »Aber ich werde dafür bezahlen. Ich kaufe es mit allem, was ich habe.« Sein Tonfall war flehend.

»Nein.« Kühle Endgültigkeit in der Stimme von Joaquin Smith. »Vor langer Zeit habe ich Martin Sair geschworen, niemandem Unsterblichkeit zu gewähren, der sich nicht als würdig erwiesen hat.« Ein Hauch von Sarkasmus schwang in seiner Stimme mit. »Geh und beweise, dass du sie verdient hast, alter Mann, in den wenigen Jahren, die dir noch bleiben.«

Hull schniefte verächtlich. Das Gejammer des alten Mannes vor seinem Bezwinger hatte etwas Entwürdigendes an sich. »Die Prinzessin Margaret?«, fragte er und folgte der Geste des Wachmanns.

Oben war eine schwach beleuchtete Halle, in der eine weitere Wache schweigend stand. Hull wiederholte seine Frage, aber anstelle einer Antwort erklang die Stimme von Margaret selbst. »Lass ihn eintreten, Corlin.«

Ein Paravent in der Tür versperrte den Blick in den Raum. Hull umkreiste ihn und wappnete sich gegen die Erinnerung an die brennende Schönheit, die er in sich trug. Aber sein Schutz wurde durch den Schock, der ihn erwartete, zunichtegemacht.

Der Paravent schirmte die Prinzessin zwar vor den Blicken der Wache in der Halle ab, aber nicht vor Hulls Augen. Er starrte völlig entsetzt auf den Anblick der Prinzessin, die völlig gleichgültig in einer großen Wanne mit Wasser lag, während eine dicke Frau ihren nackten Körper eifrig schrubbte. Er konnte sich einen einzigen Blick auf ihre exquisite Gestalt nicht verkneifen, dann drehte er sich um und starrte bedächtig aus dem Ostfenster, wohl wissend, dass er bis zu den Schultern hochrot war.

»Oh, setz dich hin!«, sagte sie verächtlich. »Das wird gleich vorbei sein.«

Er wandte den Blick ab, als das Wasser aufspritzte und ein Handtuch davonflog. Als er ihre Schritte neben sich hörte, blickte er vorsichtig auf, immer noch ängstlich vor dem, was er sehen mochte, aber sie war jetzt in ein prunkvolles Gewand aus glänzendem Schwarz und Gold gehüllt, das sie größer erscheinen ließ, obwohl es ihre filigrane Zartheit nicht verbergen konnte. Anstelle der Kothurns, die sie auf dem Marsch getragen hatte, steckten ihre Füße in winzigen hochhackigen Sandalen, die ihn an die Fußbekleidung erinnerten, die er auf alten Bildern gesehen hatte. Ihr schwarzes Gewand und ihr kurzes, ebenholzfarbenes Haar gaben ihr ein fast nonnenhaftes Aussehen, wenn man von den grünen Höllenfeuern absah, die in ihren Augen tanzten.

In seinem Herzen verfluchte Hull diese falsche Aura der Unschuld, denn er spürte wieder die Faszination, gegen die er sich gewehrt hatte.

»Also«, sagte sie. »Du kannst dich wieder setzen. Ich verlange keine Hofetikette auf dem Feld.« Sie setzte sich ihm gegenüber, zog eine schwarze Zigarette hervor und zündete sie am Rande der Lampe auf dem Tisch an. Hull starrte sie an. Nicht, dass er es nicht gewohnt gewesen wäre, Frauen rauchen zu sehen, denn jeder Bergmann hatte seine Pfeife und jede Hütte ihr Tabakbeet, aber Zigaretten waren neu für ihn.

»Nun«, sagte sie mit einem leicht ironischen Lächeln, »sag mir, was man hier über mich sagt.«

»Man nennt dich Hexe.«

»Und hassen sie mich?«

»Dich hassen?«, klang es nachdenklich. »Immerhin werden sie dich und den Meister bis zum letzten Pfeil bekämpfen.«

»Natürlich. Die jungen Männer werden kämpfen … außer denen, die Joaquin mit dem Land des Ältesten gekauft hat … weil sie wissen, dass es keine Kämpfe mehr geben wird, wenn sie erst einmal im Reich sind. Keine fröhlichen, aufregenden kleinen Kriege mehr zwischen den Städten, keine

Prahlereien und Vorführungen vor den hübschen Mädchen aus der Provinz ...« Sie brach ab. »Und du, Hull Tarvish … was denkst du über mich?«

»Ich nenne dich aus anderen Gründen Hexe.«

»Andere Gründe?«

»Es gibt keine Magie«, sagte Hull und wiederholte damit die Worte des alten Einar in Selui. »Es gibt nur Wissen.«

Die Prinzessin schaute ihn streng an. »Ein kluger Gedanke für einen von euch«, murmelte sie, und dann: »Du bist ohne Waffen gekommen.«

»Ich halte mein Wort.«

»Das bist du mir schuldig. Ich habe dein Leben verschont.«

»Und ich«, erklärte Hull trotzig, »habe deines verschont. Ich hätte einen Pfeil durch deine weiße Kehle schießen können, dort auf dem Kirchendach.«

Sie lächelte. »Was hat dich aufgehalten?«

»Ich kämpfe nicht gegen Frauen.« Er zuckte zusammen, als er daran dachte, auf welcher Mission er war, denn das widersprach seinen Worten.

»Sag mal«, sagte sie, »war das die hübsche Tochter des Ältesten, die dort vor der Kirche so jämmerlich nach dir geweint hat?«

»Ja.«

»Und liebst du sie?«

»Ja.« Das war die Gelegenheit, die er gesucht hatte, aber jetzt, wo er ihr gegenüberstand, wurde es bitter. Grimmig ergriff er die Gelegenheit. »Ich würde dich gerne um einen Gefallen bitten.«

»Bitte darum«.

»Ich würde gerne die Kammer sehen« – Lügen waren nicht seine Art, aber das war keine Lüge – »die Kammer, die unser Hochzeitszimmer sein sollte. Die Westkammer.« Das könnte … sollte … die Wahrheit sein.

Die Prinzessin lachte verächtlich. »Dann geh und sieh es dir an.«

Einen Moment lang fürchtete oder hoffte er vielleicht, dass sie ihn allein gehen lassen würde. Dann stand sie auf und folgte ihm in die Halle und zur Tür der Westkammer.

Verrat

Hull hielt an der Tür der Westkammer inne, um die Prinzessin eintreten zu lassen. Für den Bruchteil einer Sekunde blitzten ihre herrlichen grünen Augen forschend auf, dann trat sie einen Schritt zurück. »Du zuerst, Weed«, befahl sie.

Er zögerte nicht. Er drehte sich um und schritt in den Raum, in der Hoffnung, dass die Harrier-Schützen, falls sie tatsächlich in dem Wäldchen lauerten, seine mächtige Gestalt rechtzeitig erkennen würden, um ihre eifrigen Abzugsfinger zurückzuhalten. Seine Kopfhaut kribbelte, als er sich langsam auf das Fenster zu bewegte, aber es passierte nichts.

Hinter ihm lachte die Prinzessin leise. »Ich habe zu lange in der Aura von Intrigen und Gegenintrigen in N'Orleans gelebt«, sagte sie. »Ich misstraue dir ohne Grund, ehrlicher Hull Tarvish.«

Ihre Worte quälten ihn. Er drehte sich um und sah, wie sich ihr schwarzes Gewand an ihren Körper schmiegte, als sie sich bewegte, und wie es manchmal in stressigen Momenten geschieht, nahm er ein Bild von ihr wahr, das seine Sinne so sehr schärfte, dass es schien, als wären sie, er und die Welt in Unbeweglichkeit erstarrt. Er erinnerte sich für immer an sie, wie sie damals war, mit ihren schreitenden Gliedern, ihren grünen Augen, die im Lampenlicht weich wurden, und ihren perfekten Lippen, die ein wehmütiges Lächeln zeigten. Sie mochte eine Hexe und ein Teufel sein, aber sie sah aus wie ein dunkelhaariger Engel, und in diesem Moment rebellierte sein Geist.

»Nein!«, brüllte er, sprang auf sie zu und versetzte ihr mit beiden Händen einen Stoß gegen die schlanken Schultern, der sie zurück in den Flur taumeln ließ, wo sie plötzlich und hart neben dem verblüfften Wachmann auf dem Boden lag.

Sie sprang sofort auf, und ihr Gesicht hatte nichts Engelhaftes mehr an sich. »Du tust mir weh!«, zischte sie. »Ich! Jetzt werde ich …« Sie riss dem Wachmann die Waffe aus dem Gürtel, stieß sie Hull direkt vor die Brust und ließ den blauen Strahl auf ihn niederprasseln.

Der Schmerz war viel schlimmer als der am Eaglefoot Fluss. Er ertrug ihn stur und unterdrückte das Stöhnen, das in seiner Kehle aufstieg, und im nächsten Moment nahm sie ihn weg und steckte ihn wütend in das Halfter der

Wache. »Schon wieder Verrat!«, sagte sie. »Ich werde dich nicht töten, Hull Tarvish. Ich weiß einen besseren Weg.« Sie wirbelte zum Treppenhaus. »Lebeau!«, rief sie. »Lebeau! Da ist …« Sie warf Hull einen scharfen Blick zu und fuhr fort: »Il y a des tirailleurs dans le bois. Je vais les tirer en avant!«[1] Es war das Französisch von N'Orleans, für Hull so unverständlich wie Aramäisch.

Sie drehte sich um. »Sora!«, schnauzte sie, und als die dicke Frau auftauchte, sagte sie: »Vergiss es. Du bist viel zu schwer.« Dann wandte sie sich wieder Hull zu. »Ich hätte Lust«, schrie sie, »der Tochter des Ältesten die Weedkleider auszuziehen und sie aus dem Fenster zu werfen!«

Er war völlig entsetzt. »Sie ist in der Stadt!«, keuchte er und verstummte bei dem Geräusch der Füße unter ihm.

»Nun, wir haben keine Zeit«, erwiderte sie. »Wenn ich also …« Sie schritt zielstrebig in die westliche Kammer, hielt einen Moment inne und trat dann absichtlich vor das Fenster!

Hull war fassungslos. Er beobachtete, wie sie sich so hinstellte, dass das Lampenlicht ihre perfekte Silhouette auf die Scheibe warf, wie sie für den Bruchteil eines Atemzugs angespannt und regungslos dastand und dann so heftig zurücksprang, dass ihr Gewand von ihrem Körper weggeweht wurde.

Sie hatte es perfekt zeitlich abgestimmt. Zwei Schüsse krachten fast gleichzeitig, und das Glas zersprang. Und dann kreuzten sich draußen in der Nacht ein Dutzend Strahlen, und in der Stille nach den Schüssen ertönte dünn und klar ein Todesschrei, und noch einer, und noch ein dritter.

»In dem Wäldchen sind Scharfschützen. Ich werde sie herauslocken!«

Prinzessin Margaret lächelte höhnisch und leckte einen purpurnen Tropfen von einem Finger, den ein fliegendes Glas zerschnitten hatte. »Dein Verrat hat sich gelohnt«, sagte sie spöttisch. »Statt mich, hast du deine eigenen Männer verraten.«

»Ich brauche keine Anschuldigungen von dir«, sagte er düster. »Ich bin mein eigener Ankläger und mein eigener Richter. Ja, und auch mein eigener Henker. Ich werde nicht als Verräter leben.«

---

1) Im Wald sind ein paar Scharfschützen. Ich werde sie erschießen!

Sie hob ihre zierlichen Augenbrauen und blies einen Hauch grauen Rauches aus der Zigarette in ihrer Hand. »So stark, dass Hull Tarvish einen Selbstmord begehen wird«, bemerkte sie gleichgültig. »Ich hatte vor, dich jetzt zu töten. Soll ich dich dein eigenes Opfer sein lassen?«

Er zuckte mit den Schultern. »Was geht mich das an?«

»Nun«, sagte sie nachdenklich, »du bist viel unterhaltsamer, als ich erwartet hatte. Du bist stark, du bist stur und du bist gefährlich. Ich gestehe dir das Recht zu, mit deinem Leben zu machen, was du willst, aber …« – ihre grünen Augen flackerten spöttisch – »wenn ich Hull Tarvish wäre, würde ich die Chance nutzen, mich zu rechtfertigen. Du kannst die Schande deiner Schwäche durch den gleichen Mut auslöschen. Du kannst dein Leben für deine eigene Sache verkaufen, und wer weiß? … vielleicht für Joaquins … oder meins!«

Er beschloss, den Spott in ihrer Stimme zu ignorieren. »Vielleicht«, sagte er grimmig, »werde ich das tun.«

»Warum hast du dann geschwächelt, Hull Tarvish? Du hättest mein Leben haben können.«

»Ich kämpfe nicht gegen Frauen«, sagte er niedergeschlagen. »Ich habe dich angeschaut und bin schwach geworden.« Eine Frage formte sich in seinem Kopf. »Aber warum hast du dein Leben vor dem Fenster riskiert? Du hättest fünfzig Waldläufer das Gehölz durchkämmen lassen können. Das war mutig, aber unnötig.«

Sie lächelte, aber in ihren Augen lag eine schelmische Schärfe. »Weil so viele dieser Dörfer über den unterirdischen Wegen der Alten gebaut wurden … den Tunneln, den Abwasserkanälen. Woher sollte ich wissen, dass deine Mörder nicht in eine Höhle kriechen und entkommen können? Man musste sie anlocken, um sie zu enthüllen«.

Hull verdrängte den Glanz in seinen eigenen Augen. Plötzlich erinnerte er sich an den alten Abwasserkanal, durch den das Kind Vail gelaufen war und dessen Eingang von Brombeersträuchern verdeckt war.

Das hatten die Männer des Reiches nicht gewusst! Er stellte sich vor, wie die Harrier, bewaffnet mit Bogen und Schwert – ja, und Gewehren, jetzt, da der Bann vom Tal genommen war – durch den Kanal schlichen, plötzlich mitten in das Lager stürmten und die Armee des Meisters schlafend, unorganisiert und unachtsam vorfanden. Welch ein Plan für einen Überraschungsangriff!

»Eure Hoheit«, sagte er grimmig, »ich denke nicht mehr an Selbstmord, und wenn ihr mich jetzt nicht tötet, werde ich ein erbitterter Feind für eure Reichsarmee sein.«

»Vielleicht weniger bitter, als du denkst«, sagte sie leise. »Siehst du, Hull, die einzigen drei, die von deiner Schwäche wissen, sind tot. Keiner kann dich als Verräter oder Schwächling bezeichnen.«

»Aber ich kann«, erwiderte er düster. »Und du.«

»Ich nicht, Hull«, murmelte sie. »Ich gebe keinem Mann die Schuld, der meinetwegen schwach wird – es gab viele. Männer, die so stark waren wie du, Hull, und andere, die die Welt immer noch für großartig hält.« Sie wandte sich zu ihrem eigenen Zimmer. »Komm herein«, sagte sie in einem anderen Ton. »Ich werde etwas Wein trinken. Sora!« Als die dicke Frau gegangen war, nahm sie noch eine Zigarette, zündete sie über der Lampe an und rümpfte angewidert die Nase über die nachtaktiven Insekten, die sie umkreisten.

»Was für ein Ort!«, schnauzte sie ungeduldig.

»Es ist das schönste Haus, das ich je gesehen habe«, sagte Hull gelassen.

Sie lachte. »Es ist eine Bruchbude. Ich sehne den Tag herbei, an dem wir nach N'Orleans zurückkehren, wo die Fenster vergittert sind, wo das Wasser nach Belieben fließt, wo die Lichter nicht wie gelbe Öllampen flackern und die Hitze einen nicht ersticken lässt. Willst du die große Stadt sehen, Hull?«

»Du weißt, dass ich das tun würde.«

»Und wenn ich sage, du darfst?«

»Was könnte mich davon abhalten, wenn ich in Frieden gehe?«

Sie zuckte mit den Schultern. »Oh, du kannst N'Orleans natürlich besuchen, aber stell dir vor, ich biete dir an, als Gast der Prinzessin Margaret zu reisen. Was würdest du für dieses Privileg geben?«

Machte sie sich wieder über ihn lustig? »Was würdest du dafür verlangen?«, erwiderte er zurückhaltend.

»Oh, deine Treue, vielleicht. Oder vielleicht den Verrat deiner kleinen Schar von Harriers, die der Teufel selbst aus diesen Hügeln vertreiben will.«

Er sah erschrocken auf, dass sie den Namen kannte. »Die Harriers? Woher?«

Sie lächelte. »Wir haben Freunde unter den Männern von Ormiston. Freunde, die mit Land gekauft wurden«, fügte sie verächtlich hinzu. »Aber was ist mit meinem Angebot, Hull?«

Er runzelte die Stirn. »Du sagst, als dein Gast. Was habe ich darunter zu verstehen?«

Sie lehnte sich über den Tisch, ihre exquisiten grünen Augen auf seine gerichtet, ihr Haar flammend blau-schwarz, ihre perfekten Lippen in einem schwachen Lächeln. »Was immer du willst, Hull. Was immer du willst.«

Die Wut stieg in ihm auf. »Meinst du«, fragte er heiser, »dass du das für so eine Kleinigkeit wie die Vernichtung einer kleinen feindlichen Bande tun würdest? Du, mit dem ganzen Reich im Rücken?«

Sie nickte. »Das spart Ärger, nicht wahr?«

»Und Ehrlichkeit, Tugend und Ehre bedeuten dir so wenig wie das? Ist das eines deiner üblichen Mittel zur Eroberung? Verkaufst du normalerweise deine Gunst für …?«

»Normalerweise nicht«, unterbrach sie kühl. »Zuerst muss ich meinen Partner in diesem Geschäft mögen. Du, Hull — ich mag deine gewaltigen Muskeln, deinen hartnäckigen Mut und deinen langsamen, klaren Verstand. Du bist kein großer Mann, Hull, denn dein Verstand hat nicht das kalte Feuer eines Genies, aber du bist ein starker Mann, und dafür mag ich dich.«

»Mich!«, brüllte er und richtete sich in seinem Stuhl auf. »Aber du denkst, ich würde das, was mir an Ehre geblieben ist, dafür eintauschen! Du denkst, ich würde meine Sache verraten! Du denkst … nun, du irrst dich, das ist alles. Du irrst dich!«

Sie schüttelte lächelnd den Kopf. »Nein. Ich habe mich nicht geirrt, denn ich dachte, du würdest es nicht tun.«

»Oh, das hast du!«, knurrte er. »Und was, wenn ich zugesagt hätte? Was hättest du dann getan?«

»Was ich versprochen habe.« Sie lachte über sein wütendes, ungläubiges Gesicht. »Schau nicht so schockiert, Hull. Ich bin nicht die kleine Vail Ormiston. Ich bin die Prinzessin Margaret von N'Orleans, die von denen, die mich lieben, Margaret die Göttliche genannt wird, und von denen, die mich hassen … nun, du musst wissen, wie mich meine Feinde nennen.«

»Das tue ich!«, rief er. »Schwarze Margot, das tue ich!«

»Schwarze Margot!«, gab sie lächelnd zurück. »Ja, ich heiße so, weil mich einst ein Dichter amüsierte und weil es einst einen sehr alten, sehr großen französischen Dichter namens François Villon gab, der eine Hure namens Schwarze Margot liebte.« Sie seufzte. »Aber mein Dichter war kein Villon; seine Werke sind schon fast vergessen.«

»Ein guter Name!«, schnaubte er. »Ein guter Name für dich!«

»Zweifellos. Aber du verstehst nicht, Hull. Ich bin eine Unsterbliche. Ich bin dreimal so alt wie du. Willst du, dass ich mich nach den Maßstäben der todgeweihten Vail Ormiston richte?«

»Ja! Mit welchem Recht bist du allen Normen überlegen?«

Ihre Lippen hatten aufgehört zu lächeln, und ihre tiefgrünen Augen wurden melancholisch. »Ich kann nicht anders, Hull«, sagte sie leise. Ein Hauch von Rührung lag in ihrer Stimme. »Unsterblichkeit!«, flüsterte sie. »Jahr für Jahr dasselbe, auf Eroberungszug durch die Welt! Was kümmert mich die Eroberung? Ich habe keinen Sinn für Bestimmung wie Joaquin, der vor sich ein Reich sieht, das immer größer wird und immer weiter wächst. Was bedeutet mir das Reich? Und Jahr für Jahr langweile ich mich, bis mich nur noch der Kampf, das Töten, die Gefahr und die Liebe am Leben erhalten!«.

Seine Wut war verflogen. Er starrte sie fassungslos und entsetzt an.

»Und dann lassen sie mich im Stich!«, murmelte sie. »Wenn das Töten verblasst und die Liebe schal wird, was bleibt dann noch? Habe ich Liebe gesagt? Wie kann es für mich Liebe geben, wenn ich weiß, dass ich einen Mann liebe, nur um zu sehen, wie er altert und faltig, schwach und schlaff wird? Und wenn ich Joaquin um Unsterblichkeit für ihn anflehe, erinnert er mich an sein Versprechen gegenüber Martin Sair, sie nur denen zu gewähren, die sich bereits als würdig erwiesen haben. Wenn ein Mann würdig ist, ist er schon alt.« Sie fuhr angespannt fort: »Ich sage dir, Hull, dass ich so freundlos und allein bin, dass ich euch Todgeweihte beneide! Ja, und eines Tages werde ich mich euch anschließen!«

Er schluckte. »Mein Gott!«, murmelte er. »Es wäre besser für dich, wenn du in deinen heimatlichen Bergen geblieben wärst, mit Freunden, Haus, Mann und Kindern.«

»Kinder!«, wiederholte sie und ihre Augen glänzten vor Tränen. »Unsterbliche können keine Kinder haben. Sie sind unfruchtbar; sie sollten nichts als Gehirne wie Joaquin und Martin Sair sein, keine Wesen mit Gefühlen wie ich. Manchmal verfluche ich Martin Sair und seine harten Strahlen. Ich will keine Unsterblichkeit, ich will Leben!«

Hull geriet in einen Strudel der Gedanken. Die unfassbare Schönheit des Mädchens, dem er gegenüberstand, ihre grünen Augen, die jetzt weich und feucht und unglücklich waren, ihre Lippen, die zitterten, das Glitzern einer Träne auf ihrer Wange – diese Dinge zerrten so stark an ihm, dass er kaum noch wusste, was er eigentlich wollte. »Gott!«, flüsterte er. »Es tut mir leid!«

»Und du, Hull … hilfst du mir … ein bisschen?«

»Aber wir sind Feinde … Feinde!«

»Können wir nicht … irgendetwas anderes sein?« Ein Schluchzen schüttelte sie.

»Wie könnten wir das sein?«, stöhnte er.

Plötzlich erregte das Zucken ihrer zarten Lippen seine Aufmerksamkeit. Ungläubig starrte er in die grünen Tiefen ihrer Augen. Es stimmte. Da war ein Lachen. Sie hatte sich über ihn lustig gemacht! Und als sie seine Erkenntnis wahrnahm, kräuselte sich ihr leises Lachen wie Regen auf Wasser.

»Du … Teufel!«, würgte er. »Du schwarze Hexe! Ich wünschte, ich hätte dich töten lassen!«

»Oh, nein«, sagte sie zaghaft. »Sieh mich an, Hull.«

Der Befehl war überflüssig. Er konnte seinen faszinierten Blick nicht von ihrem herrlichen Gesicht abwenden.

»Liebst du mich, Hull?«

»Ich liebe Vail Ormiston«, murmelte er.

»Aber liebst du mich?«

»Ich hasse dich!«

»Aber liebst du mich auch?«

Er stöhnte. »Das ist bitter unfair«, murmelte er.

Sie wusste, was er meinte. Er schimpfte über die Umstände, die dazu geführt hatten, dass Prinzessin Margaret – die brillanteste Frau dieses brillanten Zeitalters und eine der brillantesten aller Zeiten – ihre ganze Faszination auf einen einfachen Bergmann aus Ozarky ausübte. Es war nicht fair; ihr Lächeln gab es zu, aber es war auch ein Triumph.

»Darf ich gehen?«, fragte er steinern.

Sie nickte. »Aber du wirst ein bisschen weniger mein Feind sein, nicht wahr, Hull?«

Er stand auf. »Wie immer ich eurer Sache schaden kann«, sagte er, »ich werde es tun. Ich werde nicht zweimal ein Verräter sein.« Aber er glaubte, in ihren grünen Augen ein rätselhaftes Schimmern der Zufriedenheit über seine Worte zu sehen.

Qualen

Hull blickte am Mittag über das Tal von Ormiston, durch das Joaquin Smith marschierte. Neben ihm stand Vail, und gemeinsam blickten sie schweigend auf die Straße nach Selui, die jetzt schwarz war von Reitern und rumpelnden Wagen, die sich auf den Weg machten, um die Reste der konföderierten Armee in Selui anzugreifen.

Aber Ormiston war nicht völlig verlassen, denn dreihundert Soldaten und zweihundert Reiter blieben zurück, um sich den Harriers unter dem Kommando der Schwarzen Margot zu stellen.

Es entsprach nicht der Politik des Meisters, dass sich eine so große Rebellengruppe ungehindert in erobertem Gebiet sammeln konnte; innerhalb des Reiches herrschte trotz des gegenseitigen Hasses zwischen den rivalisierenden Städten eine Art Zwangsfrieden.

»Unser Moment kommt heute Abend«, sagte Hull nüchtern. »Wir werden nie eine bessere Chance haben als jetzt, wo wir ihnen zahlenmäßig fast ebenbürtig sind und die Überraschung auf unserer Seite ist.«

Vail nickte. »Der alte Tunnel war ein kühner Gedanke, Hull. Die Harriers sind dabei, die eingestürzten Stellen abzustützen. Vater ist bei ihnen.«

»Das sollte er nicht sein. Die Alten haben auf dem Feld nichts zu suchen.«

»Aber das ist seine Hoffnung, Hull. Dafür lebt er.«

»Die Hoffnung ist klein genug! Angenommen, wir sind erfolgreich, Vail. Was würde das bedeuten, außer der Rückkehr von Joaquin Smith und seiner Armee? Der gesunde Menschenverstand sagt mir, dass dies eine Narrenjagd ist, und wenn du nicht wärst und die Chance auf einen faireren Kampf als bisher bestünde … nun, ich wäre versucht, dem Meister den Sieg zuzugestehen.«

»Oh nein!«, rief Vail. »Wenn unser Erfolg das Ende der Schwarzen Margot bedeutet, ist das nicht genug? Außerdem weißt du doch, dass die Hälfte der Macht des Meisters das Werk der Hexe ist. Enoch … der arme Enoch … hat das gesagt.«

Hull erschauderte. Enoch war einer der drei Scharfschützen gewesen, die an den Westfenstern getötet worden waren, und die Worte des Mädchens erinnerten ihn an seinen Anteil an dieser Tat. Aber ihre Worte hatten noch eine andere Bedeutung, denn die Vision der Prinzessin, die ihn die ganze Nacht gequält hatte, stand ihm noch immer vor Augen, und er konnte die Erwähnung von Enochs Tod nicht hinnehmen, ohne sich zu erregen.

Aber Vail dachte, dass die Verzweiflung auf Hulls Gesicht Henoch galt. » Henoch«, wiederholte sie leise. »Er hat mich auf seine trockene Art geliebt, Hull, aber seit ich dich kenne, denke ich nicht mehr an ihn.«

Hull legte seinen Arm um sie und verfluchte sich selbst, dass er seine Gedanken nicht von Margarete von N'Orleans ablenken konnte, denn es war Vail, die er liebte, und Vail, die er lieben wollte. Was auch immer die Prinzessin für einen Zauber über ihn verhängt hatte, er wusste, dass sie böse, rücksichtslos und unmenschlich kalt war – eine Zauberin, eine Teufelin. Aber er konnte ihre teuflische Schönheit nicht aus seiner Erinnerung verbannen.

»Nun«, seufzte er, »dann lass es heute Abend sein. Soll es vier Stunden nach Sonnenuntergang losgehen? Gut. Die Männer des Imperiums sollten um diese Zeit schon schlafen oder in Tighs Taverne spielen. Es ist an uns, für unser Schießpulver zu beten.«

»Schießpulver? Aber hast du nicht gehört, was ich File Ormson und den Harriers auf dem Kamm erzählt habe? Die Zauberer sind weg; Joaquin Smith hat sie nach Selui gebracht. Ich habe sie heute Morgen von der Küche aus beobachtet und belauscht.«

»Die Zünder? Sind sie weg?«

»Ja. Sie nannten sie Resnatoren … Resatoren …«

»Resonatoren«, sagte Hull und erinnerte sich an die Worte des alten Einar.

»So ähnlich. Es waren zwei von ihnen, große Eisenfässer auf drehbaren Plattformen, gefüllt mit irgendeiner Magie, die summte und klickte, und sie scannten das Tal im Norden, Süden, Osten und Westen, und in Richtung Norse konnte man Schüsse und den Rauch eines brennenden Gebäudes hören. Sie luden sie auf die Wagen und brachten sie in Richtung Selui.«

»Sie konnten den Grat mit ihrem Zauber nicht überwinden«, sagte Hull.[1)] »Die Harriers haben noch Pulver.«

»Ja«, murmelte Vail und schlang ihren Arm enger um ihn. »Sag mir«, sagte sie plötzlich, »was wollte sie letzte Nacht von dir?«

Hull schnitt eine Grimasse. Er hatte Vail nur wenig von diesem unrühmlichen Abend erzählt und fürchtete ihre Frage.

»Verrat«, sagte er schließlich. »Sie wollte, dass ich die Harriers verrate.«

»Du? Das hat sie von dir verlangt?«

»Meinst du, ich würde das tun?«, konterte Hull.

»Ich weiß, dass du das nie tun würdest. Aber was hat sie dir für den Verrat angeboten?«

---

1) Das Feld des Erden-Resonators durchdringt problemlos Strukturen und Wände, wird aber von allen größeren natürlichen Hindernissen, Hügeln und aus irgendeinem Grund von Nebelbänken oder niedrigen Wolken blockiert.

Wieder zögerte er. »Eine große Belohnung«, antwortete er schließlich. »Eine Belohnung, die in keinem Verhältnis zu der Aufgabe steht.«

»Sag mir, Hull, wie ist sie von Angesicht zu Angesicht?«

»Ein Dämon. Sie ist nicht gerade ein Mensch.«

»Aber auf welche Weise? Die Menschen sagen so viel über ihre Schönheit, über ihren tödlichen Charme. Hull … hast du ihn gespürt?«

»Ich liebe dich, Vail.«

Sie seufzte und rückte noch näher heran. »Ich glaube, du bist der stärkste Mann der Welt, Hull. Der Allerstärkste.«

»Das werde ich auch brauchen«, murmelte er und blickte düster ins Tal. Dann lächelte er schwach, als er Männer pflügen sah, denn es war schon spät in der Saison für solche Arbeiten. Der alte Marcus Ormiston ging auf Nummer sicher; er erinnerte sich an die Worte des Meisters und bepflanzte jeden Acker, über den ein Pferd eine Pflugschar ziehen konnte.

Vail verließ ihn im Dorf Ormiston und machte sich zögernd auf den Heimweg. Hull kümmerte sich um den leerstehenden Laden und kaufte sich, als die Sonne tief stand, einen quadratischen Laib Schwarzbrot, eine große Scheibe Käse und eine Flasche des stillen, klaren Weins der Region. Gerade als er seine Mahlzeit in seinem Zimmer beendete, rief ihn ein Klopfen an der Tür des Ladens.

Es war ein Mann aus dem Reich. »Hull Tarvish?«, fragte er kurz. Auf Hulls Nicken hin fuhr er fort: »Von Ihrer Hoheit«, und reichte ihm einen gefalteten Zettel aus schwarzem Papier.

Der Bergmann starrte es an. Auf der einen Seite war in erhabenem Gold die Form einer Schlange zu sehen, die eine Weltkugel umkreiste und ihren Schwanz im Maul hatte – die Midgardschlange. Er schob einen Finger durch den Falz, öffnete die Nachricht und blinzelte hilflos auf die goldenen Schriftzeichen auf der schwarzen Innenseite.

»Dieses Kratzen bedeutet mir nichts«, sagte er.

Der Mann aus dem Reich schnupperte verächtlich. »Ich werde es lesen«, sagte er und nahm das Schreiben an sich. »Da steht: ‚Folge dem Boten zu unserem Quartier‘, und es ist unterschrieben mit Margarita Imperii Regina, das heißt Margaret, Prinzessin des Kaiserreichs. Ist das klar?« Er reichte den Zettel zurück. »Ich suche schon seit einer Stunde nach dir.«

»Und wenn ich nicht mitkomme?«, knurrte Hull.

»Das ist keine Einladung, Weed. Es ist ein Befehl.«

Hull zuckte mit den Schultern. Er hatte wenig Lust, der Schwarzen Margot noch einmal gegenüberzutreten, zumal er von den Plänen der Harriers wusste. Ihre komplexe Persönlichkeit verwirrte und faszinierte ihn, und er befürchtete, dass sie ihm dieses Geheimnis mit einer raffinierten Methode entlocken könnte.

Die Folter würde es nicht aus ihm herauspressen, aber diese grünen Augen könnten es lesen. Doch … besser still gehen, als geschleppt oder getrieben zu werden; er grunzte zustimmend und folgte dem Boten.

Er fand das Haus ruhig vor. Das untere Zimmer, in dem Joaquin Smith geruht hatte, war jetzt leer, und er stieg die Treppe hinauf, um sich gegen den erwarteten Schock durch die Anwesenheit der Schwarzen Margot zu wappnen.

Diesmal fand er sie jedoch bekleidet vor, oder nach Ormiston-Maßstäben halb bekleidet, denn sie trug nur die winzigen Shorts und das Hemd, die ihre Reitkleidung waren, und ihre zierlichen Füße waren nackt. Sie saß in einem tiefen Stuhl neben dem Tisch, eine Weinflasche in der Hand und eine schwarze Zigarette in den Fingern.

Ihre Haare waren wie ein Helm aus Ebenholz, der sich von dem Elfenbein ihrer Stirn und ihres Halses abhob, und ihre grünen Augen waren wie zwei Smaragde.

»Setz dich«, sagte sie, als er vor ihr stand. »Die Verspätung ist dein Pecht, Hull. Ich hätte mit dir gegessen.«

»Ich werde mit Brot und Käse stark genug«, knurrte er.

»Du scheinst es zu sein.« Feuer tanzte in ihren Augen. »Hull, ich bin so stark wie die meisten Männer, aber ich glaube, deine riesigen Muskeln könnten mich überwältigen, als wäre ich ein schwaches Provinzmädchen. Und doch …«

»Und doch … ?«

»Und doch bist du meinem schwarzen Hengst Eblis sehr ähnlich. Deine Muskeln sind fast genauso stark, aber wie er, kann ich dich antreiben, treiben, peitschen und dich in jede beliebige Richtung galoppieren lassen.«

»Kannst du das?«, schnauzte er. »Versuch es nicht.« Aber der Zauber ihrer überirdischen Schönheit war schwer zu ertragen.

»Ich glaube, ich werde es versuchen«, gurrte sie sanft. »Hull, lügst du jemals?«

»Ich weiß es nicht.«

»Soll ich dich also zum Lügen bringen, Hull? Soll ich dich solche Unwahrheiten schwören lassen, dass du bei dem Gedanken daran für immer rot wirst? Soll ich das tun?«

»Das kannst du nicht!«

Sie lächelte, dann in verändertem Tonfall: »Liebst du mich, Hull?«

»Dich lieben? Ich hasse …« Er brach plötzlich ab.

»Hasst du mich, Hull?«, fragte sie sanft.

»Nein«, stöhnte er schließlich. »Nein, ich hasse dich nicht.«

»Aber liebst du mich?« Ihr Gesicht war heilig, ernst, rein, selbst die grünen Augen waren jetzt weich wie das Grün des Frühlings. »Sag mir, liebst du mich?«

»Nein!«, stieß er wütend hervor und errötete bei ihrem Lächeln auf den Lippen. »Das ist keine Lüge!«, fauchte er. »Deine Zauberei ist keine Liebe. Ich liebe deine Schönheit nicht. Sie ist unnatürlich, höllisch und ein Geschenk von Martin Sair. Es ist eine falsche Schönheit, wie dein ganzes Leben!«

»Martin Sair hatte wenig mit meinem Aussehen zu tun«, sagte sie sanft. »Was empfindest du für mich, Hull, wenn nicht Liebe?«

»Ich … weiß es nicht. Ich will nicht einmal darüber nachdenken!« Er ballte die Hand zu einer großen Faust. »Liebe? Nenn es Liebe, wenn du willst, aber es ist eine höllische Liebe, die ihre Befriedigung darin findet, dich zu töten!« Aber da rebellierte sein Herz wieder. »Das ist nicht wahr«, endete er kläglich. »Ich könnte dich nicht töten.«

»Stell dir vor«, fuhr sie sanft fort, »ich würde versprechen, Joaquin zu verlassen, nicht länger die Schwarze Margot und Prinzessin des Reiches zu sein, sondern nur noch Hull Tarvishs Frau. Wen würdest du wählen, Vail oder mich?«

Einen Moment lang sagte er nichts.

»Du bist unfair«, sagte er schließlich verbittert. »Ist es fair, Vail und dich zu vergleichen? Sie ist süß, loyal und unschuldig, aber du … du bist die schwarze Margot!«

»Trotzdem«, sagte sie ruhig, »ich denke, ich werde uns vergleichen. Sora!« Die dicke Frau erschien. »Sora, der Wein ist alle. Schick die Tochter des Dorfältesten mit einer neuen Flasche und einem zweiten Kelch her.«

Hull starrte entsetzt. »Was hast du vor?«

»Deinem kleinen Weed wird nichts passieren. Ich verspreche, keinen Schaden anzurichten.«

»Aber …« Er hielt inne. Vails Schritte ertönten auf der Treppe und sie kam zaghaft mit einem Tablett mit einer Flasche und einem Metallbecher herein. Er sah, wie sie zusammenzuckte, als sie ihn bemerkte, aber sie ging nur leise weiter, stellte das Tablett auf den Tisch und ging zurück zur Tür.

»Einen Augenblick«, sagte die Prinzessin.

Sie erhob sich und ging an Vails Seite, als wolle sie Hull den Vergleich aufzwingen. Er konnte nicht anders; er hasste sich für diese Gedanken, aber sie kamen trotzdem. Barfuß war Prinzessin Margaret so groß wie Vail in ihren Sandalen, und sie war nur eine Nuance schlanker. Aber ihr umwerfend schwarzes Haar und ihre herrlich grünen Augen ließen das unglückliche Mädchen aus Ormiston fast zu einem farblosen Graublau verblassen, und das kupferfarbene Haar und die blauen Augen wirkten wasserblass. Das war nicht fair; Hull erkannte, dass es war, als würde man Kerzenlicht mit Sonnenstrahlen vergleichen, und er verachtete sich selbst dafür, dass er sie so ansah.

»Hull«, sagte die Prinzessin, »wer von uns beiden ist die Schönere?«

Er sah, wie Vails Lippen ängstlich zuckten, und er blieb hartnäckig still.

»Hull«, fuhr die Prinzessin fort, »wen von uns beiden liebst du?«

»Ich liebe Vail!«, murmelte er.

»Aber liebst du sie mehr als mich?«

Wieder einmal musste er schweigen.

»Ich nehme an«, sagte die Prinzessin und lächelte, »dass dein Schweigen bedeutet, dass du mich umso mehr liebst. Habe ich recht?«

Er sagte nichts.

»Oder irre ich mich, Hull? Sicherlich kannst du der kleinen Vail die Genugtuung geben, diese Frage zu beantworten! Denn wenn du sie nicht beantwortest, werde ich mir die Freiheit nehmen, anzunehmen, dass du mich mehr liebst. Tust du es jetzt?«

Er war in völliger Panik. Seine weißen Lippen verzerrten sich vor Schmerz, als er schließlich murmelte: »Oh Gott! Ja!«

Sie lächelte sanft. »Du kannst gehen«, sagte sie zu dem blassen und verängstigten Vail.

Doch einen Moment lang zögerte das Mädchen. »Hull«, flüsterte sie, »Hull, ich weiß, dass du das gesagt hast, um mich zu retten. Ich glaube es nicht, Hull, und ich liebe dich. Ich gebe … ihr die Schuld!«

»Lass das!«, stöhnte er. »Beleidige sie nicht.«

Die Prinzessin lachte: »Mich beleidigen! Glaubst du, ich lasse mich von einem Stückchen kriechendem Staub beleidigen, das von der Wiege bis zum Grab kriecht?« Sie warf Vail verächtliche Blicke aus den grünen Augen zu, als das verängstigte Mädchen durch die Tür zurückwich.

»Warum macht es dir Spaß, andere zu quälen?«, rief Hull. »Du bist grausam wie eine Katze. Du bist nicht weniger als ein Dämon.«

»Das war keine Grausamkeit«, sagte die Prinzessin sanft. »Es war nur ein Mittel, um zu beweisen, dass deine starken Muskeln sich an meinen Sattel gewöhnt hatten.«

»Wenn das noch eines Beweises bedürfte«, murmelte er.

»Das war nicht nötig. Es gibt genug Beweise, Hull, wenn ich die Zeit richtig einschätze. Ich meine, deine Harriers schlüpfen gerade durch ihren alten Abwasserkanal in meine Falle hinter der Scheune.«

Er war wie vom Donner gerührt. »Du .. musst … eine Hexe sein!«, keuchte er.

»Vielleicht. Aber es war keine Hexerei, die mich dazu gebracht hat, dir die Idee mit der Kanalisation in den Kopf zu setzen, Hull. Erinnerst du dich, dass es mein Vorschlag war, den ich dir gestern Abend im Flur gemacht habe? Ich wusste, dass du den Köder vor den Harriers auslegen würdest.«

Sein Gehirn raste. »Aber warum … warum …?«

»Oh«, sagte sie gleichgültig, »es amüsiert mich, dich zweimal den Verräter spielen zu sehen, Hull Tarvish.«

Die Falle

Die Prinzessin trat dicht an ihn heran, ihre herrlichen Augen waren sanft wie die eines Engels, und die süße Wölbung ihrer Lippen zeigte den Anflug eines Schmollmundes. »Armer, starker, schwacher Hull Tarvish!«, hauchte sie. »Jetzt bekommst du eine Lektion über den Preis der Schwäche. Ich bin nicht Joaquin, der mit den Strahlern seiner Männer in der dritten Kerbe kämpft. Wenn ich in die Schlacht ziehe, blitzen meine Strahlen voll auf, und es gibt brennendes Fleisch und berstendes Herz. Der Tod reitet mit mir.«

Er hörte sie kaum. Sein kreisender Verstand kämpfte mit einer Idee. Die Harriers schlichen sich einer nach dem anderen in die Falle, aber sie konnten nicht alle durch den Tunnel gehen.

Wenn er sie warnen konnte … Sein Blick fiel auf die Glocke in der Halle neben der Wache, das Seil, mit dem die Bronzeglocke im Glockenturm geläutet wurde, um öffentliche Versammlungen einzuberufen oder Hilfe bei der Brandbekämpfung herbeizurufen. Zweifellos würde er beim Läuten sterben, aber das war der gerechte Preis für die Sühne.

Plötzlich schnellte sein großer Arm hervor, riss die Prinzessin von den Füßen und schleuderte ihre zierliche Gestalt mit voller Wucht gegen die Wand. Er hörte ihr leises »O … O … O«, als ihr der Atem ausging und sie langsam auf die Knie sank, aber da war er schon bei dem erschrockenen Wächter, stieß ihn über das Treppengeländer und mit einem Faustschlag zu Boden. Dann warf er sein Gewicht auf das Glockenseil, und die große bronzene Glocke ertönte wieder und wieder.

Aber die Schwarze Margot war auf den Beinen, die grünen Höllenfunken flackerten in ihren Augen und ihr Gesicht war eine schöne Maske des

Zorns. Männer stürmten mit gezückten Waffen die Treppe hinauf, und Hull zerrte ein letztes Mal an dem Seil und drehte sich dem Tod entgegen. Ein halbes Dutzend Waffen waren auf ihn gerichtet.

»Nein … nein!«, keuchte die Prinzessin und kämpfte um den Atem, den er ihr ausgetrieben hatte. »Haltet ihn für mich fest! Bringt ihn in die Scheune!«

Sie eilte die Treppe hinunter, ihre grazilen Beine blitzten nackt auf, ihre nackten Füße stampften leise. Hinter ihr drängten sechs grimmige Männer des Imperiums Hull an der benommenen Wache vorbei, die auf den unteren Stufen saß, und hinaus in die Nacht, wo blaue Strahlen aufblitzten und Schüsse und Schreie erklangen.

Hinter der Scheune war es jedoch verhältnismäßig ruhig, als Hulls Wachen ihn dorthin brachten. Eine dicht gedrängte Gruppe dunkler Gestalten hockte neben der Öffnung des alten Tunnels, wo die Büsche niedergetrampelt worden waren, und eine Gruppe braun gekleideter Waldläufer des Imperiums umgab sie.

Einige Gestalten lagen ausgestreckt im Gras, und Hull lächelte ein wenig, als er sah, dass einige von ihnen Männer des Imperiums waren. Dann fiel sein Blick auf die Prinzessin, die einem dunkelhaarigen Offizier gegenüberstand.

»Wie viele, Lebeau?«

»Einhundertvierzig oder fünfzig, Eure Hoheit.«

»Nicht mal die Hälfte! Warum verfolgst du den Rest nicht durch den Tunnel?«

»Weil, Eure Hoheit, einer von ihnen den Stützpfeiler und das Dach über sich zum Einsturz gebracht haben und uns damit blockiert hat. Wir sind gerade dabei, ihn auszugraben.«

»Bis dahin werden sie ihren Bau verlassen haben. Wo endet der Tunnel?« Sie ging zu Hull hinüber. »Hull, wo endet dieser Tunnel?« Als er schwieg, fügte sie hinzu. »Das spielt keine Rolle. Sie würden ihn durchqueren, bevor wir ihn erreichen.« Sie drehte sich zurück. »Lebeau! Brennt nieder, was wir haben, und den Rest vernichten wir, so gut wir können.« Ein Raunen ging durch die Menge der Dorfbewohner, die sich versammelt hatte, und ihre im Mondlicht silbrig-grünen Augen flackerten über sie hinweg. »Und alle Sympathisanten«, fügte sie kalt hinzu. »Außer diesem Mann, Hull Tarvish.«

File Ormsons große Stimme dröhnte aus der Masse der Gefangenen.

»Hull! Hull! War diese Falle dein Werk?«

Hull antwortete nicht, sondern Black Margot selbst.

»Nein«, schnauzte sie, »aber die Warnglocke schon.«

»Warum verschonst du ihn dann?«

Ihre Augen glitzerten eisig grün. »Ich töte auf meine Weise, Weed«, sagte sie in einem so kalten Ton, als hätte ein Winterwind einen fröstelnden Atem durch die Frühlingsnacht geschickt. »Ich habe meine eigene Rechnung mit ihm zu begleichen.«

Ihre Augen blitzten wie kühles Smaragdfeuer in Hulls Augen. Er begegnete ihrem Blick und sagte mit leiser Stimme:

»Gewährst du einem Mann, der sterben wird, irgendwelche Gefallen?«

»Nicht nach dem Brauch«, antwortete sie gleichgültig. »Geht es um die Sicherheit der Tochter des Dorfältesten? Ich habe nicht vor, ihr etwas anzutun.«

»Darum geht es nicht.«

»Dann bitte darum — auch wenn ich nicht geneigt bin, dir Gefallen zu tun, Hull Tarvish, der du mir schon zweimal Gewalt angetan hast.«

Seine Stimme sank fast auf ein Flüstern. »Ich bitte um das Leben meiner Gefährten.«

Sie hob überrascht die Augenbrauen und schüttelte dann ihre ebenholzfarbene Haarsträhne. »Wie kann ich das? Ich bin absichtlich hier geblieben, um sie auszulöschen. Soll ich die Hälfte, die ich habe, freilassen, nur um sie mit dem Rest zu vernichten?«

»Ich bitte um ihr Leben«, wiederholte er.

Ein seltsames, launisches Feuer tanzte grün in ihren Augen. »Ich werde es versuchen«, versprach sie und wandte sich an den Offizier, der seine Männer so aufstellte, dass das Kreuzfeuer der Exekution seine eigenen Reihen nicht niedermähen konnte. »Lebeau!«, schnauzte sie. »Halte dich zurück.«

Sie schritt in die Lücke zwischen den Gefangenen und ihren eigenen Männern. Mit der Hand auf der Hüfte betrachtete sie die Harriers, während das Mondlicht ihrer Schönheit eine unglaubliche, unheimliche Aura verlieh. Dort in der Dämmerung der Nacht schien sie gar kein Dämon zu sein, sondern ein Mädchen, fast ein Kind, und selbst Hull, der gut genug gelernt hatte, was sie war, konnte nicht anders, als fasziniert von ihrem strahlenden Haar zu ihren winzigen weißen Füßen zu blicken.

»Nun«, sagte sie und ließ ihren Blick über die Gruppe schweifen, »mit meinem Versprechen der Amnestie, wie viele von euch würden sich mir anschließen?«

Ein Aufruhr ging durch die Menge. Einen Moment lang herrschte völlige Bewegungslosigkeit, dann bewegten sich ganz langsam zwei Gestalten vorwärts, und die Bewegung wurde zu einem wütenden Gemurmel. Hull erkannte die Männer; es waren Nachzügler der Konföderationsarmee, Ch'cago-Männer, gute Kämpfer, aber nur Söldner, die je nach Lust und Laune oder Vorteil die Seiten wechselten. Das Gemurmel der Harriers wurde zu einem wütenden Knurren.

»Ihr zwei«, sagte die Prinzessin, »seid ihr Männer von Ormiston?«

»Nein«, sagte einer. »Wir kommen beide von den Ufern von Mitchin.«

»Nun gut«, fuhr sie ruhig fort. Mit einer pfeilschnellen Bewegung riss sie die Waffe von ihrem Gürtel, der blaue Strahl spuckte zweimal, und die Männer brachen zusammen, einer mit kohlschwarz verbranntem Gesicht, und beide stießen eine stinkende Rauchfahne aus.

Sie wandte sich an die staunende Gruppe. »Also«, sagte sie, »wer ist euer Anführer?«

File Ormson trat vor, finster und grimmig. »Was wollt ihr von mir?«

»Wirst du mit mir verhandeln? Werden sich deine Männer an deine Vereinbarungen halten?«

File nickte. »Sie haben kaum eine Wahl.«

»Gut. Jetzt, wo ich die Verräter aus euren Reihen ausgesiebt habe – denn ich will nicht mit Verrätern verhandeln – werde ich euch mein Angebot machen.« Sie lächelte den untersetzten Eisenschmied an. »Ich glaube, damit habe ich uns beiden einen Gefallen getan«, sagte sie leise, und Hull zuckte zusammen, als er die Süße ihres Blicks auf den finsteren File erkannte. »Würdest du mit deinen großen Muskeln und deinem Kämpferherz einer Frau folgen?«

Der finstere Blick wich der Überraschung.

»Dir folgen? Dir?«

»Ja.« Hull beobachtete fasziniert, wie sie ihre Stimme, ihre Augen, ihre überirdische Schönheit, die durch das Mondlicht noch verstärkt wurde, auf den hünenhaften File Ormson richtete, hinter dem die Harrier-Gefangenen angespannt und stumm standen. »Ja, ich will, dass ihr mir folgt«, wiederholte sie leise. »Ihr seid alle tapfere Männer, jetzt, wo ich die beiden Feiglinge aussortiert habe.« Sie lächelte wehmütig, fast zärtlich über die untersetzte Gestalt vor ihr. »Und du … du bist ein Krieger.«

»Aber …« File schluckte, »die anderen …«

»Ich verspreche dir, dass du nicht gegen deine Kameraden kämpfen musst. Ich werde jeden von euch freilassen, der mir nicht folgen will. Und euer Land — es ist euer Land, um das ihr kämpft, nicht wahr? Ich werde es nicht anrühren, keinen einzigen Hektar, außer dem des Dorfältesten.« Sie hielt inne. »Und?«

Plötzlich ertönte das dröhnende Lachen von File. »Bei Gott!«, fluchte er. »Wenn du meinst, was du sagst, gibt es keinen Grund zum Streiten! Ich für meinen Teil bin auf eurer Seite!« Er wandte sich an seine Männer. »Wer folgt mir?«

Die Gruppe bewegte sich. Ein paar traten vor, dann noch ein paar mehr, und dann, mit einem Schrei, die ganze Masse. »Gut!«, brüllte File. Er hob seine große, harte Hand zu seinem Herzen und grüßte das Empire. »Auf Black … auf die Prinzessin Margaret!«, brüllte er. »Auf eine Kriegerin!«

Sie lächelte und senkte ihren Blick wie aus Bescheidenheit. Als der Jubel verklungen war, wandte sie sich wieder an File Ormson. »Wirst du Männer zu deinen anderen schicken?«, fragte sie. »Sie sollen zu den gleichen Bedingungen kommen.«

»Sie werden kommen!«, knurrte File.

Die Prinzessin nickte. »Lebeau«, rief sie, »befiehl deinen Männern den Rückzug. Das sind unsere Verbündeten.«

Die Harriers begannen sich zu trennen und ließen sich von der Menge der Dorfbewohner treiben. Die Prinzessin trat dicht an Hull heran und lächelte bösartig in sein verwirrtes Gesicht. Er wusste kaum, ob er froh oder verbittert sein sollte, denn sie hatte seiner Bitte, seine Gefährten zu verschonen, zwar stattgegeben, aber nur um den Preis der Zerstörung der Sache, für die er alles geopfert hatte. Es gab keine Harriers mehr, aber er sollte trotzdem für sie sterben.

»Wirst du jetzt glücklich sterben?«, gurrte sie leise.

»Kein Mensch stirbt glücklich«, knurrte er.

»Ich habe deinen Wunsch erfüllt, Hull.«

»Wenn man deinen Versprechungen trauen kann«, antwortete er bitter. »Du hast die Ch'cago-Männer eiskalt belogen und dafür gesorgt, dass die Harrier sie nicht mögen, bevor du sie getötet hast.«

Sie zuckte mit den Schultern. »Ich lüge, ich betrüge, ich schwindle mit allen Mitteln, die mir zur Verfügung stehen«, sagte sie gleichgültig, »aber ich breche mein gegebenes Wort nicht. Die Harriers sind sicher.«

Hinter ihr kamen plötzlich Männer aus dem Tunnelmund und zogen etwas Dunkles hinter sich her.

»Der Weed, der das Dach eingestürzt hat, Eure Hoheit«, sagte Lebeau.

Sie blickte hinter sich und schürzte überrascht ihre zierlichen Lippen. »Der Dorfälteste! Der Alte ist tapfer gestorben.« Dann zuckte sie mit den Schultern. »Er hatte sowieso nur noch ein paar Jahre.«

Aber Vail glitt mit einem leisen Stöhnen an ihm vorbei, und Hull sah, wie sie verzweifelt neben der Leiche ihres Vaters kniete. Ein Anflug von Mitleid überkam ihn, als er erkannte, dass sie nun ganz allein war. Enoch war bei dem Überfall in der Nacht zuvor ums Leben gekommen, der alte Marcus lag tot vor ihr, zum Tod verurteilt. Die drei, die sie liebte, und der Mann, den sie liebte – alle waren in zwei Nächten getötet worden. Er lächelte langsam, hilflos, mitleidig, aber es gab nichts, was er tun oder sagen konnte.

Und die Schwarze Margot wandte sich nach einem kurzen Blick wieder an Hull. »Jetzt«, sagte sie, wieder mit eiskalter Stimme, »kümmere ich mich um dich!«

Er sah sie schweigend an. »Hast du dann die Gnade, es schnell zu machen?«, murmelte er schließlich.

»Gnade? Ich kenne das Wort nicht, wenn es um dich geht, Hull. Oder besser gesagt, ich war schon zu barmherzig. Ich habe dein Leben dreimal verschont — einmal auf Joaquins Bitte hin am Eaglefoot Fluss, einmal vor dem Wachhaus und einmal da oben in der Halle.« Sie rückte näher. »Ich ertrage keine Gewalt, Hull, und du hast mir zweimal Gewalt angetan. Zweimal!«

»Einmal, um dein Leben zu retten«, sagte er, »und das andere Mal, um meinen eigenen unabsichtlichen Verrat wiedergutzumachen. Und dreimal habe ich auch dein Leben verschont, Schwarze Margot, einmal, als ich vom Kirchendach zielte, einmal aus dem Hinterhalt in der Westkammer und noch einmal vor einer halben Stunde, denn ich hätte dich mit der Faust töten können, wenn ich nur fest genug zugeschlagen hätte. Ich schulde dir nichts.«

Sie lächelte kalt. »Gut argumentiert, Hull, aber du stirbst trotzdem so, wie ich es mir wünsche.« Sie drehte sich um. »Zurück ins Haus!«, befahl sie, und er ging zwischen den sechs Wachen hindurch, die ihn immer noch flankierten.

Sie führte alle in das untere Zimmer, das früher dem Meister gehört hatte. Dort saß sie müßig in einem tiefen Stuhl alter Handwerkskunst, zündete sich eine schwarze Zigarette an der Lampe an, schob ihre schlanken Beine nachlässig vor sich und starrte Hull an. Er aber sah durch das Fenster hinter ihr den dunklen Fleck, der Vail Ormiston war, die neben dem Leichnam ihres Vaters weinte.

»Nun«, sagte die Prinzessin, »wie würdest du gerne sterben, Hull.

»Aus Altersgründen!«, schnauzte er. »Und wenn du das nicht zulässt, dann so schnell wie möglich.«

»Das Zweite könnte ich gewähren«, bemerkte sie. »Das könnte ich.«

Der Gedanke an Vail quälte ihn immer noch. Schließlich sagte er: »Eure Hoheit, ist Euer Mut der Prüfung gewachsen, mir allein gegenüberzutreten? Ich möchte Euch etwas fragen, was ich nicht vor den anderen fragen werde.«

Sie lachte verächtlich. »Raus«, schnauzte sie die schweigenden Wachen an.

»Hull, denkst du, ich habe Angst vor dir? Ich sage dir, deine großen Muskeln und dein stures Herz sind nicht anders als die von Eblis, dem schwarzen Hengst. Muss ich es dir noch einmal beweisen?«

»Nein«, murmelte er. »Gott steh mir bei, aber ich weiß, dass es wahr ist. Ich bin nicht der Richtige für die Schwarze Margot.«

»Und auch kein anderer Mann«, erwiderte sie. Dann sagte sie leiser: »Aber wenn ich jemals den Mann treffe, der mich erobern kann, wenn es ihn überhaupt gibt, wird er etwas von dir in sich haben, Hull. Deine große Stärke, deine hartnäckige Ehrlichkeit und deinen Mut. Das verspreche ich dir.« Sie hielt inne, ihr Gesicht war jetzt so rein wie das einer Marmorheiligen. »Also sag, was du zu sagen hast, Hull. Was willst du?«

»Mein Leben«, sagte er unverblümt.

Ihre grünen Augen weiteten sich vor Überraschung. »Du, Hull? Du bettelst um dein Leben? Du?«

»Nicht für mich«, murmelte er. »Da ist Vail Ormiston, die um ihren Vater weint. Enoch, der sie geheiratet und geliebt hätte, ist bei dem Überfall letzte Nacht gestorben, und wenn ich sterbe, bleibt sie allein zurück. Ich bitte um mein Leben für sie.«

»Ihre Sorgen bedeuten mir nichts«, sagte Margarete von N'Orleans kalt.

»Sie wird sterben, wenn sie niemanden hat, der ihr durch diese Zeit der Qualen hilft.«

»Dann lass sie doch sterben. Warum klammert ihr Todgeweihten euch so verzweifelt an das Leben, nur um dann trotzdem zu altern und zu sterben? Manchmal würde ich selbst den Tod begrüßen, und ich habe unendlich viel mehr zu leben als du. Lass sie sterben, Hull, denn ich glaube, du wirst auch gleich sterben!«

Ihre Hand ruhte auf dem Schaft der Waffe an ihrem Gürtel.

»Ich gewähre dir deine zweite Wahl«, sagte sie kühl. »Den schnellen Tod.«

Der alte Einar wieder

Die schwarze Margot drückte ihre Zigarette mit der linken Hand auf dem polierten Holz der Tischplatte aus, aber ihre rechte Hand ruhte unerbittlich auf ihrer Waffe.

Hull wusste zweifellos, dass er sterben würde, und für einen Moment spielte er mit dem Gedanken, im Kampf zu sterben, vom Strahl getroffen zu werden, während er sich auf sie stürzte. Dann schüttelte er den Kopf. Er wollte nicht noch einmal Gewalt anwenden gegen diese wunderbare Gestalt, die, obwohl sie eine Hexe oder ein Dämon war, die leidenschaftslose Reinheit und Anmut einer Göttin besaß. Es war einfacher, passiv zu sterben und sich in ihrer überirdischen Schönheit zu verlieren.

Sie sprach. »So stirb, Hull Tarvish«, sagte sie sanft und zog die stumpfe Waffe.

Eine Stimme sprach hinter ihm, eine vertraute, angenehme Stimme. »Komme ich ungelegen, Margaret?«

Er wirbelte herum. Es war der alte Einar, der mit seiner gutmütigen, faltigen Visage durch die Öffnung in der Tür schaute. Er grinste Hull an, stieß die Tür auf und schlüpfte in den Raum.

»Einar!«, rief die Prinzessin und sprang von ihrem Stuhl auf. »Einar Olin! Bist du noch auf der Welt?« Ihr Tonfall nahm plötzlich einen Hauch von tiefem Mitleid an. »Aber so alt … so alt!«

Der alte Mann nahm ihre freie Hand. »Es ist vierzig Jahre her, seit ich dich das letzte Mal gesehen habe, Margaret … und ich war damals fünfzig.«

»Aber so alt!«, wiederholte sie. »Einar, habe ich mich verändert?«

Er schaute sie an. »Nicht körperlich, meine Liebe. Aber aus den Geschichten, die auf dem ganzen Kontinent kursieren, geht hervor, dass du nicht mehr die fröhliche Verrückte bist, die von N'Orleans als Prinzessin Peggy verehrt wurde, und auch nicht die tapfere kleine Kriegerin, die man früher die Maid Of Orleans nannte.«

Sie hatte Hull vergessen, aber die durch die halb geöffnete Tür sichtbaren Wachen versperrten immer noch die Flucht. Er hörte fasziniert zu, denn es war fast so, als würde er eine neue Schwarze Margot sehen.

»War ich jemals die Prinzessin Peggy?«, murmelte sie. »Ich hatte vergessen … nun, Martin Sair kann das Alter aufhalten, aber nicht den Fluss der Zeit. Aber Einar … Einar, es war falsch von dir, ihn abzulehnen!«

»Wenn ich dich sehe, Margaret, frage ich mich, ob ich nicht sehr weise bin. Die Jugend ist eine zu große Unruhe, um sie so lange zu ertragen, und du hast sie weniger als ein Jahrhundert ertragen. Was wirst du in weiteren fünfzig Jahren sein? In hundert Jahren, wenn die Kunst von Martin Sair ihre Kraft behält? Was wirst du dann sein?«

Sie schüttelte den Kopf, ihre grünen Augen wurden tief und traurig. »Ich weiß es nicht, Einar. Ich weiß es nicht.«

»Nun«, sagte er gelassen, »ich bin alt, aber ich bin zufrieden. Ich frage mich, ob du das auch sagen kannst.«

»Ich hätte anders sein können, Einar, wenn du dich uns angeschlossen hättest. Ich hätte dich lieben können, Einar.«

»Ja«, stimmte er lächelnd zu, »das habe ich befürchtet, und das war einer der Gründe für meine Ablehnung. Weißt du, ich habe dich geliebt, Margaret, und ich wollte die Qualen lieber überwinden, als sie fortzusetzen. Es war eine schmerzhafte Krankheit, dich zu lieben, und sie hat uns alle irgendwann befallen. Wir nannten es „Flammenbrand“.« Er lächelte nachdenklich. »Ist von denen, die dich geliebt haben, noch jemand übrig außer mir?«

»Nur Jorgensen«, antwortete sie traurig. »Das heißt, wenn er sich noch nicht auf der Suche nach dem Geheimnis der Flügel der Antiker umgebracht hat. Aber das wird er.«

»Nun«, sagte Olin trocken, »meine Jahre werden ihre Unsterblichkeit noch zum Gespött machen.« Er zeigte mit einem knorrigen Finger auf Hull. »Was willst du von meinem jungen Freund hier?«

Ihre Augen blitzten smaragdgrün auf und sie zog ihre Hand von der des alten Einar weg.

»Ich habe vor, ihn zu töten.«

»Ach ja? Und warum?«

»Warum?« Ihre Stimme wurde kalt. »Weil er mich mit seinen Händen geschlagen hat. Zweimal.«

Der alte Mann lächelte. »Ich würde mich nicht wundern, wenn er Grund genug hätte, Margaret. Die Erinnerung sagt mir, dass ich selbst schon einmal den gleichen Impuls hatte.«

»Dann ist es gut, dass du nie nachgegeben hast, Einar. Sogar du.«

»Zweifellos. Aber ich denke, ich sollte dich bitten, dem jungen Hull Tarvish zu vergeben.«

»Du kennst seinen Namen! Ist er wirklich dein Freund?«

Der alte Einar nickte.

»Ich bitte dich, ihm zu verzeihen.«

»Warum sollte ich?«, fragte die Prinzessin. »Warum denkst du, dass ein Wort von dir ihn retten kann?«

»Ich bin immer noch Olin«, sagte der Alte und begegnete ihren grünen Augen mit seinen wässrigen blauen Augen. »Ich trage immer noch Joaquins Siegel.«

»Als ob mich das aufhalten könnte!« Doch das kalte Feuer in ihrem Blick erlosch langsam, und ihre Augen waren wieder traurig. »Aber du bist immer noch Olin, der Vater der Macht«, murmelte sie. Mit einer plötzlichen Geste steckte sie ihre Waffe zurück in ihren Gürtel. »Ich verschone ihn wieder«, sagte sie, und dann, in einem seltsam dumpfen Tonfall, »ich nehme an, ich hätte ihn sowieso nicht getötet. Es ist eine Schwäche von mir, dass ich diejenigen nicht töten kann, die mich auf eine bestimmte Weise lieben … eine Schwäche, die mich eines Tages teuer zu stehen kommen wird.«

Olin verzog die Lippen zu einem verschmitzten Lächeln und wandte sich dem schweigenden Jungen zu. »Hull«, sagte er freundlich, »du musst unter guten Sternen geboren worden sein. Aber wenn du neugierig genug bist, dein Glück weiter herauszufordern, dann höre auf den Rat dieses alten Mannes.« Sein Lächeln wurde zu einer Grimasse. »Jenseits der westlichen Berge gibt es einige sehr mächtige und seltene Jagdkatzen, die Löwen genannt werden. Martin Sair sagt, dass sie nicht von diesem Kontinent stammen, sondern von den Alten hierher gebracht wurden, um sie in Käfigen zu halten, zu bewundern und gelegentlich abzurichten. Ich weiß nichts darüber, aber ich sage dir eins: Hull … zieh einen Löwen am Schwanz, bevor du dich wieder dem Zorn der Schwarzen Margot aussetzt. Und jetzt verschwinde.«

»Noch nicht, Hull«, schnauzte die Prinzessin. »Ich muss noch eine Rechnung mit dir begleichen.« Sie wandte sich wieder an Olin. »Wohin gehst du jetzt, Einar?«

»Nach N'Orleans. Ich habe Jorgensen einiges an Wissen mitzuteilen, und außerdem habe ich Heimweh nach der großen Stadt.«

Er hielt inne. »Ich habe Joaquin gesehen. Selui ist gefallen.«

»Ich weiß. Ich reite heute Abend, um ihn zu treffen.«

»Er hat Vertretungen nach Ch'cago geschickt.«

»Gut!«, blitzte sie. »Dann wird es einen Kampf geben.« Ihre Augen wurden verträumt. »Ich habe die salzlosen Meere noch nie gesehen«, fügte sie wehmütig hinzu, »aber ich frage mich, ob sie so schön sein können wie der blaue Golf hinter N'Orleans.«

Doch der alte Einar schüttelte sein dünnes weißes Haar. »Was wird das Ende sein, Margaret?«, fragte er sanft. »Wenn Ch'cago eingenommen ist – denn du wirst es einnehmen – was dann?«

»Dann das Land nördlich der salzlosen Meere und östlich von ihnen. N'York und alle Städte am Ufer des Meeres.«

»Und danach?«

» Ich nehme an, Südamerika.«

»Und dann, Margaret?«

»Und dann? Es gibt immer noch das geheimnisvolle Europa, Asien, Afrika – all die Länder, die die Alten kannten«.

»Und nach all dem?«

»Danach«, antwortete sie müde, »können wir uns ausruhen. Das grimmige Schicksal, das Joaquin antreibt, kann ihn sicher nicht über die Grenzen der Welt hinaus treiben.«

»Und so«, sagte Olin, »kämpfst du dich um die Welt, damit du dich am Ende der Reise ausruhen kannst. Warum ruhst du dann nicht jetzt aus, Margaret? Musst du deinen Kopf auf dem Globus des Planeten ablegen?«

Wut flammte grün in ihren Augen auf. Sie hob ihre Hand und schlug dem alten Mann auf die Lippen, aber es muss nur ein leichter Schlag gewesen sein, denn er lächelte immer noch.

»Narr!«, rief sie. »Dann werde ich dafür sorgen, dass es immer Krieg gibt! Zwischen mir und Joaquin, wenn es sein muss … oder zwischen mir und irgendjemandem … irgendjemand … damit ich kämpfe!« Sie hielt keuchend inne. »Lass mich allein, Einar«, sagte sie angespannt. »Ich mag die Dinge nicht, an die du mich erinnerst.«

Der alte Mann lächelte immer noch und wich zurück. An der Tür hielt er inne. »Ich werde dich wiedersehen, bevor ich sterbe, Margaret«, versprach er und war weg.

Sie folgte ihm zur Tür. »Sora!«, rief sie. »Sora! Ich reite!«

Hull hörte die schweren Schritte der dicken Sora, und im nächsten Moment trat sie ein, mit den zierlichen Kothurns und einem Paar glänzender silberner Panzerhandschuh an den Händen, und dann war auch sie weg.

Langsam, fast müde, drehte sich die Prinzessin zu Hull um, der keinen Hoffnungsschimmer in seine Seele fühlte, denn er hatte zu viel von ihrem Spott erlebt, um dem Versprechen auf Sicherheit zu trauen, das der alte Einar für ihn gewonnen hatte. Er spürte nur die Faszination, die sie immer auf ihn ausübte, den Bann ihres unglaublichen schwarzen Haares und ihrer herrlichen meergrünen Augen und ihrer ganzen überirdischen Schönheit.

»Hull«, sagte sie sanft, »was denkst du jetzt von mir?«

»Ich glaube, du bist eine schwarze Flamme, die kalt über die Welt weht. Ich glaube, ein Dämon treibt dich an.«

»Und hasst du mich sehr?«

»Ich bete jede Sekunde, dass ich dich hasse.«

»Dann sieh zu, Hull.« Mit ihren kleinen, stumpfen Fingern nahm sie seine großen Hände und legte sie um die perfekte Kurve ihres Halses. »Hier gebe ich dir mein Leben, um es zu nehmen. Du brauchst nur einmal deine mächtigen Hände zu benutzen und die Schwarze Margot wird für immer aus der Welt sein.« Sie hielt inne. »Muss ich dich anflehen?«

Hull hatte das Gefühl, als würde geschmolzenes Metall durch seine Arme nach oben fließen, als er ihre weiße Haut berührte. Seine Finger waren starr wie Metallstangen, und all ihre große Kraft konnte nicht das Gewicht einer Feder auf die weiche Kehle legen, die sie umschlossen. Und tief in den züngelnden, smaragdgrünen Flammen, die in ihren Augen brannten, sah er wieder das Feuer des Spottes – höhnisch, spöttisch.

»Du willst nicht?«, sagte sie und nahm seine Hände weg, hielt sie aber in ihren. »Dann hasst du mich nicht?«

»Du weißt, dass ich das nicht tue«, stöhnte er.

»Und du liebst mich?«

»Bitte«, murmelte er. »Ist es nötig, mich noch einmal zu quälen? Ich brauche keinen Beweis für deine Herrschaft.«

»Dann sag, dass du mich liebst.«

»Der Himmel möge mir das verzeihen«, flüsterte er, »aber ich tue es!«

Sie ließ seine Hände los und lächelte.

»Dann hör mir zu, Hull. Du liebst die kleine Vail mit einer wahrhaftigen Liebe, und Monat für Monat verblasst die Erinnerung vor der Realität. Nach einer Weile wird in dir nichts mehr von der Schwarzen Margot übrig sein, aber Vail wird immer da sein. Ich gehe jetzt in der Hoffnung, dich nie wiederzusehen, aber …«, und ihre Augen wurden zu grünem Eis, »… bevor ich gehe, begleiche ich meine Rechnung mit dir.«

Sie hob ihre Hand mit dem Panzerhandschuh.

»Das ist der Preis für deinen Verrat!«, sagte sie und schlug ihm brutal auf die rechte Schulter. Blut spritzte, es würde Narben geben, aber er blieb starr. »Das für deine Gewalttätigkeit!«, sagte sie und der silberne Handschuh schlug auf seinen linken Arm. Dann wurden ihre Augen weicher. »Und das«, murmelte sie, »für deine Liebe!«

Ihre Arme umschlangen ihn, ihr Körper war warm an ihm, und ihre köstlichen Lippen brannten auf seinen. Für einen Moment fühlte er sich wie von einer Flamme umarmt, dann war sie weg und mit ihr ein Teil seiner Seele. Als er die Hufe des Hengstes Eblis hinter dem Fenster stampfen hörte, drehte er sich um und ging langsam aus dem Haus, wo Vail immer noch neben der Leiche ihres Vaters kauerte. Sie klammerte sich an ihn, wischte ihm das Blut von den Wangen, und seltsamerweise sprachen ihre Worte nicht von ihrem Vater oder davon, dass Hull verschont worden war, sondern von der Schwarzen Margot.

»Ich wusste, dass du gelogen hast, um mich zu retten«, murmelte sie. »Ich wusste, dass du sie nie geliebt hast.«

Und Hull, in dem es keine Falschheit gab, zog sie dicht an sich heran und sagte nichts.

Aber die Schwarze Margot ritt von Selui aus durch die Nacht nach Norden. Am Himmel vor ihr waren dünne Schatten zu sehen, die Gespensterheere anführten: Alexander der Große, Attila, Dschingis Khan, Tamerlane, Napoleon und, deutlicher als alle anderen, die Schlachtenkönigin Semiramis. All diese mächtigen Eroberer der Vergangenheit, aber wo waren sie, wo waren ihre Reiche, und wo waren ihre Gebeine? Weit im Süden lagen die Gräber der Männer, die sie geliebt hatten, alle bis auf den alten Einar, der wie ein schwacher, grauer Geist durch die Welt wankte, um seinesgleichen zu finden.

Joaquin Smith drehte sich an ihrer Seite um, als wollte er etwas sagen, doch er schwieg. Er war den Anblick von Tränen in den Augen und auf den Wangen der Schwarzen Margot nicht gewöhnt.

The End

2. Buch – Die schwarze Flamme

Strafe – und Nachspiel

Thomas Marshall Connor war im Begriff zu sterben. Die dröhnende Stimme des Gefängniskaplans trübte allmählich seine Wahrnehmung, anstatt seinen Verstand anzuregen. Alles war verschwommen und undeutlich für den Verurteilten. In nur zehn Minuten sollte er auf den elektrischen Stuhl kommen und die Höchststrafe dafür bezahlen, dass er versehentlich einen Mann mit seinen bloßen Fäusten getötet hatte.

Connor, quicklebendig, kraftvoll und gesund, erst sechsundzwanzig, ein brillanter junger Ingenieur, würde sterben. Und weil er es wusste, war es ihm egal. Aber der graue Stein und die kalten Eisenstäbe der Todeszelle hatten nichts Nebulöses an sich. Der Riss an seinem Hosenbein und die kahlgeschorene Stelle auf seinem Kopf hatten nichts Ungewisses an sich.

Der Verurteilte war sich der Bedeutung der materiellen Dinge um ihn herum sehr bewusst. Die Welt, die er verlassen würde, war konkret und substanziell. Die sich nähernden Schritte der Todeswache klangen schwer in der Ferne.

Die Zellentür öffnete sich, und der Kaplan hörte auf zu murmeln. Passiv nahm Thomas Marshall Connor seine Segenswünsche entgegen und stellte sich für seinen letzten freiwilligen Gang ruhig zwischen seine Wachen.

Er blieb in seinem unbeteiligten Zustand, als sie ihn auf den Stuhl setzten, seinen Körper festschnallten und die Elektroden anbrachten. Er hörte das leise Tuscheln der Zeugen und das nervöse, schnelle Kratzen der Bleistifte der Reporter. Er konnte sich ihre Adjektive vorstellen: »Gefühlloser Mörder« … »Unverschämt gleichgültig gegenüber seinem Schicksal.«

Aber es war, als ginge es um einen anderen Beteiligten.

Er entspannte sich einfach und wartete. So schnell und schmerzlos zu sterben, war mehr eine Erleichterung als alles andere. Er war sich nicht einmal bewusst, dass der Aufseher sein Signal gab. Es gab einen plötzlichen, lautlosen Blitz aus blauem Licht. Und dann – gar nichts mehr.

* * * * *

Das war also der Tod. Das langsame und majestätische Treiben durch die stygische Leere, getragen von den zeitlosen Gezeiten der Ewigkeit.

Endlich Frieden und Ruhe.

Aber was war das für ein Gefühl, wie der Anblick eines schwachen, fernen Lichts, das wie ein Stern blinkte? Nach einer unendlich langen Zeitspanne wurde das Licht fest und beständig, ein Ding der Belästigung. Thomas Marshall Connor wurde sich langsam der Tatsache bewusst, dass er als Wesen in einem unbekannten Zustand existierte.

Die Sinne und Erinnerungen, die seine Persönlichkeit ausmachten, kämpften schwach darum, sich wieder zu einer denkenden Einheit zusammenzufügen, und er wurde sich der Schmerzen und der körperlichen Qualen bewusst.

Es ertönten schrille Stimmen und es wehte ein frischer Wind. Er wurde sich seines Körpers wieder bewusst. Er lag ruhig, träge und erschöpft. Aber nicht so leblos, wie er zuvor war – wie lange schon?

Als die schrillen Stimmen wieder erklangen, öffnete Connor seine Augen und starrte in die Schwärze über ihm. Nach einer Weile begann er zu sehen, aber nicht zu begreifen. Die Schwärze wurde zu einem zerklüfteten Steindach, nicht mehr als 30 Zentimeter von seinen Augen entfernt – rau und unvollendet wie die Unterseite einer Betonplatte.

Das Licht wurde zu einem Schimmer von Tageslicht von einem Punkt in der Nähe seiner rechten Schulter.

Ein weiteres Gefühl schlich sich in sein Bewusstsein. Ihm war furchtbar, bitterkalt. Nicht von der Kälte der Winterluft, sondern von der schrecklichen Kälte des intergalaktischen Raums. Und doch befand er sich auf – nein, in – irgendeiner Art von Erde. Es war, als ob statt Blut eisiges Wasser in seinen Adern floss. Trotzdem fühlte er sich völlig dehydriert. Sein Körper war so träge, als hätte man ihn von seinem Gehirn getrennt, aber er war grausam darin gefangen. Er wurde sich eines wachsenden Unmuts über diese Tatsache bewusst.

Dann, angeregt durch die schrillen, pfeifenden Stimmen und das Getrappel winziger Füße irgendwo rechts draußen, machte er eine gewaltige Anstrengung, sich zu bewegen. Es gab ein trockenes Knistern – wie das Zerknüllen von altem Pergament – aber sein rechter Arm hatte sich zweifellos gehoben!

Die Anstrengung machte ihn schwach und ihm wurde übel. Eine Zeit lang lag er wie betäubt. Eine zweite Anstrengung war dann einfacher. Nach einem weiteren zeitlosen Intervall, in dem er sich quälte, gehorchten seine Beine widerstrebend seinem Gehirn. Wieder lag er ruhig da, erschöpft, aber er sammelte Kraft für die letzte Anstrengung, den Ausbruch aus seiner Gruft.

Denn er wusste jetzt, wo er war. Er lag in dem, was von seinem Grab übrig geblieben war. Wie oder warum, das wusste er nicht. Das würde sich noch herausstellen.

Mit all seiner verbliebenen Kraft stieß er gegen die linke Seite des seltsamen Grabes und bewegte seinen Körper gegen den Spalt zu seiner Rechten. Nur ein dünner Schleier aus losem Schotter und Geröll versperrte den Weg ins Freie. Als seine Schulter gegen den Haufen stieß, gab dieser nach und rutschte in einer Miniaturlawine nach außen und unten ab.

Blendendes Tageslicht schlug Connor wie eine Qual entgegen. Die schrillen Stimmen schrien.

»'S moom!«, rief eine Kinderstimme zitternd. »'S moom again – es bewegt sich wieder!«

Connor keuchte vor Anstrengung und kämpfte sich mühsam aus seinem Loch heraus, wobei jede Bewegung ein weiteres Geräusch wie rasselndes Papier verursachte. Und plötzlich war er frei! Der letzte Kies knirschte und er rollte abrupt einen kleinen Abhang hinunter, bis er kraftlos am Fuß des kleinen Hügels liegen blieb.

Jetzt sah er, dass die Erosion diesen Friedhof – wo auch immer er war – durchbrochen und einen Weg durch die Seite seines Grabes für ihn geöffnet hatte. Seine Sicht war seltsam trübe, aber er nahm ein halbes Dutzend kleiner Gestalten wahr, die in einem ängstlichen Halbkreis hinter ihm standen.

Kinder! Kinder in seltsamen modernistischen Kleidern in leuchtenden Farben, aber dennoch menschliche Kinder, die ihn mit weit aufgerissenen

Mündern und leuchtenden Augen anstarrten. Auf ihren seltsamen pausbäckigen Gesichtern lag Entsetzen.

Plötzlich erinnerte sich Connor an die Schrecken, die er in seiner eigenen Kindheit erlebt hatte, und war überrascht, dass sie nicht fliehen wollten. Er streckte eine flehende Hand aus und versuchte verzweifelt zu sprechen. Dies war sein erster Versuch, seine Stimme zu benutzen, und er merkte, dass er es nicht konnte.

Der Bann des Schreckens, der die Kinder erstarren ließ, war augenblicklich gebrochen. Eines von ihnen stieß einen erschrockenen Schrei aus: »A-a-a-h! 'S a specker!! – A-a-a-h er spricht!!«

In Panik drehte sich mit diesem Schrei die ganze Gruppe um und floh. Sie verschwanden hinter dem erodierten Hügel, und Connor blieb zurück, schrecklich allein. Er stöhnte aus tiefster Verzweiflung und war sich eines leisen Röchelns bewusst, das durch seine rissigen und ausgedörrten Lippen drang.

Plötzlich wurde ihm bewusst, dass er ganz nackt war – sein Leichentuch war schon lange zu Staub zerfallen. Im selben Moment, als er begriff, was das bedeutete, starrte er entsetzt auf seinen Körper. Knochen! Nichts als Knochen, bedeckt mit einer schmutzigen, pergamentartigen Haut!

Seine Haut bedeckte sein Skelett so dicht, dass die Struktur der Knochen durchschien. Er konnte die Gelenke an Knöcheln, Knien und Zehen sehen. Und die Pergamenthaut war rissig wie eine alte chinesische Vase, kariert wie gealterter Lack. Er war ein Grauen aus der Gruft, und er wäre bei dieser Erkenntnis fast in Ohnmacht gefallen.

Nach einem kurzen Moment der Ohnmacht versuchte er, aufzustehen. Als er merkte, dass es ihm nicht gelang, kroch er mühsam zu einer Pfütze, in der das Wasser des letzten Regens stand. Als er sie erreichte, beugte er sich vor und presste seine Lippen auf die Wasseroberfläche, ohne zu wissen, ob sie trinkbar war, und saugte die Flüssigkeit ein, bis ein gewaltiges Rauschen seine Ohren erfüllte.

Der Moment des Schwindels verging. Er fühlte sich etwas besser und sein Atem rasselte etwas weniger schmerzhaft in seiner befeuchteten Kehle. Sein Augenlicht klärte sich langsam und als er sich über den kleinen Teich beugte, sah er das Gespenst, das sich darin spiegelte. Es sah aus wie ein Schädel – ein Gesicht mit von den Zähnen weggeschrumpften Lippen, so fleischlos, dass es der Kopf eines Toten hätte sein können.

»Oh, Gott!«, rief er laut, und seine Stimme krächzte wie die eines kranken Raben. »Was und wo bin ich?«

Während dieser ganzen seltsamen Erfahrung hatte er im Hinterkopf ein Gefühl von etwas Seltsamem, abgesehen davon, dass er in Form einer lebenden Vogelscheuche aus einem Grab aufgetaucht war. Er starrte hinauf in den Himmel. Das Gewölbe des Himmels war blau, mit den weißesten Wolken. Die Sonne schien, wie er sie nie wieder hatte scheinen sehen. Das Gras war grün. Der Boden war normal erdig. Alles war so, wie es sein sollte – aber da war eine Seltsamkeit, die ihn erschreckte. Instinktiv wusste er, dass etwas ganz und gar nicht in Ordnung war.

Es war nicht die Tatsache, dass er seine Umgebung nicht erkannte. Er hatte nicht die Kraft, sie zu erkunden, und er wusste auch nicht, wo er begraben worden war. Es lag an dem undefinierbaren Heimkehrinstinkt, den alle Lebewesen in unterschiedlichem Maße besitzen. Dieser Instinkt war außer Kraft gesetzt. Sein Zeitgefühl war mit dem Umlegen des elektrischen Schalters stehen geblieben – wie lange war das her? Irgendwie fühlte er sich, als er unter den wärmenden Sonnenstrahlen lag, wie ein Fremder in einem fremden Land.

»Verloren!«, wimmerte er wie ein Kind.

Nach einer langen Zeit, in der er in einer Art Betäubung verharrte, wurde er auf das Geräusch von Schritten aufmerksam. Stumpf blickte er auf. Eine Gruppe von Männern, angeführt von einem der Kinder, kam langsam auf ihn zu. Sie trugen leuchtend bunte Hemden – rot, blau, violett – und seltsame Schlabberhosen, die an den Knöcheln auf exotische Weise eingerollt waren.

Mit einem verzweifelten Energieschub ging Connor auf die Knie. Er streckte eine flehende, skelettartige Hand aus.

»Hilf mir!«, krächzte er in seinem heiseren Flüsterton.

Die bartlosen, seltsam verweichlicht aussehenden Männer blieben stehen und starrten ihn entsetzt an.

»Assim!«, schrie die Kinderstimme. »'S dead – er ist tot.«

Einer der Männer trat vor und blickte von Connor zu dem klaffenden Loch in der Böschung.

»Wassup – was ist los?«, fragte er.

Connor konnte nur seine krächzende Bitte um Hilfe wiederholen.

»Esick«, sprach ein anderer Mann ernsthaft. »Sleeper, eh? Er ist krank – ein Schläfer, oder?«

Unter den Männern mit den hellen Kleidern und den seltsam weichen, weiblichen Stimmen ging ein Gemurmel der Beratung los.

»T' Evanie!«, entschied einer. »T' Evanie, the Sorc'ess – zu Evanie, der Zauberin.«

Sie schlossen sich schnell um den halb liegenden Connor und hoben ihn sanft hoch. Er war sich bewusst, dass er auf der kurvigen Strecke zu einer gelben Landstraße getragen wurde, und dann senkte sich das schwarze Vergessen wieder auf ihn herab.

Als er das nächste Mal wieder zu sich kam, befand er sich innerhalb von Mauern und lag auf einer Art weichem Bett. Er hatte den vagen, träumerischen Eindruck eines mädchenhaften Gesichts mit bronzenem Haar und Zügen wie die Engel Raphaels, die sich über ihn beugten. Etwas Warmes und Süßes, wie Glyzerin, rann seine Kehle hinunter. Dann sank er unter dem Geflüster der seltsam undeutlichen englischen Sprache in den seligen Schlaf.

Evanie, die Zauberin

Es gab immer wieder Intervalle von Träumen und Vergessen, von quälenden Schmerzen und schrecklicher Schwäche, von Stimmen, die seltsame, unverständliche Worte murmelten, die aber unheimlich vertraut waren.

Dann wachte er eines Tages mit dem Bewusstsein auf, dass es ein Sommermorgen war. Vögel zwitscherten, in der Ferne schrien Kinder. Endlich bei klarem Verstand, lag er auf einer gepolsterten Couch und rätselte über seinen Aufenthaltsort, ja sogar über seine Identität, denn nichts in seinem Blickfeld zeigte an, wo oder wer er war.

Das erste, was seine Aufmerksamkeit erregte, war seine eigene rechte Hand. Papierdünn, unglaublich knochig, lag sie wie die Hand des Todes auf der rosigen Decke, so durchsichtig, dass die Farbe durchschimmerte. Er konnte sie nicht heben; nur ein Zucken der grausamen Finger zeugte von ihrer Verbindung mit seinem Körper.

Der Raum selbst war völlig ungewohnt in seiner fast prächtig einfachen Einrichtung. Es gab weder Bilder noch Ornamente. Nur einige Stühle aus aluminiumähnlichem Metall, ein silbrig glänzender Tisch mit ein paar zerfledderten alten Bänden, ein massiver Schrank an der gegenüberliegenden Wand und ein Kronleuchter, der an einer Kette von der Decke hing. Er versuchte, zu rufen. Ein schwaches Krächzen erklang.

Die Antwort kam verblüffend schnell. Eine sanfte Stimme sagte »Hahya? – wie gehts« in sein Ohr und er drehte schmerzhaft den Kopf zu dem Mädchen mit dem bronzenen Haar, das an seiner Seite saß. Sie lächelte sanft.

Sie trug eine seltsame grüne Schlabberhose, die am Knöchel gerafft war, und ein leuchtend grünes Hemd. Sie hatte die Ärmel bis zu den Schultern hochgekrempelt. Sie trug ein ähnliches Kostüm wie die Männer, die ihn hergebracht hatten.

»Whahya?« – wer bist du?, sagte sie leise.

Er verstand.

»Oh! Ich bin ... äh ... natürlich, Thomas Connor.«

»F'm 'ere? – Woher kommst du?«

»Aus St. Louis.«

»Selui? 'S far off. – St Louis, das ist weit weg.«

Weit weg? Wo war er dann? Plötzlich kehrte ein Bruchstück der Erinnerung zurück. Der Prozess – Ruth – die katastrophale Episode auf dem grausamen Stuhl. Ruth! Das gelbhaarige Mädchen, das er einst angebetet hatte und das seine Frau hätte werden sollen – das Mädchen, das ihm kaltblütig das Leben geschworen hatte, weil er den Mann, den sie liebte, getötet hatte.

Er erinnerte sich vage daran, wie er sie am Vorabend ihrer Hochzeit in den Armen des anderen Mannes gefunden hatte; an die bittere Erkenntnis, dass der Mann, den er seinen Freund genannt hatte, ihm Ruth gestohlen hatte.

Seine Wut war entbrannt, das Feuer hatte ihn geblendet, und als der Kampf zu Ende war, lag der Mann mit einem gebrochenen Genick auf der grünen Wiese vor der Terrasse.

Dafür hatte er einen Stromschlag bekommen. Er war in diesem Stuhl festgeschnallt worden!

Dann – dann die Grube auf dem Hügel. Aber wie – wie? Hatte er wie durch ein Wunder den brennenden Strahl überlebt? Er musste es getan haben – und er musste immer noch die Strafe bezahlen!

Er versuchte verzweifelt, aufzustehen. »Ich muss hier weg!«, murmelte er. »Weggehen – weggehen.« Ein neuer Gedanke. »Nein! Ich bin rechtlich tot. Sie können mir nichts mehr anhaben; in diesem Land gibt es keine Doppelbestrafung. Ich bin sicher!«

Im Nebenzimmer ertönten Stimmen, die über ihn diskutierten. »F'm Selui – von St Louis sagt er,« sagte die Stimme eines Mannes. »Longo, too – weit weg.«

»Eah,« sagte ein anderer. »'S lucky to live – lucky! 'L be rich – Er hat Glück, dass er lebt, er ist reich.«

Das bedeutete ihm nichts. Mit großer Anstrengung hob er seine Hand, die im Licht durch eine Art von Öl glänzte. Sie war nicht mehr rissig, und der Hauch einer Gewebeschicht machte die Knochen weicher. Sein Fleisch wuchs nach. Seine Kehle fühlte sich trocken an. Er holte tief Luft, die in einem kitzelnden Husten endete.

»Könnte ich etwas Wasser haben?«, fragte er das Mädchen.

»N-n-n!« Sie schüttelte den Kopf. »N' water. S'm licket?« – nein, kein Wasser. S'm licket?«

»Licket?« Das muss Flüssigkeit sein, dachte er. Er nickte und trank den Becher mit der zähen Flüssigkeit, den sie ihm an die Lippen hielt.

Er lächelte zum Dank und sie setzte sich neben ihn. Er fragte sich, was das für eine Kolonie war, in die er geraten war – mit ihrer exotischen Kleidung und ihrem seltsamen, abgehackten Englisch.

Seine Augen wanderten anerkennend über seine Begleiterin; auch wenn sie eine Art Ausländerin war, war sie wunderschön, mit ihrem bronzefarbenen Haar, das über dem smaragdfarbenen Kostüm schimmerte.

»C'n talk – du kannst reden«, sagte sie schließlich wie zur Erlaubnis.

Er akzeptierte. »Wie ist dein Name?«

»'M Evanie Sair. Evanie the Sorc'ess. – Evanie, die Zauberin«

»Evanie, die Zauberin!«, rief er aus. »Hübscher Name – Evanie. Aber warum die Zauberin? Kannst du wahrsagen?« Die Frage verwirrte sie.

»N'onstan – ich verstehe nicht«, murmelte sie.

»Ich meine – was machst du?«

»Sorc'y – Zaubern.« Auf seinen verdutzten Blick hin, erklärte sie. »Kraft geben – gesund machen.« Sie berührte seinen fleischlosen Arm.

»Aber das ist Medizin – eine Wissenschaft. Keine Zauberei.«

»Bah. Science – sorc'y, S all one – Wissenschaft, Zauberei. Es ist alles eins. My father, Evan Sair the Wizard, taught me – Mein Vater, Evan Sair der Zauberer, hat es mir beigebracht.« Ihr Gesicht verdunkelte sich. »S dead now – er ist tot.« Dann abrupt: »Whe's your money? – Wo ist dein Geld?«, fragte sie.

Er starrte sie an. »Warum – in St. Louis. In einer Bank.«

»Oh!«, rief sie. »N-n-n! Selui! N'safe! – Nein, St Louis, das ist nicht sicher«

»Warum nicht?« fragte er. »Hat es wieder eine Welle von Banküberfällen gegeben?«

Das Mädchen schaute verwirrt.

»N'safe – nicht sicher«, wiederholte sie. »Urbs ist besser, seit langem, Urbs ist besser.« Sie hielt inne. »Wann hast du geschlafen?«

»Warum, gestern Abend.«

»N-n-n. The long sleep – der lange Schlaf.«

Der lange Schlaf! Es traf ihn mit überwältigender Wucht, dass seine letzten Erinnerungen vor dem schrecklichen Erwachen von einer Welt im September stammten ... und das hier war mitten im Sommer! Ein Grauen packte ihn. Wie lange ... wie lange ... hatte er in seinem ... Grab gelegen? Wochen? Nein ... Monate, mindestens.

Er erschauderte, als das Mädchen sanft wiederholte: »Wann?«

»Im September«, murmelte er.

»Welches Jahr?«

Die Überraschung verstärkte sich. »Jahr? Neunzehnachtunddreißig, natürlich!«

Sie stand plötzlich auf. »Es ist nicht Neunzehnachtunddreißig. Es ist jetzt nur Acht Sechsundvierzig!«

Dann war sie weg, und als sie zurückkam, erlaubte sie ihm nicht zu sprechen. Der Tag verging, er schlief, und ein weiterer Tag brach an und verging. Doch Evanie Sair weigerte sich, ihn wieder sprechen zu lassen, und in den folgenden Tagen war er wütend und verwirrt. Doch nach und nach wurde ihm ihr seltsam abgehacktes Englisch vertraut.

So lag er da und dachte an seine Situation, an seine bemerkenswerte Flucht, an das Wunder, das die Entladung der Generatoren von Missouri irgendwie abgemildert hatte. Und er wurde stärker. Es kam der Tag, an dem Evanie ihm wieder erlaubte zu sprechen, während er ihr bei der Zubereitung seines Essens zusah.

»Y'onger, Tom?«, fragte sie sanft. »'L bea soon.« Er verstand, dass sie damit sagen wollte: »Hast du Hunger, Tom? Ich bin gleich da.«

Er antwortete mit ihrem eigenen bejahenden »Eah« und sah zu, wie sie das Essen in einen wundersamen Kochherd stellte, der es zuverlässig zubereitete, ohne es anzubrennen.

»Evanie«, begann er, »wie lange bin ich schon hier?«

»Drei Monate«, sagte Evanie. »Du warst sehr krank.«

»Aber wie lange habe ich geschlafen?«

»Das solltest du wissen«, erwiderte Evanie. »Ich habe dir doch gesagt, dass es Acht Sechsundvierzig ist.«

Er runzelte die Stirn.

»Das Jahr achthundertsechsundvierzig von was?«

»Nur Acht Sechsundvierzig«, sagte Evanie sachlich. »Von der Aufklärung, natürlich. In welchem Jahr hast du geschlafen?«

»Ich sagte doch – Neunzehnachtunddreißig«, beharrte Connor verwirrt. »Neunzehnachtunddreißig, A.D.«

»Oh«, sagte Evanie, als würde sie einem Kind eine Freude machen.

Dann: »A.D.?«, wiederholte sie. »Anno Domini, das bedeutet, Jahr des Meisters. Aber der Meister ist noch lange nicht neunzehnhundert Jahre alt.«

Connor war verblüfft. Er und Evanie schienen aneinander vorbeizureden. Ruhig fing er wieder an.

»Hör mir zu«, sagte er grimmig. »Angenommen, du sagst mir genau, was du denkst, dass ich bin – alles darüber, so als wäre ich ein – ein Marsmensch. In einfachen Worten.«

»Ich weiß, was du bist«, sagte Evanie. »Du bist ein Schläfer. Oft wachen sie mit verwirrtem Verstand auf.«

»Und was«, fuhr er beharrlich fort, »ist ein Schläfer?«

Überraschenderweise antwortete Evanie darauf, und zwar auf eine klare, verständliche – aber höchst erstaunliche Weise. Sie war fast genauso erstaunt, dass Connor die Antwort auf seine Frage nicht wusste.

»Ein Schläfer«, sagte sie einfach, und Connor konnte ihre seltsam abgehackte Sprache – die Sprache all dieser Leute – jetzt relativ leicht verstehen, »ist einer von denen, die Elektrolepsie betreiben. Das heißt, sie lassen sich für eine lange Zeit in Schlaf versetzen, um Geld zu verdienen.«

»Wie? Indem sie sich selbst zur Schau stellen?«

»Nein«, sagte sie. »Ich meine, dass diejenigen, die unbedingt reich werden wollen, aber nicht jahrelang dafür arbeiten wollen, den Schlaf auf sich nehmen. Das musst du dir merken – wenn du schon so viel anderes vergessen hast. Sie bringen ihr Geld in die Banken, die für die Schläfer organisiert sind. Du wirst dich erinnern. Sie garantieren sechs Prozent. Das verstehst du doch, oder? Bei diesem Prozentsatz erhöht sich das Geld eines Schläfers dreihundert Mal pro Jahrhundert – dreihundert Einheiten für jede eingezahlte Einheit. Sechs Prozent verdoppelt dein Geld alle zwölf Jahre. Aus einem Tausender wird ein Vermögen von dreihunderttausend, wenn der Schläfer ein Jahrhundert überlebt – und wenn er lebt.«

»Märchen!« sagte Connor verächtlich, aber jetzt verstand er ihre Frage nach dem Verbleib seines Geldes, als er das erste Mal aufgewacht war. »Welche Institution kann sechs Prozent mit Sicherheit garantieren? In was könnten sie investieren?«

»Sie investieren in ein Prozent Urban Bonds.«

»Ich nehme an, dass du dich da irrst!«

»Nein. Ihre Gewinne sind enorm – aus den Geldern der neun von zehn Schläfern, die nicht erwachen!«

»Ich bin also ein Schläfer!« sagte Connor schroff. »Jetzt sag mir die Wahrheit.«

Evanie blickte ängstlich auf ihn herab.

»Die Elektrolepsis bringt einen oft durcheinander.«

»Ich bin nicht verwirrt!«, schrie er. »Ich will die Wahrheit, das ist alles. Ich will das Datum wissen.«

»Es ist Mitte Juli, achthundertsechsundvierzig«, sagte Evanie geduldig.

»Der Teufel ist es! Vielleicht habe ich damals rückwärts geschlafen! Ich will wissen, was mit mir passiert ist.«

»Dann solltest du es erklären«, sagte Evanie sanft.

»Das werde ich!«, rief er verzweifelt. »Ich bin Thomas Marshall Connor aus den Zeitungen – oder liest du sie nicht? Ich bin der Mann, der wegen Mordes angeklagt und durch Stromschlag getötet wurde. Tom Connor aus St. Louis – St. Louis! Verstehst du?«

Evanies sanfte Gesichtszüge wurden plötzlich blass.

»St. Louis!«, flüsterte sie. »St. Louis – der alte Name von Selui! Vor den Dunklen Jahrhunderten – unmöglich!«

»Nicht unmöglich – sondern wahr«, sagte Connor grimmig. »Schmerzhaft wahr.«

»Stromschlag!« Evanie flüsterte ehrfürchtig. »Die Bestrafung der Antiker!« Sie starrte wie gebannt und rief dann aufgeregt: »Könnte Elektrolepsis zufällig passieren? Ist das möglich? Aber nein! Ein Milliampere zu viel und das Gehirn wird zerstört; ein Millivolt zu wenig und die Asepsis schlägt fehl. So oder so ist es der Tod – aber es ist passiert, wenn das, was du erzählst, die Wahrheit ist, Tom Connor! Du musst das Unmögliche erlebt haben!«

»Und was ist Elektrolepsis?« fragte Connor verzweifelt und ruhig.

»Es – es ist der Schlaf!«, flüsterte das angespannte Mädchen. »Elektrische Lähmung des Teils des Gehirns vor Rolandos Riss. Das benutzen die

Schläfer, aber nur für ein Jahrhundert oder ein bisschen länger. Das – das ist fantastisch! Du hast schon vor den Dunklen Jahrhunderten geschlafen! Nicht weniger als eintausend Jahre!«

Treffen im Wald

Eine Woche – die dritte seit Connors Erwachen zum vernünftigen Denken – war vergangen. Er saß auf einer gemeißelten Steinbank vor Evanies Hütte und genoss den leuchtenden Sternenhimmel und den Kupfermond. Er lebte, wenn das, was man ihm gesagt hatte, wahr war – und er war gezwungen, es jetzt zu glauben – nachdem unzählige Milliarden in die Ewigkeit eingegangen waren.

Evanie musste recht gehabt haben. Ihr sanftes Beharren, das seltsame Englisch und der subtile Unterschied in der Welt um ihn herum überzeugten ihn. Es war nicht dieselbe Welt – ganz und gar nicht.

Zufrieden seufzte er und atmete die kühle Nachtluft. Von Evanie hatte er viel über das neue Zeitalter erfahren, obwohl vieles noch geheimnisvoll verschwommen war. Evanie hatte von der Stadt Urbs und dem Meister gesprochen, aber nur sehr vage. Eines Tages fragte er sie, warum.

»Weil« – sie zögerte – »nun, weil es das Beste für dich ist, wenn du dir dein eigenes Urteil bildest. Wir – die Menschen hier – mögen Urbs und die Unsterblichen nicht, und ich möchte dich nicht beeinflussen, Tom, denn in Wahrheit sind es die Anhänger des Meisters, die es am besten haben, nicht seine Feinde. Urbs ist an der Macht; sie wird wahrscheinlich noch lange nach unseren Lebzeiten an der Macht bleiben, denn sie regiert schon seit sieben Jahrhunderten.«

Abrupt holte sie etwas aus ihrer Tasche und reichte es ihm. Er beugte sich darüber – eine goldene Scheibe, eine Münze. Er erkannte den Schriftzug „10 Einheiten“ und die Figur einer Schlange, die mit dem Schwanz im Maul eine Weltkugel umkreist.

»Die Midgardschlange«, sagte Evanie. »Ich weiß nicht, warum, aber so heißt sie.«

Connor drehte die Münze um. Zum Vorschein kam das geprägte Porträt eines Männerkopfes, dessen Züge selbst in der Miniaturausgabe kalt, streng und mächtig wirkten. Connor las: »Orbis Terrarum Imperator Dominusque Urbis.«

»Kaiser der Welt und Herr der Stadt«, übersetzte er.

»Ja. Das ist der Meister.« Evanies Stimme war ernst, als sie die Münze wieder entgegennahm. »Das ist das Geld von Urbs. Um Urbs und den Meister zu verstehen, musst du natürlich etwas über die Geschichte seit deinem ... Schlaf wissen.«

»Geschichte?«, wiederholte er.

Sie nickte. »Seit den dunklen Jahrhunderten. Eines Tages wird dir einer unserer Patriarchen mehr erzählen, als ich weiß. Denn ich weiß nur wenig über eure mächtige alte Welt. Es scheint uns ein unglaubliches Zeitalter zu sein, mit seinen riesigen Städten, seinen wilden Völkern, seinen unvorstellbaren Menschenmassen, seinen gewaltigen Energien und seinem flammenden Genie. Große Kriege, große Industrien, große Kunst – und dann wieder große Kriege.«

»Aber du kannst mir doch mehr sagen …«, begann Connor etwas ungeduldig. Evanie schüttelte den Kopf.

»Nicht jetzt«, sagte sie schnell. »Denn jetzt muss ich zu Freunden eilen, die mit mir eine wichtige Angelegenheit besprechen werden. Vielleicht erfährst du auch das eines Tages.«

Und sie war weg, bevor Tom Connor ein Wort sagen konnte, um sie aufzuhalten. Er wurde mit seinen Gedanken allein gelassen – widersprüchliche, manchmal vernichtende Gedanken, denn es gab so viel zu lernen in dieser seltsamen Welt, in die er geraten war.

In vielerlei Hinsicht war es eine seltsame, neue Welt, dachte Connor, als er das Mädchen die Straße hinuntergehen sah, die von ihrem Haus auf dem Hügel zum Dorf führte. Von seiner Sitzbank aus konnte er das Dorf am Fuße des Hügels sehen – eine Gruppe von niedrigen Gebäuden aus weißem Stein. Alle Gebäude waren klassisch, mit reinen dorischen Säulen. Ormon war der Name des Dorfes, hatte Evanie gesagt.

Alles war fremd für ihn. Nicht nur die Menschen unterschieden sich so sehr von denen, die er kannte, auch die physische Welt war verwirrend anders.

Tom Connor blickte über das Dorf hinaus und richtete seine Aufmerksamkeit wieder auf die Hügel und Wälder um ihn herum und fragte sich, ob auch sie anders sein würden.

Er musste es wissen.

Die frühlingshafte Landschaft winkte. Connors Kraft war so weit zurückgekehrt, dass er sich von seiner Bank in der Sonne erhob und auf das Grün des Waldes zuging, der sich hinter Evanies Haus erstreckte. Es war ein bezaubernder Anblick, der sich ihm bot. Die Bäume hatten das leuchtende Grün des jungen Laubes und smaragdgrünes Gras wogte auf den Feldern, die sich an den Hängen entlangzogen und die Ebenen bedeckten.

Vögel zwitscherten in den Bäumen, als er den Wald betrat – Vögel aller Art, in Hülle und Fülle, mit farbenfrohem Gefieder. Ihre Anzahl und Furchtlosigkeit hätte Connor überrascht, wenn er sich nicht an etwas erinnert hätte, das Evanie ihm erzählt hatte.

Die Urbs, so hatte sie gesagt, hatten vor Jahrhunderten unliebsame stechende Insekten, Fliegen, Maiswürmer und dergleichen ausgerottet, und die Vögel hatten dabei geholfen. Ebenso wie bestimmte Parasiten, die zu diesem Zweck gezüchtet worden waren.

»Sie mussten nur dafür sorgen, dass sich die Vögel vermehren«, hatte Evanie gesagt, »indem sie ihren Hauptfeind zerstörten – die ägyptische Katze, die Hauskatze. Sie war hier eingewöhnt und lief wild in den Wäldern herum, also züchteten sie einen Parasiten – den Feliphage – der sie vernichtete. Seitdem gibt es viele Vögel und weniger Insekten.«

Es war angenehm, durch den grünen Wald zu schlendern, begleitet von den Klängen des Vogelorchesters. Die Frühlingsbrise strich Tom Connor leicht über das Gesicht, und zum ersten Mal in seinem Leben wusste er, wie es war, in Freiheit zu spazieren, unberührt von der lästigen Plage der Stechmücken, Mücken und anderen stechenden Insekten, die den grünen Wald früher manchmal zum Fegefeuer gemacht hatten.

Was für ein Segen für die Menschheit! Honigbienen summten im Löwenzahn auf der Wiese und tranken die Süße der Frühlingsblumen, aber keine Milben oder Fliegen schwirrten um Connors unbedeckten, hocherhobenen Kopf, als er zügig ausschritt.

Connor wusste nicht, wie weit er in die Tiefen des frisch ergrünten Waldes vorgedrungen war, als er dem Lauf eines kleinen Baches folgte. Sein silbriges Wasser glitzerte im Sonnenlicht, das durch die Bäume fiel, während es träge dahin plätscherte.

Ab und zu kam er an moosigen und weinroten Steinhaufen vorbei, die ihn interessierten, da er wusste, dass sie die einzigen Erinnerungen an alte Bauwerke waren, die vor den dunklen Jahrhunderten errichtet worden waren. Diese Steinhaufen hatten einst Gebäude in einem anderen, längst vergangenen Zeitalter gebildet – seinem eigenen Zeitalter.

Müßig folgte er dem Bächlein und kam schließlich zu einer weiten Biegung, wo der Bach von höherem Gelände herabkam und sich in einen kleinen, plätschernden Wasserfall ergoss.

Er hatte gerade die Biegung umrundet, den Blick auf einen klaren, stillen Teich gerichtet, als er stehen blieb und seine Augen sich ungläubig weiteten.

Es war, als ob er ein Bild vor sich ausgebreitet sah, das er aus seiner Erinnerung kannte und das nun zum Leben erweckt wurde. Connor hatte gedacht, er sei allein in diesem Wald, aber das war er nicht. Nur wenige Meter von ihm entfernt stand das schönste Geschöpf, das er je gesehen hatte, und teilte den Wald mit ihm.

Es war schwer zu glauben, dass sie ein lebendiges, atmendes Wesen war und nicht nur ein Hirngespinst von ihm. Kein Geräusch hatte sie vor seiner Annäherung gewarnt, und da sie sich nicht bewusst war, dass sie nicht allein war, verharrte sie in der Pose, in der Connor sie zum ersten Mal gesehen hatte, wie ein schöner Waldgeist – was sie in dieser immer erstaunlicheren neuen Welt vielleicht auch war.

Sie kniete neben dem dunkel verspiegelten Becken und stützte sich auf ihre schlanken Arme und Hände, die im Vergleich zu der moosbewachsenen Bank, an die sie sich drückte, alabasterweiß aussahen. Sie lächelte auf ihr eigenes Spiegelbild im Wasser herab – das berühmte Psyche-Gemälde, an das sich Connor so gut erinnerte, wurde zum Leben erweckt!

Er hatte Angst zu atmen, geschweige denn zu sprechen, weil er sie erschrecken würde. Aber als sie den Kopf drehte und ihn sah, zeigte sie keine

Anzeichen von Erschrecken. Langsam lächelte sie und erhob sich anmutig auf ihre Füße. Die weißen griechischen Stoffe, die sie umhüllten, wiegten sich sanft im Wind und umrissen eine Figur, die zu perfekt war, um aus Fleisch und Blut zu sein. Sie wurde durch die silberne Kordel, die unter ihren Brüsten verlief, noch betont und glänzte genauso wie ihr tiefschwarzes Haar.

Aber als sie Connor anlächelte, sah er in den Tiefen ihrer meergrünen Augen keine Angst vor ihm, sondern Spott.

»Ich wusste nicht«, sagte sie mit einer Stimme, die wie eine silberne Glocke klang, »dass sich je ein Weed genug für die Schönheiten der Natur interessiert hat, um so weit in den Wald vorzudringen.«

»Ich bin kein Weed – kein Unkraut«, erklärte Connor prompt, während er unbewusst ein oder zwei Schritte auf sie zuging. Er hoffte, dass sie beim Klang seiner Stimme oder bei seiner Annäherung nicht verschwinden würde. »Ich bin …«

Sie starrte ihn einen Moment lang an, dann lachte sie. Und auch dieses Lachen war spöttisch.

»Das brauchst du mir nicht zu sagen«, sagte sie lässig. »Ich weiß es. Du bist der Schläfer, der vor kurzem wiederbelebt wurde – mit der großartigen Geschichte, tausend Jahre geschlafen zu haben. Als ob du ein Unsterblicher wärst!«

In ihrem Lachen, in ihrer Stimme lag die erhabene Andeutung, dass zumindest sie nichts dergleichen glaubte. Connor machte keinen Versuch, sie zu überzeugen – nicht in diesem Moment. Er war zu fasziniert und starrte sie nur an.

»Bist du eine der Unsterblichen?«, fragte er mit ehrfürchtiger Stimme. »Ich habe viel von euch gehört.«

»Es gibt viele Dinge, die unsterblicher sind«, sagte sie halb kryptisch, halb spöttisch, »als der Mensch, dem die Unsterblichkeit gegeben wurde. Solche Unsterblichen wissen nichts von dem, was die Griechen vor langer, langer Zeit wussten oder vermuteten.«

Wieder starrte Connor sie an. Sie sprach so selbstbewusst. Und sie sah aus wie ... konnte es sein, dass die Götter und Göttinnen, die Kobolde, aus dem längst vergangenen griechischen Zeitalter keine Legenden waren, sondern lebendige Wesen? Konnte es sein, dass er jetzt eine von ihnen ansah – und dass sie bei einer Berührung, bei einem Wort verschwinden würde?

Sie wirkte jedoch sehr real, und ihr Auftreten war von einer gewissen Herrschsucht geprägt, die nicht seiner Vorstellung von der Reaktion eines schönen Wesens aus der Mythologie entsprach. Nichts davon schien echt zu sein – außer ihrer extravaganten, pulsierenden Schönheit.

Ein bisschen Geschichte der Antiken

Die Worte des Mädchens rissen ihn aus seiner Träumerei und er war verwirrt, dass er sie sinnlos anstarrte, während sie leicht schwankend wie ein schlankes Schilfrohr dastand, während die leichte Brise ihre weißen, hauchdünnen Gewänder bewegte.

»Komm«, sagte sie energisch. »Komm, setz dich hier neben mich. Ich bin in den Wald gekommen, um ein Abenteuer zu finden, das ich anderswo in einer langweiligen Welt nicht finden kann. Ich habe es nicht gefunden. Komm, du sollst mich amüsieren. Setz dich hierher und erzähl mir die Geschichte, die ich über deinen ... Schlaf gehört habe.«

Halb-hypnotisch gehorchte Connor. Er fragte auch nicht nach dem Grund. Es passte alles zusammen, dass er sich hier an dem glitzernden, dunklen Teich wiederfand, neben dieser Frau – oder besser gesagt, diesem Mädchen, denn sie konnte nicht älter als achtzehn sein – deren Schönheit einfach unglaublich war.

Die Sonne, die durch die Blätter fiel, berührte ihre Haare, die so schwarz waren, dass sie blau schimmerten, als sie in wogenden Kaskaden bis zu ihrer schlanken Taille fielen. Ihre magnolienfarbene Haut war durch das auffällige Ebenholz ihres Haares noch strahlender. Ihre Schönheit war mehr als nur das Fehlen von Makeln; sie war tatsächlich göttlich. Aber sinnlich, leidenschaftlich. Ihre perfekten Lippen schienen ständig zu lächeln, aber genauso wie das Lächeln in ihren smaragdgrünen Augen, war es sarkastisch, spöttisch. Einen Moment lang verdrängte die Schönheit dieses Waldgeistes, der so unerwartet aufgetaucht war, alle anderen Gedanken aus Connors Kopf, sogar die Erinnerung an Evanie. Doch im nächsten Moment war Evanie wieder da und erfüllte seine Gedanken mit ihrer kühlen, verständlichen, kupferfarbenen Schönheit. Doch schon in diesem Moment wusste er, dass das strahlende Wesen neben ihm, das sich so sehr von Evanie und den anderen Weed-Mädchen unterschied, die er gesehen hatte, ihn für immer verfolgen würde. Wer oder was sie auch sein mochte – ein Mensch oder eine Waldgöttin.

Das Mädchen wurde durch sein Schweigen ungeduldig.

» Erzähl es mir!«, sagte sie herrisch. »Ich habe dir gesagt, ich will mich amüsieren. Erzähl es mir – Schläfer.«

»Ich bin kein Schläfer, von denen du wahrscheinlich schon gehört hast«, sagte Connor und gehorchte ihrem Befehl. »Was auch immer mir widerfahren ist, ich habe nichts damit zu tun, und ich habe es auch nicht gewollt. Es war wie folgt ...«

Kurz und knapp erzählte er alles, was er über seine Erfahrungen wusste, ohne sich groß anzustrengen. Er muss beeindruckend gewesen sein, denn während er sprach, konnte er sehen, wie die Ungläubigkeit und der Spott aus ihren meergrünen Augen verschwanden und durch zögernden Glauben und dann durch Erstaunen ersetzt wurden.

»Es ist fast unglaublich«, sagte sie leise, als er geendet hatte. »Aber ich glaube dir.« Ihre wunderbaren Augen hatten einen weit entfernten Ausdruck. »Wenn du in deinem Gedächtnis das Wissen über deine eigenen alten Zeiten bewahrt hast, erwarten dich große Dinge in diesem Zeitalter, in das du gekommen bist.«

»Aber ich weiß nichts über dieses Zeitalter!« beklagte sich Connor schnell. »Ich erfahre hier und da etwas über einige mysteriöse Unsterbliche, die scheinbar über alles herrschen, und über viele Dinge, die mir fremd sind und die ich nicht verstehe. Aber bis jetzt habe ich noch nicht viel über diese Zeit erfahren können. Nein! Ich weiß nicht einmal etwas über die Geschichte der Zeitalter, die vergangen sind, während ich schlief!«

Connors Waldgeist schaute ihn einen Moment lang scharf an, und in ihrem Blick mit gesenkten Lidern lag Bewunderung für ihn. Der Spott flackerte kurz in ihren Augen auf und erlosch dann.

»Soll ich es dir erzählen?«, fragte sie. »Wir von den Wäldern und Tälern wissen viele Dinge. Wir lernen im Laufe der Jahre dazu. Aber nicht immer geben wir unser Wissen weiter.«

»Bitte!«, flehte Connor. »Bitte sag mir alles. Ich bin verloren!«

Sie schien ein wenig unsicher zu sein, wo sie anfangen sollte, dann fing sie plötzlich an zu reden, als würde sie eine umfassende Lektion in Geschichte vom Anbeginn der Zeit geben.

»Ihr in der alten Welt hattet große Städte«, sagte sie. »Auch heute gibt es mächtige Städte. N'York hatte acht Millionen Einwohner; Urbs, die große Metropole unserer Zeit, hat dreißig Millionen. Aber wo es heute nur eine Metropole gibt, hatte deine Welt hundert. Das war ein wunderbares Zeitalter, aber es ging zu Ende. Irgendwann in eurem zwanzigsten Jahrhundert erlosch es in einem Feuer des Krieges.

»Das zwanzigste Jahrhundert!«, rief Connor aus. »So nah an meiner Zeit!«

»Ja. Eure wilden, kriegerischen Völker stillten ihre Kampfeslust schließlich in einem gigantischen Krieg, der sich wie eine Wolke über den Planeten ausbreitete. Sie kämpften zu Wasser, zu Lande, in der Luft und unter Wasser und zu Lande. Sie kämpften mit Waffen, deren Geheimnisse noch immer verloren sind, mit seltsamen chemischen Substanzen und mit Krankheiten. Jede Nation war in den Kampf verwickelt; ihr gesamtes Wissen floss ein, und eine riesige Stadt nach der anderen wurde durch Atombomben zerstört oder durch verseuchte Wasservorräte ausgelöscht. Die Welt wurde von Hungersnöten heimgesucht, und danach brach die Pest aus.

Aber im fünfzigsten Jahr nach dem Krieg hatte die Welt eine Art Stabilität erreicht. Dann kam die Barbarei. Die alten Nationen waren untergegangen, und an ihre Stelle traten unzählige kleine Stadtstaaten, kleine Bauerngemeinschaften, von denen jede für sich selbst ausreichte, ihr Gewand selbst webte und ihre eigene Nahrung anbaute. Und dann begann sich die Sprache zu verändern.«

»Warum?«, fragte Connor. »Kinder sprechen wie ihre Eltern.«

»Nicht ganz«, sagte der Waldgeist mit einem langsamen Lächeln. »Die Sprache entwickelt sich nach Gesetzen. Hier ist eines: Die Konsonanten verschieben sich im Mund nach vorne, wenn Sprachen älter werden. Nimm das Wort „Mutter“. Im alten Tokhar war es makar. Dann im Lateinischen mater. Dann madre, dann mother und jetzt unser modernes Wort muvver.

Siehst du das? K - T - D - Th - V - jeder Laut ein bisschen weiter in der Kehle. Das Nonplusultra ist natürlich mama – reine Labiallaute, was nur beweist, dass es das älteste Wort der Welt ist.«

»Ich verstehe«, sagte Connor.

»Nun, sobald sie von den Fesseln des Buchdrucks befreit war, veränderte sich die Sprache. Es wurde schwierig, die alten Bücher zu lesen, und dann begannen die Bücher zu verschwinden. Feuer zerstörten die verlassenen Städte; die Räuberbanden, die dort lauerten, verbrannten die Bücher im Winter, um sich zu wärmen. Würmer und Fäulnis zerstörten sie. Wertvolles Wissen verschwand, manches davon für immer.«

Sie hielt einen Moment inne und beobachtete Connor scharfsinnig. »Verstehst du jetzt«, fragte sie, »warum ich sagte, dass dich Großes erwartet, wenn du etwas von deinem alten Wissen erinnerst?«

»Möglicherweise«, sagte Connor. »Aber mach weiter, bitte.«

»Es waren auch andere Faktoren am Werk«, sagte sie und nickte. »Erstens schien eine Gruppe von kleinen Stadtstaaten die beste Umgebung für Genies zu sein. Das war in Griechenland während des Goldenen Zeitalters so, in Italien während der Renaissance und überall auf der Welt vor der Zweiten Aufklärung.

Auch eine Periode der Barbarei scheint für die Menschheit eine Zeit der Ruhe zu sein, bevor sie zu neuen Höhen aufbricht. Die Steinzeit erstrahlte plötzlich im Licht Ägyptens, Persien zerfiel und Griechenland erblühte, und das Mittelalter erwachte zum Ruhm der Renaissance. So gingen die dunklen Jahrhunderte in das strahlende Zeitalter der Zweiten Aufklärung über, die vierte große Dämmerung der Menschheitsgeschichte.

Es begann ganz harmlos, etwa zwei Jahrhunderte nach dem Krieg. Ein junger Mann namens John Holland verirrte sich in das Dorf N'Orleans, das sich neben den Ruinen der alten Stadt ausbreitete. Er fand die Überreste einer Bibliothek, und – ungewöhnlich für seine Zeit – er konnte lesen. Zuerst studierte er allein, aber bald schlossen sich ihm andere an und so entstand die Akademie.

Die Stadtbewohner hielten die Schüler für Zauberer und Hexenmeister, aber als das Wissen wuchs, wurden die Wörter Zauberer und Hexenmeister zu Synonymen für das, was man in deinem Alter Wissenschaftler nennt.«

»Verstehe!«, murmelte Connor und dachte dabei an Evanie, die Zauberin. »Ich verstehe!«

»N'Orleans«, sagte seine charmante Begleiterin, »wurde das Zentrum der Aufklärung. Holland starb, aber die Akademie lebte weiter, und eines Tages hatte ein junger Student namens Teran eine Vision. Ein Teil des alten Wissens hatte inzwischen seine Geheimnisse preisgegeben, und Terans Vision war es, die alten Kraftwerke und Wassersysteme von N'Orleans wiederherzustellen – um der Stadt ihre Energieversorgung zu geben!

Obwohl es keine offensichtliche Treibstoffquelle gab, arbeiteten er und seine Gruppe fleißig an den jahrhundertealten Maschinen, in der Gewissheit, dass sie Strom zur Verfügung haben würden, wenn sie ihn brauchten.

Und so war es auch. Ein Mann namens Einar Olin war über den Kontinent gewandert, um die letzte und größte Errungenschaft der Alten zu suchen – und zu finden: Er entdeckte die Atomenergie wieder. N'Orleans erwachte wieder zu altem Leben. Über die Ebenen und Berge kamen Hunderte, um die Große Stadt zu sehen, und unter ihnen waren drei, die die Geschichte veränderten.

Das waren der sandfarbene Martin Sair und der schwarzhaarige Joaquin Smith, und seine Schwester. Manche haben sie als satanisch schön bezeichnet. Die Schwarze Flamme, so nennt man sie jetzt – hast du davon gehört?«

Connor schüttelte den Kopf, seine Augen saugten sich an der Schönheit dieser Frau aus dem Wald fest, die ihn auf eine Weise faszinierte, die er nie für möglich gehalten hätte. Für einen Moment kehrte das spöttische Funkeln in den Augen des Mädchens zurück, dann war es sofort wieder verschwunden, als sie mit den weißen Schultern zuckte und weiterging.

»Diese drei veränderten den gesamten Lauf der Geschichte. Martin Sair wandte sich der Biologie und Medizin zu, als er der halbklösterlichen Akademie beitrat, und sein Genie machte die erste neue Entdeckung, die das Wissen der Alten ergänzte. Er studierte die Evolution, experimentierte mit harten Strahlen und entdeckte die Unsterblichkeit!

Joaquin Smith fand sein Feld in den vernachlässigten Sozialwissenschaften, der Regierung, der Wirtschaft und der Psychologie. Auch er hatte einen Traum – die alte Welt wieder aufzubauen. Er war – oder ist – ein kolossales Genie. Er nahm die Unsterblichkeit von Martin Sail und tauschte sie gegen Macht ein. Er tauschte die Unsterblichkeit mit Jorgensen gegen eine Rakete, die mit Atomenergie flog, mit Kohlmar gegen eine Waffe und schließlich mit Erden gegen den Erdenresonator, der das Schießpulver meilenweit explodieren lässt. Und dann sammelte er seine Armee und marschierte los.«

»Wieder Krieg!« sagte Connor mit fester Stimme. »Ich hätte gedacht, dass sie schon genug hatten.«

Aber das Mädchen beachtete ihn nicht. In ihren smaragdgrünen Augen leuchtete ein Licht, als würde sie selbst Visionen sehen – Visionen von glorreichen Eroberungen.

»N'Orleans«, sagte sie, »direkt im Licht von Joaquin Smiths magnetischer Persönlichkeit, gab gerne nach. Andere Städte gaben fast wie fasziniert nach, während diejenigen, die kämpften, überwältigt wurden. Welche Chance hatten Gewehr und Pfeil gegen die fliegenden Dreiecke von Jorgensen oder Kohlmars ionische Strahlen? Und Joaquin Smith selbst war – nun ja, großartig. Sogar die Frauen der Gefallenen jubelten ihm zu, als er sie auf seine edle Art tröstete.

Amerika wurde innerhalb von sechzig Jahren erobert. Die Unsterblichkeit verlieh Smith, dem Meister, Macht, und niemand außer Martin Sair und denen, die er unterrichtete, war jemals in der Lage, ihr Geheimnis zu erlernen. Tausende haben es versucht, viele haben den Erfolg für sich beansprucht, aber die Ergebnisse ihrer Misserfolge verfolgen noch immer die Welt.

Und – nun, Joaquin Smith hat jetzt sein Weltreich; nicht nur Amerika. Er hat Verbrecher und Schwachsinnige ausgemerzt, er hat die englische Sprache in jede Sprache eingepflanzt, er hat Urbs gebaut, die riesige, glitzernde, glänzende, boshafte Welthauptstadt, und dort regiert er mit seiner Schwester, Margaret von Urbs, an seiner Seite. Doch …«

»Ich dachte, die Welt, die er erobert hat, würde ihn anbeten«, sagte Connor.

»Verehrt ihn!«, rief das Mädchen. »Zu viele hassen ihn, trotz allem, was er getan hat, nicht nur für dieses Zeitalter, sondern für vergangene Zeitalter – seit der Aufklärung. Er …«

Aber Tom Connor hörte nicht mehr zu. All seine Gedanken, seine Aufmerksamkeit, seine Augen, die ihre Schönheit in sich aufnahmen, waren auf das Mädchen gerichtet. So schön – und so viel Weisheit unter dem Glanz der schwarzen Haarpracht in ihrem Gehirn gespeichert. Darauf konnte es nur eine Antwort geben. Sie musste eine Göttin sein, die zum Leben erwacht ist.

Er sehnte sich danach, sie zu berühren, und sei es nur der Saum ihres hauchdünnen Gewandes, aber das durfte nicht sein. Sein Herz pochte bei ihrer Nähe – aber mit einer Anbetung, die ihn zu ihren Füßen hätte niederwerfen können.

»Es ist alles wie ein Traum, was du mir erzählt hast«, sagte er, seine Stimme weit weg, nachdenklich. »Du bist ein Traum.«

Das tanzende Licht des Spottes kam zurück in ihre meergrünen Augen.

»Sollen wir es bei einem Traum belassen – unser Treffen?«, fragte sie leise. Sie legte eine weiße Hand leicht auf seinen Arm und er zuckte bei der Berührung zusammen, als ob ein elektrischer Strom durch ihn hindurchgeschossen wäre – aber jetzt nicht mehr ein schmerzhafter, vernichtender. »Mann der Ahnen«, sagte sie, »willst du mir ein Versprechen geben?«

»Alles – alles!« sagte Connor eifrig.

»Dann versprich mir, dass du nichts darüber sagst, dass du mich heute Morgen gesehen hast, auch nicht dem Weed-Mädchen, das sich Evanie, die Zauberin, nennt. Nicht die geringste Andeutung.«

Einen Moment lang zögerte Connor. Wäre es in irgendeiner Weise illoyal gegenüber Evanie, wenn er dieses Versprechen geben würde? Er wusste es nicht. Aber er wusste, dass es seinen Vorstellungen entsprach, dieses Treffen geheim zu halten – als wäre es etwas Heiliges, etwas, das er nur als Erinnerung tief in seinem Herzen bewahren wollte.

»Versprochen?«, wiederholte sie mit ihrer glockenhellen Stimme.

Connor nickte. »Ich verspreche es«, sagte er nüchtern. »Aber sag mir, werde ich dich wiedersehen? Wirst du …«

Plötzlich sprang das Mädchen erschrocken auf die Füße und stand lauschend da, wie der Faun, der sie zu sein schien. Ihre erstaunlichen smaragdgrünen Augen waren weit aufgerissen, als sie zur Flucht ansetzte. Schemenhaft nahm Connor Stimmen aus dem Wald wahr. Wahrscheinlich waren Männer gekommen, um ihn zu suchen, weil sie wussten, wie krank er war.

»Ich muss gehen!«, flüsterte das Mädchen schnell. »Aber Mann der Alten, wir werden uns wiedersehen! Das ist mein Versprechen. Halte deins!«

Und dann, bevor er etwas sagen konnte, war sie wie ein Schmetterling im Flug herumgewirbelt und eilte auf lautlosen Füßen durch den Wald. Connor erhaschte noch einen letzten Blick auf ihre flatternden weißen Tücher vor dem Braun und Grün der Baumstämme und Blätter, dann war sie weg.

Er führte eine Hand langsam vor seine verwirrten Augen. Ein Traum! Aber sie hatte versprochen, dass sie sich wiedersehen würden. Und wann?

Das Dorf

Die Tage vergingen unmerklich. Connor hatte fast seine volle Kraft wiedererlangt. Immer wieder, wenn er unbeobachtet sein konnte, schlich er sich allein in den Wald, aber nie wieder erblickte er die Waldnymphe, die ihn so sehr fasziniert hatte. Allmählich kam er zu der Überzeugung, dass der ganze Vorfall ein Traum gewesen war. Seit seinem Erwachen waren ihm viele ebenso seltsame Dinge widerfahren. Nur eine Sache gab dem Ganzen den Anschein von Realität – das Wissen, das er von dem geheimnisvollen Mädchen mit den schwarzen Haaren erhalten hatte und das sich später bestätigte, als er in das friedliche Leben des Dorfes eintrat.

Außer Evanie hatte er jedoch nur einen weiteren engen Freund. Er hatte sich sofort mit Jan Orm angefreundet, dem Ingenieur und Betreiber der einzigen Fabrik des Dorfes Ormon auf dem Hügel.

Die Fabrik war für Connor immer wieder eine Überraschung. Die unglaublich vielseitigen Maschinen stellten fast alles her, bis auf die schwereren Mechanismen, die auf den Feldern verwendet wurden, und die, so erfuhr er, hätten hergestellt werden können. Das war auch nicht nötig, denn die fertigen Maschinen konnten genauso leicht transportiert werden wie der Stahl, der zu ihrer Herstellung nötig war.

Die Atomkraft verblüffte Tom Connor. Die Motoren verbrannten nur Wasser, oder besser gesagt den Wasserstoff darin, und die Energie war das

Produkt der Synthese und nicht des Zerfalls. Vier Wasserstoffatome mit einem Gewicht von 1,008 vereinigten sich zu einem Heliumatom mit einem Gewicht von 4; irgendwo war die Differenz von 0,032 verschwunden, und das war die Quelle dieser reichlichen Energie – Materie wurde zerstört, Gewicht in Energie umgewandelt.

Es gab auch eine ganze Reihe von Atomöfen. Die Freisetzung von Energie war ein Prozess von einem Grad, wie bei Radium; einmal in Gang gesetzt, konnten weder Temperatur noch Druck ihn im Geringsten beschleunigen oder verlangsamen. Aber der Wasserstoff verbrannte gleichmäßig zu Helium, und zwar mit der Hälfte seiner Masse in dreihundert Tagen.

Jan Orm war stolz auf die Anlage.

»Toll, nicht wahr?«, fragte er Connor. »Einer von der Sorte, die Omnifac heißt, macht alles. Es gibt Tausende von ihnen im ganzen Land; sie machen praktisch jede Stadt unabhängig und selbstversorgend. Wir brauchen dein altes, schwerfälliges Eisenbahnsystem nicht mehr, um Kohle und Erz zu transportieren.«

»Was ist mit dem Metall, das du verwendest?«

»Auch nicht aus Metall«, sagte Jan. »So wie es eine Steinzeit, eine Bronzezeit und eine Eisenzeit gab, so wie die Geschichte eure Zeit das Zeitalter des Stahls nennt, befinden wir uns im Aluminiumzeitalter. Und Aluminium ist überall, es ist die Basis aller Tonerden, fast acht Prozent der Erdkruste.«

»Ich weiß, dass es da ist«, grunzte Connor. »Früher hat es zu viel gekostet, es aus dem Lehm zu holen.«

»Nun, Strom kostet jetzt nichts mehr. Wasser ist umsonst.« Sein Gesicht verfinsterte sich launisch. »Wenn wir nur das Tempo kontrollieren könnten, aber der Strom kommt immer im gleichen Rhythmus – eine halbe Periode von dreihundert Tagen. Wenn wir Raketen bauen könnten – wie die Dreiecke von Urbs. Die natürliche Geschwindigkeit ist einfach zu langsam, um das eigene Gewicht zu heben; die Kraft von einem Pfund Wasser kommt zu langsam heraus, um eine Masse von einem Pfund anzuheben. Die von Urbs wissen, wie man die Geschwindigkeit erhöhen kann, so dass das Wasser die Hälfte seiner Energie in hundert Tagen abgibt – in zehn Tagen.«

»Und wenn du Raketen bauen könntest?«

»Dann«, sagte Jan und wurde noch mürrischer, »dann würden wir …« Er hielt abrupt inne. »Wir können es zur Explosion bringen«, sagte er mit veränderter Stimme. »Wir können die ganze Energie in einer einzigen gewaltigen Explosion auffangen, aber für eine Rakete ist das nutzlos.«

»Warum kannst du nicht eine Brennkammer benutzen und etwa ein Gramm Wasser auf einmal explodieren lassen?« fragte Connor. »Eine schnelle Serie kleiner Explosionen sollte genauso effektiv sein wie eine kontinuierliche Explosion.«

»Mein Vater hat das versucht«, sagte Jan Or grimmig. »Er ist an der Flussbiegung begraben.«

Später fragte Connor Evanie, warum Ian so darauf versessen sei, atomgetriebene Raketen zu entwickeln. Das Mädchen schaute ihn plötzlich ernst an, gab aber keine direkte Antwort.

»Die Unsterblichen hüten das Geheimnis des Dreiecks«, war alles, was sie sagte. »Es ist ein militärisches Geheimnis.«

»Aber was kann er mit einer Rakete anfangen?«

Sie schüttelte ihr glitzerndes Haar.

»Nichts, vielleicht.«

»Evanie«, sagte er nüchtern, »ich mag das Gefühl nicht, dass du mir nicht vertraust. Nach dem, was du gesagt hast, weiß ich, dass du irgendwie gegen die Regierung bist. Ich werde dir helfen, aber das kann ich nicht, wenn du mich im Ungewissen lässt.«

Das Mädchen blieb still.

»Und noch etwas«, fuhr er fort. »Dieser Prozess der Unsterblichkeit. Ich habe jemanden sagen hören, dass die Ergebnisse der Fehlschläge, die einige damit gemacht haben, immer noch die Welt heimsuchen? Warum, Evanie?«

Schnell breitete sich eine rote Färbung auf den Wangen und dem Hals des Mädchens aus.

»Was zum Teufel habe ich denn gesagt?«, rief er. »Evanie, ich schwöre, ich würde dir nie etwas tun!«

»Nicht«, murmelte sie nur und wandte sich schweigend ab.

Auch er war verletzt, weil sie es war. Er wusste, dass er ihr sein Leben für ihre Behandlung und Gastfreundschaft verdankte. Es beunruhigte ihn, dass er nicht wusste, wie er ihr das zurückzahlen sollte. Aber er bezweifelte, dass er als Ingenieur in dieser Welt der seltsamen Geräte viel verdienen würde.

»Ich müsste ganz unten anfangen«, bemerkte er reumütig zu Evanie, als er später darüber sprach.

»In Urbs«, sagte Evanie, »wärst du als Quelle des alten Wissens dein Gewicht in Radium wert. So vieles ist verloren gegangen; so vieles ist weg, vielleicht für immer. Oft haben wir nur den Namen eines großen Mannes, aber keine Spur von seinem Werk. Dazu gehören ein Mann namens Einstein und ein anderer namens De Sitter, die selbst von den größten Wissenschaftlern eurer Zeit als Genies der Wissenschaft anerkannt werden. Ihre Arbeit ist verloren.«

»Ich fürchte, dann wird es verloren bleiben«, sagte er launisch. »Sowohl Einstein als auch De Sitter waren Zeitgenossen von mir, aber ich war nicht in der Lage, ihre Theorien zu verstehen. Ich weiß nur, dass sie sich mit Raum und Zeit und einer vermeintlichen Krümmung des Raums beschäftigten – Relativitätstheorie nannte man das.«

»Aber das ist genau der Hinweis, den sie in Urbs haben wollen!«, rief Evanie mit leuchtenden Augen aus. »Das ist alles, was sie brauchen. Und stell dir vor, was du ihnen über die alte Literatur erzählen könntest! Wir haben nicht die Künstler und Schriftsteller, die ihr hattet – noch nicht. Die Stücke eines Mannes namens Shakespeare sind immer noch die beliebtesten in den Fernsehsendungen. Ich sehe sie mir immer an.« Sie blickte wehmütig auf. »War er auch ein Zeitgenosse von dir? Und kanntest du einen Philosophen namens Aristoteles?«

Connor lächelte.

»Den einen habe ich um drei Jahrhunderte verfehlt, den anderen um fünfundzwanzig!«, kicherte er.

»Es tut mir leid«, sagte das Mädchen und lief rot an. »Ich weiß nicht viel über Geschichte.«

Er lächelte warmherzig.

»Wenn ich glauben würde, dass ich tatsächlich etwas verdienen könnte – wenn ich dich für all den Ärger, den ich hatte, bezahlen könnte, würde ich für eine Weile in die Stadt Urbs gehen – und dann hierher zurückkommen. Ich würde dich gerne entschädigen.«

»Mich bezahlen?«, fragte sie erstaunt. »Wir benutzen hier kein Geld, außer für Steuern.«

»Steuern?«

»Ja. Die städtischen Steuern. Sie kommen jedes Jahr, um sie einzutreiben, und sie müssen in Geld bezahlt werden.« Sie runzelte wütend die Stirn. »Ich hasse Urbs und alles, wofür es steht! Ich hasse es!«

»Sind die Steuern so erdrückend hoch?«

»Erdrückend?«, erwiderte sie. »Jede Steuer ist repressiv! Es gibt nur einen Unterschied im Ausmaß, das ist alles! Solange eine Regierung das Recht hat, Steuern zu erheben, ist das potenzielle Unrecht vorhanden. Und was ist mit den anderen Rechten, die der Meister für sich in Anspruch genommen hat?« Sie hielt inne, als wolle sie die ganze Tragweite dieser Aussage erfassen.

»Nun?«, sagte er nachlässig, »das ist ein Privileg, das den Regierungschefs vieler Länder zugestanden wird, nicht wahr?«

Ihre Augen funkelten. »Ich kann keinen Mann verstehen, der bereit ist, seine natürlichen Rechte aufzugeben!«, fauchte sie. »Unsere Männer würden für ein Prinzip sterben!«

»Aber sie tun es nicht«, bemerkte Connor bissig.

»Weil sie damit ihr Leben sinnlos wegwerfen würden – deshalb! Sie können den Meister jetzt nicht mit Aussicht auf Erfolg bekämpfen. Aber warte nur, bis die Zeit gekommen ist!«

»Und dann, so vermute ich, wird die ganze Welt ein einziger großer, schöner Staat der Anarchie sein.«

»Und ist das nicht ein Ideal, für das es sich zu kämpfen lohnt?«, fragte das Mädchen scharf. »Dass jeder Einzelne seine rechtmäßige Freiheit erlangt? Um jede Chance auf Ungerechtigkeit zu zerstören?«

»Aber ... «

Connor hielt inne und überlegte. Warum sollte er so mit Evanie streiten? Er fühlte sich der Regierung von Urbs nicht verpflichtet; der Meister bedeutete ihm nichts. Die einzige Regierung, für die er hätte kämpfen können, für die er hätte sterben können, lag tausend Jahre in der Vergangenheit. Die Loyalität, die er in diesem turbulenten Zeitalter schuldete, gehörte Evanie. Er grinste. »Verrückt oder nicht, Evanie«, versprach er, »deine Sache ist meine!«

Plötzlich wurde sie weicher.

»Danke, Tom.« Dann, in leiserem Ton: »Jetzt weißt du, warum Jan Orm so erpicht auf das Geheimnis der Raketenentwicklung ist. Verstehst du?« Ihre Stimme sank auf ein Flüstern. »Revolution!«

Er nickte. »Das habe ich mir schon gedacht. Aber da du eine Frage beantwortet hast, kannst du vielleicht auch meine andere beantworten. Was sind die Misserfolge, die die Welt immer noch heimsuchen, die Produkte der Unsterblichkeitsbehandlung?«

Wieder dieser Anflug von Unglücklichsein. »Er meinte – die Metamorphen«, murmelte sie leise. Schnell stand sie auf und ging in die Hütte.

Die Metamorphen

Connors Kräfte näherten sich schnell dem Normalzustand, und bald war von dem unglaublichen Aufenthalt im Grab nicht mehr viel übrig. Sein monatelanger Bartwuchs begann ihn zu stören, und eines Tages bat er Jan um einen Rasierer.

Jan schien verwirrt zu sein; auf Connors Erklärung hin lachte er und holte ein Glas mit einer Salbe hervor, die die Stoppeln schnell auflöste und Connor versicherte, dass das Präparat den Wuchs bald vollständig zerstören würde.

Aber Evanies Reaktion überraschte ihn. Sie starrte ihn einen Moment lang an, ohne ihn zu erkennen.

»Tom!«, rief sie. »Du siehst aus … du siehst aus wie eine antike Statue!«

Er sah anders aus als die sanftmütigen Dorfbewohner. Ohne den Bart hatte sein hageres Gesicht eine Ausstrahlung von Stärke und Schroffheit, die ganz anders war als die seiner Nachbarn.

Die Zeit verging wie im Flug. Die Abende verbrachte er damit, sich mit neu gewonnenen Freunden zu unterhalten, Geschichten aus seiner toten Zeit zu erzählen und den Stand von Politik, Gesellschaft und Wissenschaft in dieser vergessenen Zeit zu erklären. Oft beteiligte sich Evanie an den Gesprächen, aber manchmal amüsierte sie sich auch über die „Vision", ein Gerät von bemerkenswerter Perfektion, auf dem Schauspieler aus fernen Städten mit der Natürlichkeit eines Miniaturlebens sprachen und sich bewegten.

Connor selbst sah „Winter's Tale" und „Heinrich der Achte" in einer akkuraten Darstellung und war einmal überrascht, eine vertraut wirkende musikalische Komödie zu entdecken, komplett mit spärlich bekleideten Chören. In vielerlei Hinsicht war Evanie für Tom Connor ein Rätsel. Sie hatte etwas Geheimnisvolles an sich, das er nicht verstehen konnte. Das Leben in Ormon, so schien es ihm, war im Wesentlichen das, was es in seinen alten Tagen in St. Louis gewesen war. Die jungen Männer folgten immer noch der uralten Routine; jeden Abend gingen sie spazieren, saßen, unterhielten sich mit den Mädchen, schlenderten durch die parkähnlichen Laubengänge oder spazierten am ruhigen Fluss entlang.

Aber nicht Evanie. Kein Junge stieg jemals den Hügel zu ihrer Hütte hinauf oder saß abends bei ihr – außer wenn Jan Orm gelegentlich kam. Und das war seltsam, wenn man bedenkt, wie hübsch das Mädchen war. Connor konnte sich an kein attraktiveres Mädchen als diese temperamentvolle, sanfte, zurückhaltende Evanie erinnern – außer an sein Mädchen aus dem Wald. Auch nicht an Ruth aus den verschütteten Tagen der Vergangenheit.

Er grübelte über die Sache nach, bis ein sensationelles Geheimnis sie verdrängte. Evanie ging flussaufwärts auf Wildjagd. Rehe gab es reichlich, und Wildvögel, wilde Truthähne und Fasane hatten zugenommen, bis sie fast so häufig waren wie einst die Krähen.

Das Trio trug glitzernde Bögen aus Federstahl, die schlanke Stahlpfeile mit tödlicher Präzision abfeuerten, wenn sie richtig eingesetzt wurden. Connor war ungeschickt, aber Evanie und Jan Orm beherrschten sie mit Geschick. Connor bedauerte, dass es keine Gewehre gab, denn er war früher ein guter Schütze gewesen.

»Ich würde es dir zeigen!«, erklärte er. »Wenn ich nur meinen Marlin-Repetierer hätte!«

»Gewehre werden nicht mehr hergestellt«, sagte Jan. »Sie wurden durch den Erden-Resonator überholt und sind als militärische Waffen nutzlos.«

»Auch nicht für die Jagd?«

»Sie sind per Gesetz verboten. Nach der Gründung des Stadtreichs haben die Leute sie eine Zeit lang versteckt gehalten, aber niemand wusste, wann ein Resonator über die Gegend fegen würde, und die Leute hatten es satt, dass die Dinger nachts losgingen, Fenster einschlugen und Wände einwarfen. Sie waren keine sicheren Haustiere.«

»Na ja«, grummelte Connor, »ich hätte jetzt gerne eins, sogar ein Luftgewehr. Sag mal!«, rief er aus, »warum nicht ein Wassergewehr?«

»Eine Wasserpistole?«

»Einer, der mit Atomenergie betrieben wird. Sagtest du nicht, du könntest sie zur Explosion bringen – die ganze Energie auf einmal rausholen?«

»Ja, aber …« Jan Orm hielt inne. »Bei Gott!«, brüllte er. »Das ist die Antwort! Das ist die Waffe! Warum ist da niemand früher drauf gekommen? Das ist es, was wir brauchen, um …« Er brach seinen Satz mitten in der Luft ab.

Evanie lächelte. »Es ist in Ordnung«, sagte sie. »Tom weiß es.«

»Ja«, sagte Connor, »und ich unterstütze dich in deinen revolutionären Ambitionen.«

»Das freut mich«, sagte Jan Orm einfach. Seine Augen leuchteten. »Diese Waffe! Das ist ein Geniestreich. Die Resonatoren können ein atombetriebenes Gewehr nicht beschädigen! Evanie, die Zeit naht!«

Die drei gingen nachdenklich das Flussufer hinauf. Die Mittsommersonne brannte mit voller Wucht auf sie herab. Connor wischte sich über die Stirn.

»Wie gerne würde ich schwimmen«, stieß er hervor. »Evanie, geht ihr hier jemals schwimmen? Die Stelle, an der der Fluss von der eingestürzten Brücke gestaut wird, ist ein toller Ort zum Schwimmen!«

»Oh, nein!«, sagte das Mädchen schnell. »Warum sollen wir schwimmen? Du kannst doch jeden Tag im Pool zu Hause baden.«

Das stimmte. Das Sechs-Fuß-Becken, in dem das Wasser, das durch die atomare Hitze auf eine angenehme Lauheit erwärmt wurde, unaufhörlich sprudelte, war immer verfügbar. Aber es war ein schlechter Ersatz für das Schwimmen im offenen Wasser.

»Der kleine See sah verlockend aus«, seufzte Connor.

»Der See!«, rief Evanie entsetzt. »Oh, nein! Nein! Du kannst da nicht schwimmen!«

»Warum nicht?«

»Das geht einfach nicht!«

Und das war alles, was er an Informationen bekommen konnte. Bald darauf hängten sie das halbe Dutzend Vögel auf, die ihren Pfeilen zum Opfer gefallen waren, und machten sich auf den Weg zurück ins Dorf.

Aber Connor war fest entschlossen, zumindest dieses eine Geheimnis zu lüften – warum er nicht im See schwimmen sollte. Das nächste Mal, als er Jan Orm auf einer Wanderung flussaufwärts begleitete, löcherte er ihn mit Fragen. Aber es war vergeblich. Er konnte aus Jan Orm nicht mehr herausholen als aus Evanie.

Als sich die beiden der zerstörten Brücke näherten, die den Bach aufstaut, bogen sie ein Stück landeinwärts ab. Jans scharfe Augen entdeckten eine Bewegung in einem dichten Wäldchen.

»Das Reh ist da drin«, flüsterte er. »Trennen wir uns und treiben ihn an.«

Er bog nach links ab, und Connor schlich vorsichtig nach rechts und näherte sich dem grasbewachsenen Ufer des Wasserlaufs. Plötzlich blieb er kurz stehen. Vor ihm glitzerte die Sonne auf etwas Großes, Braunes und Nasses, und er hörte eine raschelnde Bewegung. Er bewegte sich verstohlen vorwärts, trennte mit äußerster Vorsicht ein Gestrüpp ab und blickte durch das Gestrüpp auf eine kleine offene Lichtung und auf das Wesen, das sich dort neben dem Wasser ausstreckte.

Zuerst sah er nur einen fünf Fuß langen Streifen nasser, haarloser, öliger Haut, die sich beim langsamen Atmen des Wesens wogte. Er hielt seinen Bogen bereit, damit es ihm nicht gefährlich werden konnte, und starrte es an, während er sich fragte, was für eine Kreatur es wohl sein könnte. Im Nordamerika seiner Zeit war es jedenfalls nicht heimisch. Und dann, auf ein Geräusch oder eine Bewegung von ihm hin, drehte sich das Tier um und wandte sich ihm zu.

Connor fühlte sich krank. Er erblickte kurze, unglaublich dicke Gliedmaßen, große Spreizfüße mit Schwimmhäuten an den Zehen und breite Hände auch mit Schwimmhäuten an den Fingern. Aber was ihn krank machte, war das glatte, bauchige Gesicht mit den winzigen Augen und dem kleinen, runden, rotlippigen Mund.

Das Ding war ein Mensch, oder war ein Mensch gewesen!

Connor stieß einen erstickten Schrei aus. Mit einem Gemurmel, das auch hätte gesprochen werden können, plumpste die Kreatur unbeholfen ans Ufer und ins Wasser, wo sie sich wie ein Otter durch das Wasser wühlte und mit einem langen, lautlosen Kielwasser verschwand.

Er hörte das Krachen von Jan Orms Annäherung und seinen Schrei der Erkundigung. Aber ein Schwimmhautabdruck im Schlamm des Ufers verriet Jan Orm die Geschichte.

»Was – was war es?«, fragte Connor schockiert.

»Ein Metamorph«, sagte Jan nüchtern.

Mit leeren Händen machte er sich auf den Heimweg. Connor, der zu entsetzt war, um Fragen zu stellen, folgte ihm. Und dann kam das zweite Geheimnis.

Connor sah es zuerst – ein Gesicht, ein Kindergesicht, das sie aus einem Laubdach heraus anschaute. Aber das war kein Menschenkind. Sprachlos sah Connor die kleinen spitzen Ohren, die zuckten, die spitzen Zähne und die schwarzen, schrägen Augen, die ihn perlend anschauten. Das Gesicht war das eines jungen Satyrs, eines Kindes des Pan. Es war der leibhaftige Geist der Wildnis, nicht gerade böse, nicht einmal wild, sondern einfach wild – wild!

Der Kobold verschwand augenblicklich. Als Connor keuchend sagte: »Was ist das?«, war er schon weit jenseits des Pfeilschusses und lief auf den Wald zu. Jan betrachtete es ohne Überraschung.

»Es ist ein junger Metamorph«, sagte er. »Eine andere Art als der am See.« Er hielt inne und starrte Connor fest in die Augen.

»Versprich mir etwas«, murmelte er.

»Was?«

»Dass du Evanie nicht erzählst, dass du diese Dinge gesehen hast.«

»Wenn du willst«, sagte Connor langsam. Das war ihm alles zu hoch.

Panaten Blut

Aber Tom Connor war jetzt entschlossen, diese Geheimnisse zu ergründen. Jan sollte ihn nicht länger aufhalten. Er blieb stehen und legte eine Hand fest auf Jans Arm, zwang den Mann, ihm in die Augen zu sehen, als Jan seinem Blick ausweichen wollte.

»Was genau«, sagte er unverblümt, »ist ein Metamorph? Das musst du mir sagen, Jan!«

Einen Moment lang herrschte eine unangenehme Stille.

»Dieser Frage ist lange genug ausgewichen worden«, sagte Connor entschlossen, »und ich will wissen, warum. Das ist jetzt meine Welt. Ich muss in ihr leben und ich will wissen, was andere über sie wissen – ihre Fehler und ihre Vorzüge. Warum hast du dich vor dieser Frage gedrückt?«

»Weil … weil …«

»Wegen Evanie!«, sagte Connor.

»Ja«, stimmte Jan zögernd zu. »Wegen Evanie.«

»Was hat das Monster am See mit ihr zu tun?«

»Nichts direkt.« Jan Orm hielt inne. »Bevor ich dir mehr erzähle, Tom, möchte ich dich etwas fragen. Liebst du Evanie?«

»Ich habe sie sehr gern.«

»Aber liebst du sie?« Jan bestand darauf.

»Ja«, sagte Connor plötzlich. »Ich liebe sie.«

Bevor er diese Entscheidung getroffen hatte, kam ihm ein schneller Gedanke. Die Vision einer lächelnden Waldnymphe stand vor seinen Augen. Aber nur ein Mensch konnte von einem Mann geliebt werden – ein kühles, schönes Mädchen wie Evanie; keine Göttin.

»Warum ignorieren die Jugendlichen von Ormon Evanie so, Jan?« fragte Connor abrupt. »Sie ist mit Abstand das schönste Mädchen der Stadt.«

»Das ist sie, Tom. Es ist ihr eigenes Verschulden, dass sie sie ignorieren. Sie haben versucht, mit ihr befreundet zu sein – sie haben sich sehr bemüht. Aber sie – nun ja, sie hat sie immer entmutigt.«

»Warum?«

»Weil sie, glaube ich, das Gefühl hat, dass sie nicht heiraten kann, um allen gerecht zu werden.«

»Und warum noch einmal?«

Einen langen Moment lang zögerte Jan Orm. »Ich sag's dir«, sagte er schließlich. »Sie ist zu einem Achtel ein Metamorph!«

»Was?«

»Ja, ihre Mutter war die Tochter von Montmerci, dem Anadoministen. Ein großer Mann, aber ein halber Metamorph.«

»Meinst du«, fragte Connor entgeistert, »dass sie das Blut des Seemonsters in sich hat?«

»Nein! Oh, nein! Es gibt zwei Arten von Metamorphen. Die eine Sorte, der Panate-Metamorph, ist menschlich; die anderen, die Amphimorphs, sind einfach nur – schrecklich. Evanie's Blut ist Panate. Aber sie hat ihre metamorphe Veranlagung besiegt.«

»Ein Metamorph!« Connor stöhnte.

Das Bild des zappelnden Schreckens stieg in seinem Kopf auf, und dann die Vision des wilden, schelmischen Gesichts des Waldkindes. Es erinnerte ihn an Evanie, die Farbe ihres bronzenen Haares, das gelegentliche Glitzern in ihren tiefen Augen.

»Sag mir«, sagte er heiser, »was es mit ihrer Vererbung auf sich hat. Könnte ihr Kind zum Beispiel wild werden? Oder sich in so einen Schrecken wie einen Amphimorph verwandeln?«

Jan Orm lächelte. »Auf keinen Fall! Die Panate-Metamorphe sind menschlich, das sage ich dir. Sie sind Menschen. Sie sind uns sehr ähnlich – gut und böse, klug und dumm, und viele von ihnen sind auf ihre wilde Art unübertroffen schön.«

»Aber was sind sie eigentlich? Woher kommen sie?«

»Erinnerst du dich, dass ich Martin Sair erwähnt habe? Er war ein Gefährte des Meisters, Evanies Großonkel, dreißig Generationen entfernt.«

»Der Entdecker der Unsterblichkeit? Ich erinnere mich.«

Aber Connor erwähnte nicht, wann er zum ersten Mal von Martin Sair und dem Meister gehört hatte – von einem unheimlich schönen Waldgeist, der die ganze Weisheit der Zeit zu besitzen schien.

»Ja«, sagte Jan zu ihm. »Und du hast sicher auch gehört, dass es im ersten Jahrhundert der Aufklärung andere Versuche gab, Menschen unsterblich zu machen. Und Misserfolge. Einige davon verfolgen die Welt noch immer. Die Metamorphs sind diese Misserfolge.«

»Ich verstehe«, sagte Connor langsam.

»Sie sind eine Mutation, eine künstliche Mutation«, erklärte Jan. »Als die Entdeckung von Martin Sair bekannt wurde, versuchten Tausende, ihn zu imitieren. Es war klar, dass er mit harten Strahlen arbeitete, aber was genau, war ein Geheimnis – ob so hart wie die kosmischen Strahlen oder so weich wie die härteren Röntgenstrahlen. Trotzdem behaupteten viele Scharlatane, sie könnten Unsterblichkeit verleihen, und es gab Tausende von eifrigen Opfern. Es war eine Manie, eine Welle des Wahnsinns. Die Labore der Betrüger waren überfüllt.

Es gab vier Richtungen, in die man sich irren konnte; diejenigen, die Sairs Geheimnis nicht kannten, irrten sich in allen vier. Menschen, die mit zu harten Strahlen behandelt wurden, starben; diejenigen, die mit zu weichen Strahlen behandelt wurden, wurden einfach unfruchtbar.

Diejenigen, die mit den richtigen Strahlen, aber zu lange behandelt wurden, blieben selbst unverändert, bekamen aber amphimorphe Kinder; diejenigen, die zu kurz behandelt wurden, bekamen Panate-Metamorphe.

Kannst du dir den Aufruhr vorstellen? In einer Welt, die sich gerade aus der Barbarei befreit hatte und noch immer ungeordnet war, überlebten natürlich einige der Freaks. In der Nähe der Meeresküsten tauchten Amphimorphs auf, ebenso in Seen und Flüssen, während in den Hügeln und Wäldern die Kinder der Natur, der Panate-Typ, die durch die Wildnis zogen.«

»Aber warum wurden sie nicht ausgerottet?«, fragte Connor angespannt. »Ihr habt die Kriminellen weggezüchtet. Warum lasst ihr diese Kreaturen existieren? Warum tötet ihr sie nicht?«

»Würdest du eine solche Maßnahme befürworten?«

»Nein«, sagte Connor und fügte in leidenschaftlichem Tonfall hinzu: »Es wäre nichts Geringeres als Mord, selbst wenn man die Schwimmer tötet! Sind sie – intelligent?«

»Auf eine schwache Art und Weise. Die Amphimorphen sind Kreaturen, die auf das amphibische Stadium des menschlichen Embryos zurückgeworfen wurden – knapp nach der Kiemenperiode. Die anderen, die Panates, sind seltsam. Abgesehen von einer seltsamen Klaustrophobie, der Angst vor geschlossenen Räumen – vor Häusern oder Kleidung – sind sie genauso intelligent wie die meisten von uns. Und sie sind vergleichsweise harmlos.«

Connor stieß einen Seufzer der Erleichterung aus. »Dann sind sie kein Problem?«

»Oh, das hatte Folgen«, sagte Jan augenzwinkernd. »Ihre Frauen sind oft sehr schön, wie die Marmorfiguren von Nymphen, die in Europa ausgegraben wurden. Es gab schon viele Fälle wie den von Evanie. Viele von uns haben vielleicht einen Tropfen metamorphes Blut oder so. Aber am stärksten trifft es die ersten Nachkommen, die Hybriden, elende Kreaturen, die das zivilisierte Leben nicht ertragen können und in der Wildnis oft am unglücklichsten sind. Doch auch diese bringen gelegentlich ein Genie hervor. Evanies Großvater war ein solches.«

»Was hat er getan?«

»Er war bekannt als Montmerci, der Anadominist, halb Mensch, halb Metamorph. Dennoch war er eine mächtige Persönlichkeit. Er war stark genug, um eine gescheiterte Revolution gegen den Meister anzuführen. Sowohl Menschen als auch Metamorphs folgten ihm. Er schaffte es sogar, eine Gruppe von Amphimorphen anzuführen, die in die Wasserversorgung der Stadt gelangten und zu Hunderten in die Kanalisation ausbrachen.«

»Aber was ist mit der Revolution passiert?«

»Sie wurde schnell niedergeschlagen«, sagte Jan bitter. »Was konnte eine mit Bögen und Messern bewaffnete Horde gegen die Ringe und ionischen Strahlen der Urbs ausrichten?«

»Und was ist mit Montmerci?«

»Er wurde hingerichtet – eine seltene Strafe. Aber der Meister erkannte die Gefahr, die von diesem wilden Metamorph ausging. Ein zweiter Versuch hätte erfolgreich sein können. Deshalb hasst Evanie Urbs so sehr.«

»Evanie!« sagte Connor nachdenklich. »Sag mir, was hat dazu geführt, dass ihr Vater eine … eine …« geheiratet hat.

»Ein Mischling? Nun, Evan Sair war wie Evanie, ein Arzt. Er fand Meria, die Tochter von Montmerci, unten in der Bergregion namens Ozarky. Er fand sie dort krank vor, kurz nach dem Zusammenbruch des Aufstandes. Evan Sair kümmerte sich um sie und verliebte sich in sie. Er brachte sie zu sich nach Hause und heiratete sie, aber schon bald wurde sie wieder schwächer, weil ihr die offenen Wälder und das Sonnenlicht fehlten.

Sie starb, als Evanie geboren wurde, aber sie wäre ohnehin gestorben.«

Jan Orm hielt inne und holte tief Luft. »Verstehst du jetzt, warum Evanie ihr eigenes Blut fürchtet? Warum sie die Jugendlichen verjagt hat, die versucht haben, ihre Freundschaft zu erwerben? Sie hat Angst vor der schlafenden metamorphen Natur in ihr, und das ist unnötig, denn sie ist sicher ein Mensch. Sie hat sogar versucht, mich zu vertreiben, aber ich weigere mich, so vertrieben zu werden. Ich verstehe das.«

»Ich auch«, sagte Connor nüchtern. »Und ich werde sie heiraten.«

Jan Orm lächelte trocken. »Und wenn sie anders denkt?«

»Dann muss ich sie überzeugen.«

Jan schüttelte leicht verwundert den Kopf. »Vielleicht kannst du das«, sagte er mit dem leisesten Anflug von Widerwillen. »Ihr habt etwas Dynamisches an euch. In gewisser Weise seid ihr wie die Unsterblichen von Urbs.«

Als sie das Dorf erreichten, verließ Connor Jan Orm und stapfte in tiefer Träumerei den Evanie-Hügel hinauf, wobei er über die seltsamen Enthüllungen nachdachte, die er gehört hatte, und seine eigenen Gefühle analysierte. Liebte er die bronzehaarige Evanie wirklich? Die Frage hatte sich ihm nie gestellt, bis Jan sie ihm so unverblümt gestellt hatte, aber jetzt war er sich sicher, dass er sie liebte. Hatte er also das Recht, sie zu fragen, ob sie ein Überbleibsel der Vergangenheit, eine wiederbelebte Mumie, eine Art lebendes Fossil, heiraten wollte?

Welchen Schaden könnte das Jahrtausend des Schlafes ihm zugefügt haben? Könnte er nicht eines Morgens aufwachen und feststellen, dass das Gewicht seiner Jahre plötzlich auf ihm lastet?

Würde er nicht zerfallen wie eine echte Mumie, wenn die Hülle entfernt wird? Trotzdem hatte er sich noch nie in seinem Leben stärker oder gesünder gefühlt. Und war er in dieser Welt der Unsterblichen, Satyrn und halbmenschlichen Schwimmer überhaupt so ein Sonderling?

Er blieb an der Tür des Häuschens stehen und schaute hinein. Der wundersame Herd zischte leise, und Evanie summte vor sich hin, während sie vor einem Spiegel stand und sich das metallische glänzende Haar bürstete. Sie erblickte ihn sofort und wirbelte herum. Er schritt auf sie zu und ergriff ihre Hände.

»Evanie …«, begann er und hielt inne, als sie sich mit einem heftigen Ruck befreite.

»Bitte geh raus!«, sagte sie.

Er hielt ihre Handgelenke fest. »Evanie, du musst mir zuhören. Ich liebe dich!

»Ich weiß, das sind nicht die richtigen Worte«, stolperte er weiter. »Es ist nur … das Beste, was ich tun kann.«

»Ich … erlaube das nicht«, murmelte sie.

»Ich weiß, dass du das nicht willst, aber … Evanie, ich meine es ernst!«

Er versuchte, sie näher an sich heranzuziehen, aber sie blieb steif stehen, während er seine Arme um sie schlang. Mit reiner Kraft bog er ihren Kopf zurück und küsste sie.

Einen Moment lang spürte er, wie sie sich gegen ihn entspannte, dann hatte stieß sie ihn weg.

»Bitte!«, keuchte sie. »Das kannst du nicht! Du verstehst das nicht!«

»Das tue ich«, sagte er sanft.

»Dann weißt du, wie unmöglich es für mich ist, … zu heiraten!«

»Jede Wildheit in unseren Kindern«, sagte er mit einem Lächeln, »könnte genauso gut vom Connor-Blut kommen.«

Einen langen Moment lang lag Evanie passiv in seinen Armen, und als sie sich wehrte, sah er zu seinem Entsetzen Tränen.

»Tom«, flüsterte sie, »wenn ich dir sage, dass ich dich liebe, versprichst du mir dann etwas?«

»Du weißt, dass ich das werde!«

»Dann versprich mir, dass du einen Monat lang nicht mehr von Liebe sprichst, mich nicht küsst und mich nicht einmal berührst. Danach werde ich tun, was du willst. Versprichst du das?«

»Natürlich, aber warum, Evanie? Warum?«

»Denn in einem Monat«, murmelte sie angespannt, »wird es Krieg geben!«

In Zeiten des Friedens

Connor hielt sich streng an sein Wort gegenüber Evanie. Aber die Veränderung in ihrer Beziehung war für beide offensichtlich. Evanie begegnete seinem Blick nicht mehr mit aufrichtiger Stetigkeit. Ihre Augen sanken, wenn sie seine trafen, und sie verlor in ihrer Verwirrung den Faden ihrer Sätze.

Doch wenn er sich unerwartet umdrehte, sah er immer, dass sie ihn mit einer Mischung aus Abstraktheit und Spekulation beobachtete. Und ein- oder zweimal wachte er morgens auf und sah, dass sie ihn von der Tür aus mit einem zärtlichen, wehmütigen Lächeln ansah.

Eines Nachmittags rief Jan Orm ihn vom Fuß des Evanies Hill.

»Ich muss dir etwas zeigen«, rief er und Connor erhob sich von seinem bequemen Platz im Schatten, schloss sich ihm an und ging in Richtung der Fabrik am anderen Ende des Dorfes.

»Ich habe nachgedacht, Jan«, bemerkte Connor. »Ehrlich gesagt, kann ich noch nicht verstehen, warum du den Meister für einen so verachtenswerten Tyrannen hältst. Ich habe noch nie von einer wirklich tyrannischen Tat von ihm gehört.«

»Er ist kein Tyrann«, sagte Jan düster. »Ich wünschte, er wäre es. Dann wäre unsere Revolution ganz einfach. Fast alle würden auf unserer Seite stehen. Es ist ein Beweis für seine Fähigkeiten, dass er Fehlregierungen vermeidet und den größten Teil des Volkes zufriedenstellt. Er ist gerecht, freundlich und wohlwollend – oberflächlich betrachtet!«

»Wie kommst du darauf, dass er unter der Oberfläche anders ist?«

»Er hat das Geheimnis, das wir alle gerne besitzen würden – das Geheimnis der Unsterblichkeit. Ist das nicht Beweis genug dafür, dass er extrem egoistisch ist? Er und seine zwei oder drei Millionen Unsterblichen – Alleinherrscher der Erde!«

»Zwei oder drei Millionen!«

»Ja. Was macht es für einen Unterschied, wie viele es sind? Sie herrschen immer noch über eine halbe Milliarde Menschen – ein kleiner Prozentsatz herrscht über die vielen. Wenn er so wohlwollend ist, warum gewährt er anderen nicht das Privileg der Unsterblichkeit?«

»Das ist eine berechtigte Frage«, sagte Connor langsam und überlegte: »Wie auch immer, ich bin auf deiner Seite, Jan. Ihr seid jetzt meine Leute; ich schulde euch meine ganze Treue.« Sie betraten die Fabrik. »Und jetzt … was wolltest du mir zeigen?«

Jans Gesicht hellte sich auf.

»Ah!«, rief er aus. »Sieh dir das mal an.«

Er holte einen Gegenstand aus einer Schreibtischschublade in seinem Büro und reichte ihn Connor voller Stolz. Es war ein matter, dick griffiger Revolver aus blauem Stahl.

»Mit Atom-Antrieb«, strahlte Jan. »Hier ist das Magazin.« Er schüttelte ein Dutzend kleine Bleikugeln, jede so groß wie sein kleiner Fingernagel, in seine Handfläche.

»Eine Patrone ist natürlich nicht nötig«, kommentierte Connor. »Wasser im Griff? ... Das dachte ich mir schon. Aber hier liegt ein Fehler vor. Du willst keine runden Geschosse, sonst verlierst du an Reichweite und Genauigkeit. Mach sie zylindrisch und mit stumpfer Spitze.« Er blinzelte durch den Lauf der Waffe. »Und … es gibt keine Züge.«

Er erklärte, warum der Lauf geriffelt werden musste, damit das Geschoss eine Drehbewegung macht.

»Ich hätte dich vorher fragen sollen«, sagte Jan Orm mit einem Augenzwinkern. »Willst du es trotzdem ausprobieren? Bis jetzt habe ich damit noch nicht viel getroffen.«

Sie gingen schnell durch die Fabrik. Auf der Rückseite öffnete sich die Tür zu einem Hang, der vom Dorf wegführte. Der Boden fiel sanft zum Fluss hin ab. Connor schaute sich nach einem geeigneten Ziel um, nahm eine leere Dose von einer Bank in der Tür und schleuderte sie so weit wie möglich den Abhang hinunter. Er hob den Revolver und bemerkte plötzlich eine weitere Unzulänglichkeit, die ihm entgangen war.

»Da ist kein Visier drauf!«, rief er aus.

» Visier?« Jan war verwirrt.

»Um damit zu zielen.« Er erklärte das Prinzip. »Gut, versuchen wir es so, wie es ist.«

Er schielte auf den glatten Lauf und drückte den Abzug. Es gab ein scharfes Geräusch, sein Arm schnappte mit einem gewaltigen Rückstoß zurück, und die Büchse sprang hoch in die Luft, um dann noch einige Meter weiter in Richtung Fluss zu fallen.

»Wow!«, rief er aus. »Was für ein Rückstoß!«

Aber Jan sprang vor Begeisterung in die Luft.

»Du hast es getroffen! Du hast es getroffen!«

»Ja, aber sie hat einen starken Rückstoß«, sagte Connor bedauernd. »Während du die anderen Änderungen vornimmst, solltest du die Ladung etwas abmildern, sonst hast du bald gebrochene Handgelenke in deiner Armee. Und ich würde jemanden damit beauftragen, sich um Geschütze und Gewehre zu kümmern. Sie sind viel nützlicher als Revolver.« Auf Jans Nicken hin fragte er: »Du glaubst doch nicht, dass du die ganze Revolution mit den Produkten dieser einen Fabrik ausstatten kannst, oder?«

»Natürlich nicht! Es gibt Tausende davon, in Dörfern wie Ormon. Ich habe bereits Beschreibungen der Waffen geschickt, die wir brauchen werden. Ich werde sie korrigieren müssen.«

»Mit wie vielen Männern kannst du rechnen? Alles in allem, meine ich.«

»Wir sollten fünfundzwanzigtausend aufbringen.«

»Fünfundzwanzigtausend für eine Weltrevolution? Fünfundzwanzigtausend, um eine Stadt mit dreißig Millionen Einwohnern anzugreifen?«

»Vergiss nicht, dass die Stadt alles ist, was zählt. Wer Urbs hält, hält die Welt.«

»Aber trotzdem … eine Stadt dieser Größe! Oder auch nur die drei Millionen Unsterblichen. Wir wären überwältigt!«

»Das glaube ich nicht«, sagte Jan grimmig. »Vergiss nicht, dass es in Urbs mehrere Millionen Anadoministen gibt. Ich rechne damit, dass sie sich uns anschließen werden. Ich habe sogar vor, Waffen zu ihnen zu schmuggeln, sofern unsere Waffen erfolgreich sind. Sie werden nicht so effektiv sein wie der Ionenstrahl, aber – wir können es nur versuchen. Wir haben zumindest den Vorteil der Überraschung, da wir nicht vorhaben, uns zu versammeln und auf Urbs zu marschieren. Wir werden uns langsam einschleusen und an einem bestimmten Tag, zu einer bestimmten Stunde, zuschlagen!«

»Es wird also Straßenkämpfe geben«, sagte Connor. »Dafür gibt es nichts Besseres als Maschinengewehre.«

»Was ist das?«

Jans Augen leuchteten, als Connor erklärte.

»Die schaffen wir«, beschloss er. »Damit sollten wir den Urbs-Truppen ebenbürtig sein, solange wir in der Stadt bleiben, wo die Luftstreitkräfte ihnen nicht helfen können. Wenn wir nur Flugzeuge hätten!«

»Es gibt Flugzeuge, wie sie meine Generation benutzt hat.«

»Zu schwach. Unbrauchbar gegen die Flieger von Urbs. Nein, was wir brauchen, ist das Geheimnis des Raketenantriebs, und da das nicht zu bekommen ist, müssen wir ohne auskommen. Wir werden es schaffen, unsere Kämpfe in der Stadt selbst zu führen. Und wir werden dich brauchen!«

Connor erkannte bald die Wahrheit von Jans Worten. Das wenige, was er über Flugbahnen, Geschwindigkeiten und die Wissenschaft der Ballistik wusste, wurde bis aufs Äußerste strapaziert. Zu seinem Erstaunen stellte er fest, dass er keine Ahnung vom Rechnen hatte und dass Jan nicht einmal mit Logarithmen und dem Rechenschieber umgehen konnte.

Anstatt sich stundenlang durch mathematische Berechnungen zu quälen, schien es Connor die kürzere Methode zu sein, eine Logarithmentabelle mit vier Stellen auszuarbeiten und einen Rechenschieber zu konstruieren; an beiden Arbeiten beteiligte sich Jan mit wachsendem Enthusiasmus und zunehmendem Verständnis.

Je weiter die Vorbereitungen voranschritten, desto mehr fielen Connor andere Dinge auf – das Verschwinden vertrauter Gesichter, das Ausbleiben jugendlicher Aktivitäten. Er wusste, was das bedeutete. Die Revolutionäre strömten allmählich nach Urbs, und der Tag des Aufstandes war nahe.

Wie nahe er jedoch war, hätte er sich nie träumen lassen, bis er eines Morgens Evanie mit leuchtenden Augen im Gespräch mit Jan Orm fand. Eifrig drehte sie sich zu Tom um und führte ihn zurück in die Hütte.

»Küss mich!«, flüsterte sie. »Der Tag ist da! Wir fahren heute Abend nach Urbs!«

Den ganzen Tag über herrschte Schweigen im Dorf. Die Jugend war verschwunden, die Mädchen ebenso wie die Männer. Nur die Alten trieben sich auf den Straßen und Feldern herum.

Jan Orm gestand Connor, dass er nicht ganz zufrieden mit allen Details war. Er hatte die Zahl der Revolutionäre, die sich ihm anschließen würden, zu hoch eingeschätzt. Aber die Infiltration in die Stadt war erfolgreich gewesen, und zweiundzwanzigtausend Dorfbewohner lagen bewaffnet und versteckt zwischen ihren städtischen Sympathisanten. Das, so argumentierte Jan, versprach einen großen Zulauf in ihren Reihen, sobald die Stunde geschlagen hatte.

»Wie habt ihr euch organisiert?« fragte Connor.

»Jedes Dorf hat seinen Anführer gewählt. Diese Anführer haben ihr Kommando wiederum auf zehn zentralisiert, von denen unser Ormon-Anführer zufällig einer ist. Aber jede Sorte von Weeds hat ihr eigenes Korps.« Er lächelte. »Sie nennen uns Weed, weil wir wild sein sollen.«

Und wieder kam Connor ein schnelles Bild von seinem schönen Mädchen aus dem Wald in den Sinn. Auch sie hatte von »Weed« gesprochen, ein wenig verächtlich, wie er sich jetzt zu erinnern schien. Damals hatte er ihre Anspielung nicht verstanden und sie nicht um eine Erklärung gebeten.

Aber jetzt war es ihm klar. Ihre hochmütige Haltung gegenüber »Weeds« oder dem gemeinen Volk lag wohl daran, dass sie selbst eine Aristokratin war. Wer könnte sie gewesen sein? Er hatte hier niemanden gesehen, der ihr auch nur im Geringsten ähnelte.

Schnell wandte er seine Gedanken zu Jan.

»Wenn du gewinnst«, bemerkte er, »wirst du einen allgemeinen Krieg um die Beute haben. Nach der Revolution könnte es dir schlechter gehen als vorher.«

»Das wissen wir«, sagte Jan grimmig. »Aber wir werden Seite an Seite kämpfen, bis der Meister erledigt ist. Danach …« Er breitete seine Hände ausdrucksvoll aus.

»Du hast 'unser Ormon-Anführer' erwähnt«, bemerkte Connor. »Das bist natürlich du.«

»Oh, nein!« Jan lachte. »Das ist Evanie.«

» Zum Teufel!« Connor starrte das sanfte, schüchterne und stille Mädchen erstaunt an.

»Jan hat übertrieben«, sagte sie und lächelte. »Ich verlasse mich auf alle anderen von euch. Besonders auf Jan … und auf dich, Tom.«

Er schüttelte den Kopf, verwirrt über diese Revolution – schattenhaft, vage, schlecht geplant. Einen Weltherrscher in einer riesigen Stadt mit untrainiertem Pöbel und unbekannten Waffen anzugreifen! Der Meister musste doch wissen, dass es Aufruhr und Verschwörungen unter seinem Volk gab.

Er wollte gerade seine Zweifel äußern, als ihm ein schillernder Lichtblitz am sonnigen Hang auffiel. Es schien eher eine Störung in der Luft oder ein Lichtpunkt zu sein als ein materieller Körper. Es zog weite Kreise, als würde es jagen oder suchen, und – Connor hörte sein hohes, summendes Brummen. Die Kreatur, wenn es denn eine Kreatur war, war nicht länger als achtzehn Zentimeter und bis auf einen nebligen Schnabel am vorderen Ende gesichtslos.

Es kreiste näher, und plötzlich bemerkte er ein erstaunliches Phänomen. Es umkreiste die drei und, so dachte er, auch die Hütte. Dann sah er, dass es nicht um das Gebäude kreiste, sondern durch die Wände flog!

»Schau!«, rief er. »Was ist das?«

Der Weg nach Urbs

Die Wirkung auf Jan und Evanie war verblüffend. Als sie das fast unsichtbare Ding wahrnahmen, kreischte das Mädchen vor Angst.

»Sieh es nicht an!« Jan würgte es heraus. »Denk nicht mal dran!«

Beide bedeckten ihr Gesicht mit ihren Händen.

Sie machten keine Anstalten zu fliehen; ja, wie sollte man sich auch vor einem Ding verstecken, das wie ein Phantom durch Felswände dringen konnte, dachte Connor verwirrt. Er versuchte, ihrem Beispiel zu folgen, konnte aber nicht widerstehen, einen weiteren Blick auf das Geheimnis zu werfen. Es war immer noch zu sehen, aber weiter unten am Hang in Richtung des Flusses, und als er es ansah, gab es seine kreisenden Bewegungen auf, zog wie ein Nebelschwaden über das Wasser und verschwand.

»Es ist weg«, sagte er sanft. »Dann sag mir doch, was es war.«

»Es … es war ein Bote des Meisters«, murmelte Evanie ängstlich. »Jan, glaubst du, es war für einen von uns? Wenn ja, bedeutet das, dass er Verdacht schöpft!«

»Weiß Gott!« murmelte Jan. »Für mich sah es schummrig aus, als ob es sich verirrt hätte.«

»Und was«, verlangte Connor zu wissen, »ist ein Bote des Meisters?«

»Es geht darum, die Befehle des Meisters auszuführen«, sagte Evanie.

»Was du nicht sagst!«, schnauzte er ironisch. »Das könnte ich mir vom Namen her denken. Aber was ist es?«

»Es ist ein Mechanismus der Macht, zumindest glauben wir das«, sagte Jan. »Hast du schon mal Kugelblitze gesehen?«

Connor nickte.

»Nun, beim Kugelblitz gibt es streng genommen nichts Materielles. Es ist ein Gleichgewicht der elektrischen Kräfte. Und so sind auch die Boten – eine Struktur von Kräften.«

»Aber – war es lebendig?«

»Wir glauben nicht. Nicht wirklich lebendig.«

Connor stöhnte. «Nicht materiell, um genau zu sein, und nicht wirklich lebendig! Mit anderen Worten: ein Geist.«

Jan lächelte nervös.

»Das klingt wirklich seltsam. Was ich meine, ist, dass die Boten aus Kräften bestehen, wie Kugelblitze. Sie sind stabil, solange Urbs genug Energie liefert, um die Verluste auszugleichen. Sie entladen sich nicht auf einmal wie Kugelblitze. Wenn ihre Energie unterbrochen wird, zerstreuen sie sich einfach, verblassen, verschwinden. Der hat sein Ziel verfehlt, wenn er für uns war.«

»Wie erfüllen sie die Befehle des Meisters?«

»Ich hoffe, du findest es nie heraus«, sagte Evanie leise. »Ich wurde schon einmal gesucht, aber der Messenger hat mich übersehen. Jan und ich – können unsere Gedanken vor ihnen verschließen. Es braucht Übung, um das zu lernen.«

»Nun«, sagte Connor, »wenn der Meister Verdacht schöpft, solltet ihr eure Pläne ändern. Die Überraschung war euer einziger Vorteil.«

»Das können wir nicht«, sagte Jan grimmig. »Unsere Alliierten würden sich in einer halben Stunde in Fraktionen aufspalten, wenn sie einen Vorwand hätten.«

»Aber … das könnte eine Warnung gewesen sein!«

»Das ist egal. Wir müssen weitermachen. Außerdem sollten wir jetzt gehen.«

Jan stand abrupt auf und ging. Einen Moment später sah Connor ihn in einem motorisierten Fahrzeug vom Hügel unterhalb der Fabrik zurückkommen. Und dann, ohne weitere Vorbereitung, rumpelten sie über die zerfurchte rote Lehmstraße, Jan am Steuer und Evanie zwischen den beiden Männern. Als sie plötzlich auf einen breiten, gepflasterten Highway einbogen, beschleunigte das ramponierte Fahrzeug unerwartet schnell. Hundert Meilen pro Stunde, obwohl das nicht so viel mehr war als die Geschwindigkeit von Autos zu Connors Zeiten.

Stunde um Stunde eilten sie den endlosen Weg entlang. Sie fuhren an baumbewachsenen Ruinen und kleinen Dörfern wie Ormon vorbei, und als die Nacht hereinbrach, sahen sie hier und da die Lichter eines friedlichen Bauernhauses. Evanie löste Jan ab, und dann fuhr Connor, der sich mit alten Autos auskannte, eine Weile, was die anderen beiden sehr bewunderten.

»Ihr Alten müsst unglaublich gewesen sein!«, sagte Jan.

»Was ist das für ein Belag?«, fragte Connor, als sie weiterfuhren.

»Das gleiche Zeug wie unsere Reifen. Rubrum. Synthetischer Gummi.«

»Aufgebracht von wem?«

» Von Urbs«, sagte Jan säuerlich. »Von unseren Steuern.«

»Ist das nicht eine Antwort auf deine Einwände? Keine Steuern, keine Straßen.«

»Die Straße durch Ormon wird ohne Steuern unterhalten, einfach durch die Mitarbeit der Bevölkerung.«

Connor lächelte und erinnerte sich an die zerfurchte Lehmstraße.

»Ist es möglich, einige der Truppen des Meisters zu beeinflussen?«, fragte er. »Ausgebildete Männer würden unsere Chancen verbessern.«

»Nein«, sagte Jan positiv. »Der Mann hat einen Sinn für Loyalität. Ein solcher Versuch wäre Selbstmord.«

»Hm! Weißt du ... je mehr ich von dem Meister höre, desto mehr mag ich ihn. Ich kann nicht verstehen, warum du ihn so hasst! Offenbar ist er ein guter Herrscher.«

»Er ist ein guter Herrscher, verdammt sei seine kluge Seele! Wenn er es nicht wäre, wären alle auf unserer Seite.« Jan wandte sich an Evanie. »Siehst du, wie gefährlich der Meister ist? Sein Charme wirkt sogar durch die Worte seiner Feinde hindurch!«

Als sie schließlich eine Pause einlegten, um sich zu stärken, beschrieb Evanie Connor weitere Wunder des Weltreichs des Meisters. Sie erzählte ihm von den Wärmestädten der Antarktis unter ihren Kristallkuppeln und vor allem von Austropolis, der großen Bergbaustadt im Schatten des Südpols, und von Nyx, das bedrohlich an den Hängen des Vulkans Erebus liegt.

Sie hatte eine Fülle von Details im Fernsehen gesehen, aber Jan Orm war dorthin gereist und fügte einen knappen Kommentar hinzu. Der gesamte Verkehr und die Fracht kamen mit der Rakete, den Dreiecken of Urbs, ein

Mittel, das für den allgemeinen Gebrauch zu teuer war, aber die Minen produzierten das hochgeschätzte Metall Platin.

Evanie sprach auch vom „Urban Teich“, dem neuen Meer, das in der Sahara-Wüste durch die Sprengung einer Passage durch das Atlasgebirge zum Mittelmeer entstanden ist.

Das hatte Algerien und Tripolis zu fruchtbaren Ländern gemacht und durch die vergrößerte Verdunstungsfläche sogar das Klima in der fernen arabischen Wüste verändert.

Und dann war da noch Eartheye auf dem Gipfel des himmelstürmenden Everest, das große Observatorium, dessen objektiver Spiegel ein sich drehendes Quecksilberbecken mit einem Durchmesser von hundert Fuß war und dessen Bilder von Sternenkörpern an Studenten in der ganzen Welt gesendet wurden.

In diesem gigantischen Spiegel zeigte Betelgeuse eine messbare Scheibe, der Mond war eine löchrige Ebene in dreißig Metern Entfernung, und selbst der Mars leuchtete in einer Entfernung von nur zweieinhalb Meilen kryptisch.

Connor erfuhr, dass der rote Planet noch immer sein Geheimnis barg. Die Kanäle hatten sich als Illusion herausgestellt, aber die jahreszeitlichen Veränderungen sprachen immer noch für Leben, und eine Million winziger Markierungen deuteten auf eine Art Zivilisation hin.

»Aber sie waren schon auf dem Mond«, sagte Evanie und setzte die Diskussion fort, als sie sich wieder auf den Weg machten. »Dort gibt es ein Überbleibsel des Lebens, kleine kristalline Blumen, die die großen Damen von Urbs manchmal tragen. Mondorchideen; jede einzelne ist ein Vermögen wert.«

»Ich würde dir gerne eines Tages eine geben«, murmelte Connor.

»Schau, Tom!« rief Evanie lautstark. »Ein Dreieck!«

Er sah es im Schein der frühen Morgendämmerung. Es war in der Tat ein Dreieck mit drei Trägern, die von den Eckpunkten zu einer Spitze aufstiegen, von der aus der Strahl durch die offene Mitte nach unten schoss. Sofort erkannte er die Logik der Konstruktion, denn sie konnte weder kippen noch fallen, während der Wind sie fütterte.

Wie groß? Er konnte es nicht sagen, da es in einer unbekannten Höhe hing. Es schien riesig zu sein, mindestens dreißig Meter auf einer Seite. Dann ertönte eine seitliche Explosion, und es bewegte sich schnell vor ihnen in Richtung Süden.

»Meinst du, sie haben uns beobachtet?« fragte Evanie angespannt. »Aber … natürlich nicht! Ich glaube, ich bin einfach nur nervös. Schau, Tom, da ist Kaatskill, ein Vorort der Stadt.«

Die Stadt war geprägt von prächtigen Wohnhäusern und riesigen Rasenflächen.

»Kaatskill!«, überlegte Connor. »Die Heimat von Rip van Winkle.«

Evanie verstand nicht, was das zu bedeuten hatte.

»Wenn er in Kaatskill lebt, habe ich noch nie von ihm gehört«, sagte sie. »Es ist ein Ort, an dem sich viele reiche Schläfer niedergelassen haben, um ihren Reichtum zu genießen.«

Die Straße wurde plötzlich breiter, dann erreichten sie den Kamm eines Hügels. Connors Augen weiteten sich vor Erstaunen, als sich die Szene entfaltete.

Vor ihnen lag ein Tal, und in den Hügeln wie in der Fläche einer kolossalen Hand lag eine solche Ansammlung von Mammutgebäuden, dass sich die Vernunft einen Moment lang weigerte, sie zu akzeptieren. Urbs! Connor wusste sofort, dass sich nur die Hauptstadt der Welt so weit zu den fernen blauen Hügeln erstrecken konnte.

Er starrte auf himmelhohe Gebäude, auf gestufte Straßen und auf das merkwürdige Stahlnetz, in dem sich eine Einschienenbahn wie eine Spinne auf ihrem seidenen Faden bewegte.

»Da! Urbs Minor!«, flüsterte Evanie. »Das kleine Urbs!«

»Das kleine Urbs?«

»Ja, Urbs Major ist jenseits. Siehst du? Zu den Hügeln hin.«

Er sah. Er sah die unglaublichen Bauwerke, die sich wie Giganten auftürmten. Er sah, wie eine flauschige Wolke über einem der Gebäude schwebte, während dahinter Zwillingstürme noch höher in den Himmel ragten.

»Die Türme des Palastes«, murmelte Evanie.

Sie fuhren die oberste der drei Ebenen entlang, und die riesigen Gebäude wurden von den näheren verdeckt. Eineinhalb Stunden lang fuhren sie die scheinbar endlose Straße entlang. Das morgendliche Leben in Urbs war in vollem Gange, der Verkehr floss, Fußgänger gingen hin und her.

Die Kleidung in der Stadt hatte etwas Militärisches: Männer und Frauen trugen metallisch schimmernde Hemden und entweder eine Tunika oder kurze Shorts mit Sandaletten an den Füßen. Sie waren von schlanker Statur, genau wie die Ormonier, aber sie hatten nichts von der gelassenen Selbstzufriedenheit der Dorfbewohner. Sie waren hektisch und eilig, und ihr Anblick wirkte über die Jahrhunderte hinweg sehr vertraut.

Urbs war die leibhaftige Stadt. Connor spürte den Glanz, den Glamour, die Verruchtheit, die zu allen großen Städten von Babylon bis Chicago gehören. Hier waren sie alle in einer, alle großen Städte, die es je gab, alle in dieser gigantischen Metropole. Babylon wiedergeboren – das kaiserliche Rom neu erweckt!

Plötzlich überquerten sie ein dreistufiges Viadukt über braunes Wasser.

»Der Kanal, der Urbs zu einem Seehafen macht«, erklärt Evanie.

Jenseits des Ufers ragten die Kolosse, die Connor in der blauen Ferne gesehen hatte, unglaublich hoch in den hellen Himmel. Er fühlte sich wie ein Pygmäe, erdrückt, beklemmt, so gewaltig war die Masse. Er brauchte Evanies Flüstern nicht:

»Auf der anderen Seite des Wassers liegt das große Urbs.«

Diese berghohen Massen könnten nichts anderes sein.

Auf den belebten Bürgersteigen strömten bunt kostümierte Menschen vorbei, viele rauchten schwarze Zigaretten. Das weckte in Tom Connor die Sehnsucht nach seiner alten Pfeife, die nun schon tausend Jahre zerfallen war. Er starrte die verwegenen Urbs-Frauen mit ihren kurzen Haaren und metallischen Gewändern an. Ab und zu starrte eine zurück, entweder verächtlich, weil sie seine Weed-Kleidung bemerkte, oder bewundernd wegen seiner starken Figur.

Jan Orm lenkte den Wagen eine lange Rampe hinunter, vorbei an der zweiten Etage und hinunter in die Dämmerung des Erdgeschosses. Sie fuhren in eine Reihe von donnernden Lastwagen und hielten schließlich am Fuße eines der riesigen Gebäude an. Jan stieß einen tiefen Seufzer aus.

»Wir sind da«, sagte er. »Urbs!«

Connor gab keine Antwort. In seinem Kopf war nur der verblüffende Gedanke, dass dieser Koloss namens Urbs die Stadt war, die sie mit ihrer Weed-Armee erobern wollten – eine Handvoll von weniger als fünfundzwanzigtausend!

Revolution

Als sich das Auto nicht mehr bewegte, legte sich eine Decke aus feuchter Hitze über sie. Auf dem Boden war es schwül und heiß, wie der stagnierende Atem von dreißig Millionen Lungen.

Als Connor ausstieg, surrte es und er blickte auf, um zu sehen, wie sich ein Gebläse in ein unsichtbares Rauschen auflöste und die stinkende Luft ansaugte. Eine schwache Kühle wehte durch die tunnelartige Straße. Das Gebläse brummte vielleicht eine halbe Minute lang, dann verstummte es. Die kolossale Stadt atmete, in dreißigsekündigen Atemzügen!

Sie betraten das Gebäude, in dem es nach der Hitze des Ofens draußen fast kühl war. Connor hörte das Zischen eines Kühlsystems und erkannte das Zischen, da er es von einem ähnlichen System in Evanies Hütte kannte. Sie folgten Jan zu einem Aufzug, der zu einer Reihe von vierzig Aufzügen gehörte und einem der automatischen Fahrstühle in einem alten Wohnhaus glich.

Jan drückte einen Knopf, und der Käfig setzte sich schnell und lautlos in Bewegung. Es schien eine lange Zeit zu dauern, bis er im vierundsiebzigsten Stockwerk zum Stehen kam.

Die Türen schwangen geräuschlos zur Seite und sie kamen in einem mit Teppich ausgelegten Flur zum Vorschein. Ein leises Stimmengemurmel verstummte, als Jan einen Klingelknopf drückte.

In dem Moment der Stille umriss ein schwaches, bläuliches Licht die Gesichter von Jan und Evanie; Connor, der etwas abseits stand, war nicht zu sehen.

»Er sieht uns auf einem Sichtschirm«, flüsterte Jan, und sofort öffnete sich die Tür. Connor hörte Stimmen. »Evanie Sair und Jan Orm! Na endlich!«

Connor folgte ihnen in eine kleine Kammer und war ein wenig überrascht von der Stille, die sein Erscheinen begrüßte. Er sah sich der Gruppe von Anführern im Raum gegenüber, einem halben Dutzend Männer und ebenso vielen Frauen, alle in Urban-Kleidung gekleidet und alle in starrer Überraschung. »Das ist Tom Connor«, sagte Jan Orm schnell. »Er hat die Gewehre entworfen.«

»Nun!«, sagte ein goldhaariges Mädchen und entspannte sich. »Er sieht aus wie ein kühler Unsterblicher. Mann! Ich dachte, wir hätten ein Problem!«

»Du würdest es lösen, Ena«, sagte eine auffällige dunkelhaarige Schönheit und lachte verächtlich.

»Kümmere dich nicht um Maris.« Die Blondine lächelte Connor an. »Man hat ihr gesagt, dass sie wie die Prinzessin aussieht, daher die vornehme Art.« Sie hielt inne. »Und was hältst du von Urbs?«

»Überfüllt«, sagte Connor und grinste.

»Überfüllt! Du solltest es mal an einem Werktag sehen.«

»Es ist ihr wöchentlicher Feiertag«, erklärt Evanie. »Sonntag. Wir haben ihn absichtlich gewählt. Es werden weniger Wachen im Palast sein.«

Zum ersten Mal wurde Connor bewusst, dass die Sonntage im friedlichen Leben von Ormon unbeobachtet verliefen.

Jan betrachtete die Urban-Kostüme mit grimmiger Missbilligung.

»Lass uns zur Sache kommen«, sagte er kurz.

Es gab einen Chor von »Still!«

Das Mädchen Maris fügte hinzu: »Du weißt, dass es in jedem Raum in Urbs einen Scanner gibt, Jan. Wir können vom Palast aus gesehen und auch gehört werden!«

Sie nickte in Richtung einer der Lichthalterungen an der Wand. Nach einem Moment des genauen Hinsehens erkannte Connor das winzige Kristall-„Auge“.

»Warum nicht zudecken?«, fragte er mit leiser Stimme.

»Das würde in fünf Minuten einen Palastbeamten herbringen«, antwortete die blonde Ena. »Eine Leerstelle auf dem Bildschirm sticht hervor wie das Alpha-Gebäude.«

Sie scharte die Gruppe um sich und legte einen lässigen Arm um Connor. In einem fast unhörbaren Flüsterton begann sie, den Fortgang der Pläne zu schildern, antwortete auf Jans Fragen nach der Verteilung der Waffen und wo sie sich jetzt befanden, auf Evanies Frage nach dem Termin und auf die Fragen der anderen.

Evanies Bericht über den Boten löste einige Besorgnis aus.

»Meinst du, er weiß es?«, fragte Ena. »Das muss er, es sei denn, es war ein Streuner, der in eurer Nähe vorbeigekommen ist.«

»Nehmen wir an, er tut es«, kontert Evanie. »Er kann nicht wissen, wann. Wir sind doch bereit, oder? Warum nicht heute … jetzt … sofort zuschlagen?«

Ein Chor von geflüsterten Protesten ertönte.

»Wir sollten nicht alles mit einer plötzlichen Entscheidung riskieren … das ist zu leichtsinnig!«

Ena drückte Connors Arm und flüsterte: »Was denkst du?«

Er fing einen wütenden Blick von Evanie auf. Sie ärgerte sich über die offensichtliche Aufmerksamkeit des blonden Mädchens.

»Evanie hat recht«, murmelte er. »Die einzige Chance, die diese unausgereifte Revolution hat, ist die Überraschung. Wenn du das verlierst, hast du alles verloren.«

Und so lautete die Entscheidung nach weiteren geflüsterten Diskussionen. Der Schlag sollte um ein Uhr erfolgen, nur noch zwei Stunden entfernt. Die Anführer gingen, um die Anweisungen an ihre untergeordneten Anführer weiterzugeben, bis nur noch Connor und Evanie übrig waren. Evan Jan Orm war gegangen, um die Männer von Ormon zu warnen.

Evanie schien gerade mit Connor sprechen zu wollen, drehte ihm aber plötzlich den Rücken zu.

»Was ist los, Evanie?«, fragte er leise.

Er war nicht auf die Wucht vorbereitet, mit der sie sich umdrehte, ihre braunen Augen funkelten.

»Was los ist!«, schnauzte sie. »Du wagst es zu fragen! Während du die Finger dieser kanarienvogelköpfigen Ena noch warm auf deinem Arm spürst!«

»Aber Evanie!«, protestierte er. »Ich habe nichts getan.«

»Du hast es ihr erlaubt!«

»Aber …«

»Du hast es ihr erlaubt!«

Ein weiterer Protest wurde durch die Rückkehr des Patriziers Maris verhindert. Evanie verfiel in ein mürrisches Schweigen, das erst gebrochen wurde, als Jan Orm erschien. Es war eine feierliche Gruppe, die im Erdgeschoss auftauchte und ihre Schritte in Richtung des zweitürmigen Palastes lenkte. Evanie hatte angesichts der Bedeutung des bevorstehenden Augenblicks offenbar ihren Kummer vergessen, aber alle waren still und nachdenklich.

Nicht einmal Connor beäugte die Palace Avenue, und den Tumult; das Getümmel dieser großen Straße brodelte unbemerkt um ihn herum. Durch die Stahlträger über ihm dröhnte der Verkehr der zweiten und dritten Etage, aber er blickte nicht auf und stapfte neben Evanie her.

Hundert Meter vor dem Ende der Straße hielten sie inne. Durch die tunnelartige Öffnung, in der sich die Palace Avenue teilte, um das weite Gelände des Palastes zu umrunden, blickte Connor auf eine grüne Rasenfläche, die von einer weißen Treppe überragt wurde, die zu dem Bogen führte, auf dem die riesige Dioritstatue von Holland, dem Vater des Wissens, saß und mit zusammengekniffenen Augen in ein altes Buch blickte.

»Zwei Minuten«, sagte Jan mit einem nervösen Blick in die Runde. »Wir sollten lieber weitergehen.«

Sie erreichten die Freifläche. Das Gelände, das von einer unglaublichen Mauer aus bergigen Gebäuden umgeben war, leuchtete grün wie ein See in der Sonne, und die ganze Weite des Palastes brach über Connors herein, der wie ein doppelspitziger Berg in den Himmel ragte. Einen Moment lang starrte er ehrfürchtig vor sich hin, dann blickte er zurück in die Höhle des Erdgeschosses und wartete darauf, dass die Stunde schlug.

Es kam dröhnend aus dem Turm des Palastes. Ein Uhr! Sofort war das Erdgeschoss eine wimmelnde Masse von Menschen, die wie ein Strom aus den Gebäuden strömten. Das Sonnenlicht blitzte von den Gewehrläufen auf, und Rufe ertönten in einem wilden Refrain. Schnell scharten sich die Ormon-Männer um Evanie, deren leuchtendes Kostüm in Grün und Purpur wie eine Flagge wirkte und einen Sammelpunkt bildete.

Der Mob wurde zu einer Armee, jede Gruppe formierte sich um ihren Anführer. Die Männer rannten schreiend auf die Straßen der breiten Allee, die das Gelände auf der zweiten und dritten Etage umgab. Sofort bildete sich ein Verkehrsstau epischen Ausmaßes. Und dann, zwischen den Fahrzeugen, strömte die Masse der Menschen über die Straße in Richtung des Palastes.

Aus anderen Straßen rechts und links strömten andere Menschenmassen. Die schwarzhaarige Maris schritt mit nackten Beinen und geschmeidig vor ihren Truppen her. Weiße, verängstigte Gesichter starrten aus tausend stehen gebliebenen Fahrzeugen.

Dann fegte der heterogene Mob den Grashang hinauf, eine wogende Masse, die von allen Seiten heranströmte. Der Palast war umzingelt und dem Mob ausgeliefert. Und dann – erstarrte das ganze rasende Panorama plötzlich in Unbeweglichkeit.

Aus einem Dutzend Türen und die breiten weißen Stufen herunter kamen Männer – Männer von Urbs, mit glitzernden Metallpanzern und nackten braunen Gliedmaßen. Sie bewegten sich bedächtig, wie trainierte Truppen. Schnell bildeten sie einen inneren Kreis um den Palast, eine Gegenlinie zu den bedrohlichen Tausenden draußen.

Im Vergleich zu den Revolutionären waren es nur wenige, doch für einen kurzen Moment wurde der Angriff gestoppt, und die beiden Reihen starrten sich einige hundert Meter über den grasbewachsenen Hang hinweg an.

Dieser Moment wurde für immer in Connors Gedächtnis eingebrannt. Er schien alles wahrzunehmen, mit der seltsamen Klarheit, die die Aufregung mit sich bringen kann. Das Glitzern des Sonnenlichts auf dem Stahl, den riesigen, unentwirrbaren Verkehrsstau, die bewegungslosen Tausende auf dem Hügel, die unzähligen Menschen, die aus jedem Fenster in jedem der gigantischen Gebäude schauten. Und sogar auf einem steinernen Balkon, weit oben auf dem linken Turm, blicken zwei winzige, leuchtende Gestalten auf die Szene. Die drei Dreiecke hingen regungslos wie Wolken hoch am Himmel. Die riesige, grüblerische Gestalt von Holland, die ungerührt in sein schwarzes Steinbuch starrte.

»Er wurde gewarnt … er ist bereit!« murmelte Jan.

»Wir müssen schießen«, rief Evanie.

Doch bevor sie das Kommando geben konnte, ertönte das scharfe Knarren von Gewehren von rechts. Die Maschinengewehre stotterten, und auf der ganzen Linie waberten Dampfschwaden wie riesige weiße Chrysanthemen, die sich sofort wieder auflösten.

Aus tausend Fenstern in der Häuserwand brachen weitere Wolken hervor, und das Stimmengewirr der Rufe, unterbrochen von stakkatoartigen Explosionen, war wie ein Chor wilder Musik.

Connor starrte wie vom Donner gerührt. In der gegnerischen Reihe war nicht ein einziger Mann gefallen! Jeder stand regungslos wie eine riesige Statue da, den linken Arm quer über die Brust gekrümmt, der rechte Arm hielt eine glitzernde, revolverartige Waffe.

War ihre Treffsicherheit dafür verantwortlich – eine unglaublich schlechte Treffsicherheit?

Unmöglich, bei diesem Kugelhagel! Staubwolken wirbelten vor der Linie auf, zersplitterte Steine flogen von den Wänden dahinter. Fensterscheiben zerbrachen. Aber kein einziger Urbs-Soldat bewegte sich.

»Was ist los?« schrie Connor.

»Er wusste es.« Jan Orm keuchte. »Er hat seine Männer mit Paige-Deflektoren ausgestattet. Er ist der Teufel persönlich!«

Das Mädchen Maris sprang nach vorne.

»Kommt schon!«, rief sie und führte den Angriff an.

Sofort hoben die Urbaner ihre Waffen und legten sie über ihre gebeugten linken Arme. Ein schwaches, nebliges Leuchten stach hervor, hundert kurze Lichtblitze. Die Strahlen fegten über die Revolutionäre hinweg. Schmerzensschreie ertönten, während die Männer sich drehten und wandten.

Connor sprang zurück, als ihn ein Blitz erwischte. Plötzliche Schmerzen durchzuckten ihn, als seine Muskeln in heftigen Krämpfen gegeneinander zerrten. Es dauerte nur einen Moment, dann zitterte und schmerzte er, als der Strahl erlosch. Ein elektrischer Schlag! Niemand sollte das besser wissen als er!

Überall krümmten sich die Revolutionäre im Todeskampf. Die vorderen Reihen lagen am Boden, und von allen, die in seiner Nähe waren, standen nur er und Evanie. Ihr Gesicht war angespannt, weiß und gequält.

Jan Orm kämpfte sich auf die Beine, sein Gesicht war eine Maske des Schmerzes. Hinter ihm krabbelten andere davon. Connor war verblüfft. Der Schock war schmerzhaft gewesen, aber nicht so schmerzhaft.

Auf halber Höhe des Hangs vor der unbeweglichen Reihe der Urbaner lag die schwarzhaarige Maris. Ihre Nerven waren der Aufgabe nicht gewachsen, und sie war vor lauter Schmerz ohnmächtig geworden. Die gesamte Masse der Weed-Armee schwankte. Die Revolution war gescheitert!

Flucht

Connor hatte eine Eingebung. Die ablenkende Energie muss von den glitzernden Knöpfen an den linken Armen der Urbans ausgehen. Außerdem durfte das Feld nur vor die Urban-Soldaten projiziert werden, sonst können sie ihre eigenen Waffen nicht mehr bewegen. Er sprang zu einem umgefallenen Maschinengewehr, richtete es auf und drehte es weit nach links, um die Urbans von der Seite zu treffen.

Er drückte ab – und stieß einen wilden Freudenschrei aus, als ein Dutzend Feinde umkippten. Er versuchte, den anderen seine Entdeckung zuzurufen, aber keiner hörte auf ihn, und die Urbaner konnten durch eine leichte Verschiebung der Formation nichts ausrichten. Also schlug er grimmig eine Lücke, so weit er konnte.

Die Strahlen blitzten auf. Er stählte sich gegen die Qualen des Schocks und ertrug ihn ohne zu zögern. Als er vorbei war, war die Weed-Armee auf der Flucht. Er murmelte einen bösartigen Fluch und riss einen stöhnenden Mann, der neben ihm auf dem Boden lag, mit einem Ruck auf die Beine.

»Du bist noch am Leben, du Schaf!«, knurrte er. »Steh auf und trage das Mädchen!« Er gestikulierte auf die am Boden liegende Maris.

Der Hang wurde lichter. Nur noch ein halbes Hundert Weeds lag auf dem Gras oder taumelte schmerzgebeutelt aufrecht. Connor warf den langsam vorrückenden Urbans einen verächtlichen Blick zu und drehte sich dann um, um den fliegenden Weeds zu folgen. Auf halbem Weg über das Gelände hielt er inne, griff nach einem ausrangierten Gewehr und ließ sich auf die Knie fallen.

Mit einer Geste völligen Trotzes zielte er auf die beiden Gestalten auf dem Balkon des Turms in fünfhundert Metern Höhe. Er drückte den Abzug. Zehn Schüsse ertönten kurz hintereinander.

Fensterscheiben zersplitterten über den Figuren, darunter, rechts und links. Tom Connor fluchte erneut, als ihm klar wurde, dass auch sie geschützt waren. Dann biss er die Zähne zusammen, als der Ionenstrahl erneut über ihn hinwegfegte.

Als es aufhörte, floh er und mischte sich unter die letzten der sich zurückziehenden Weed-Truppen. Sie strömten durch, über und um den Stau herum, der nur mit heldenhaften Anstrengungen zu entwirren war.

Die Revolution war vorbei. Niemand konnte diesen fliegenden Mob jetzt noch neu organisieren. Connor bahnte sich einen Weg durch die Masse von panischen Menschen, bis er das Fahrzeug erreichte, in dem Jan und Evanie bereits warteten.

Ohne ein Wort zu sagen, wendete Jan den Wagen hastig, denn das Verkehrschaos reichte schon bis zu dem Punkt, an dem er geparkt hatte. Evanie ließ sich mit ihrem Kopf auf Connors Schulter fallen und weinte leise.

»Das war eine verdammt gute Revolution!«, grunzte er. »Zwanzig Minuten und alles war vorbei!«

Das Auto fegte durch das Halbdunkel des Erdgeschosses der Palace Avenue bis zu dem Punkt, an dem sich die Rampe um den Sockel des Atlasgebäudes schlängelte. Dort lenkte Jan den Wagen in das Sonnenlicht der oberen Etage. Im grellen Licht des Nachmittags wirkte sein Gesicht müde und ausgezehrt. Evanie war blass und ausdruckslos wie eine Statue aus Elfenbein, nachdem sie geweint hatte.

»Werden wir nicht angehalten?« fragte Connor, als Jan das Tempo erhöhte.

»Sie werden es versuchen«, sagte Jan. »Sie werden alle Hundert Brücken blockieren. Ich hoffe, wir kommen vorher rüber. Das können wir nur hoffen, denn sie können natürlich jeden unserer Schritte sehen. Es gibt Scanner auf jeder Straße. Vielleicht werden wir jetzt auch vom Palast aus beobachtet.«

Die Brücke, über die sie in die Stadt gekommen waren, tauchte vor ihnen auf.

Im Nu waren sie über den Kanal und in Urbs Minor, wo zehn Millionen Menschen immer noch ihren Beschäftigungen nachgingen und nichts von der Revolution und ihrem Ausgang wussten.

Die kolossalen Gebäude von Urbs-Major wichen zurück und nahmen den blauen Farbton der Ferne an, und Urbs-Minor glitt schnell an ihnen vorbei. Erst als sie den Bergrücken überquert hatten und in Kaatskill eintauchten, machte Jan Anstalten, sich zu entspannen. Dort holte er tief Luft.

»Beruhigt euch!«, murmelte er düster. »Wenigstens gibt es hier keine Scanner.«

»Was sollen wir jetzt tun?«, fragte Connor.

»Weiß der Himmel! Natürlich werden wir gejagt … alle, die dabei waren. Aber bei Montmercis Rebellion hat der Meister nur einen bestraft … Montmerci selbst, den Anführer.«

»Evanies Großvater.«

»Ja. Das könnte ein Problem werden.«

»Diese verdammte Revolution war von Anfang an zum Scheitern verurteilt!«, erklärte Connor gereizt. »Wir hatten weder eine gute Organisation, noch gute Waffen, noch einen effektiven Plan … nichts! Und da wir den Vorteil der Überraschung verloren hatten, hatten wir überhaupt keine Chance.«

»Tu das nicht!« murmelte Evanie müde. »Das wissen wir schon.«

»Ich wusste es die ganze Zeit«, erwiderte er. »Übrigens, Jan … diese Paige-Deflektoren. Weißt du, wie die funktionieren?«

»Natürlich.« Jans Stimme war genauso müde wie die von Evanie. »Es ist nur ein induktives Feld. Das Metall, das es durchquert, wird von Wirbelströmen erfasst.«

Eigentlich ganz einfach, dachte Connor. Er kannte das alte Experiment mit dem Aluminiumring, der durch Wirbelströme vom Pol eines Wechselstrommagneten weggeschleudert wurde. Aber er fragte erstaunt:

»Gegen solche Geschwindigkeiten?«

»Ja. Je höher die Geschwindigkeit, desto stärker die Wirbelströme. Die Geschwindigkeit des Geschosses trägt dazu bei, es umzulenken.«

»Wusstest du vorher von diesen Deflektoren?«, schnauzte Connor.

»Natürlich. Aber Projektilwaffen werden schon so lange nicht mehr benutzt … wie konnte ich nur davon träumen, dass er von unseren Gewehren weiß und die Deflektoren wieder aufleben lässt?«

»Du hättest diese Möglichkeit vorhersehen müssen. Wir hätten ja auch …« Er brach ab. Vorwürfe waren jetzt zwecklos. »Schon gut. Erzähl mir von dem Ionenstrahl, Jan.«

»Es sind nur zwei parallele Strahlen mit hochaktinischem Licht, wie Gammastrahlen. Sie ionisieren die Luft, die sie durchqueren. Die ionisierte Luft ist ein Leiter. In den Griffen der Strahlenpistolen befindet sich ein Atomgenerator, der eine elektrische Ladung auf die Strahlen schießt. Und wenn dein Körper den Stromkreis zwischen ihnen schließt … Gott! Sie haben kein Tötungspotenzial verwendet, sonst wären wir knusprig gebrannt. Ich habe immer noch höllische Schmerzen!«

»Evanie ist standhaft geblieben«, bemerkte Connor.

»Nur einmal«, murmelte das Mädchen. »Ein zweites Mal … Oh, ich wäre fast gestorben!«

Connor hatte den Eindruck, dass diese zierliche, kleinwüchsige, nervöse Rasse empfindlicher und weniger an Schmerzen gewöhnt sein musste als er selbst. Sie hatte den Schlag ohne große Schwierigkeiten überstanden.

»Du hast Glück, dass du nicht getroffen wurdest«, sagte Jan.

Connor schnaubte. »Ich wurde dreimal getroffen … das dritte Mal von zehn Strahlen! Wenn du auf mich gehört hättest, hätten wir den Nahkampf ohnehin gewonnen. Ich habe ein Dutzend Urbans abgeschossen, indem ich von der Seite gefeuert habe.«

»Du hast was?«

»Das habe ich gesehen«, sagte Evanie. »Kurz vor dem zweiten Strahl. Aber ich … ich konnte nicht mehr stehen.«

»Das macht unsere Lage wohl noch schlimmer«, murmelte Jan. »Der Meister ist sicher wütend, weil seine Männer verletzt wurden.«

Connor gab es auf. Jans Bedauern darüber, dass der Feind Schaden erlitten hatte, war nur die Krönung eines längst überfälligen Höhepunkts. Es widerstrebte ihm, Jan oder der ganzen Weed-Armee vorzuwerfen, dass sie vor der versengenden Berührung der Ionenstrahlen flohen. Er hielt sich für einen unfairen Richter, da er nicht mit ihren Nerven fühlen konnte. Höchstwahrscheinlich war das, was für seinen robusten Körper nur schmerzhaft war, für sie eine unerträgliche Qual.

Was ihn jedoch beunruhigte, war die Erkenntnis, dass er diese Menschen nicht verstand, ihren Standpunkt nicht verstand. Dieses ganze Chaos von einer Revolution schien schlecht geplant, sinnlos, unnötig und sogar dumm zu sein.

Das brachte ihn dazu, sich Gedanken über Evanie zu machen. War es fair, zu versuchen, Liebe in ihr Leben zu bringen, um sie aus der Reserve zu locken, die sie um sich herum aufgebaut hatte? Könnte das nicht beiden Unglück bringen – diesen beiden Fremden aus verschiedenen Zeiten?

Die Menschheit hatte sich während seines langen Schlafes verändert; die einzige Persönlichkeit in dieser Welt, mit der er die geringste Sympathie empfand, war – der Meister!

Einen Mann, den er noch nie gesehen hatte, es sei denn, eine der beiden leuchtenden Gestalten auf dem Turm war er. Wie er selbst war auch der Meister ein Überbleibsel aus einer früheren Zeit. Darin lag vielleicht auch die Verbindung.

Seine Gedanken wurden von einem schillernden Lichtblitz in der Luft vor ihm unterbrochen. Es herrschte eine lange, trostlose Stille, als das Auto weiterfuhr.

»Nun«, sagte Jan Orm schließlich düster, »es ist soweit.«

Aber Connor wusste bereits instinktiv, dass das, was er gesehen hatte, das Regenbogenglitzern eines der Boten des Meisters war.

»Für wen von uns, denkst du?«, fragte er nüchtern. »Für Evanie, denke ich. Aber sieh es nicht an – denk nicht daran. Es könnte für dich sein.«

Evanie lag zurückgelehnt auf dem Sitz, die Augen geschlossen, die Gesichtszüge leer. Sie hatte ihren Geist vor dem unheiligen Ding verschlossen. Aber Connor konnte weder seinen Geist noch seine Augen von dem kreisenden Mysterium abwenden, das sich lautlos um das rasende Auto bewegte.

»Es kommt näher«, flüsterte er Jan zu.

Jan fasste einen plötzlichen Entschluss. Vor ihnen zweigte eine zerfurchte Straße ab, auf die er den Wagen lenkte und auf die Hügel zusteuerte.

»Das Weed-Dorf ist hier«, murmelte er. »Vielleicht können wir es dort abhängen.«

»Wie? Es kann durch Steinmauern gehen.«

»Ich weiß, aber die Rohrpoströhre führt hier durch. Die Röhre ist so schnell wie ein Meteor. Wir können es versuchen und …« Er hielt grimmig inne.

Die Sonne stand schon tief im Westen, als sie das Dorf erreichten, einen winzigen Ort inmitten von grünen Hügeln. Das bedrohliche, kreisende Ding leuchtete schwach in der Dämmerung und war nicht mehr als zwanzig Meter entfernt. Evanie hatte sich an ihr entschlossenes Schweigen gehalten, ohne einen Blick auf das bedrohliche Ding zu werfen.

Im Dorf sprach Jan mit einem alten, bärtigen Mann und kehrte mit einem Stirnrunzeln zum Auto zurück.

»Er hat nur zwei Zylinder«, verkündete er. »Du und Evanie, ihr geht.«

Connor kletterte aus dem Wagen.

»Sieh her!«, flüsterte er. »Du bist in größerer Gefahr als ich. Lass mich mit dem Auto zurück. Ich kann den Weg nach Ormon finden.«

Jan schüttelte den Kopf.

»Hör mir einen Moment zu«, sagte er fest. »Verstehe, was ich sagen will. Ich liebe Evanie. Ich habe sie immer geliebt, aber du bist derjenige, der sie aufwecken soll. Du musst mit ihr gehen. Und um Himmels willen … schnell!«

Widerwillig folgten Connor und Evanie Jan in ein steinernes Gebäude, wo der nervöse alte Mann vor zwei Zylindern, jeder 2 Meter hoch, stand, die auf einer kleinen Bahn lagen.

Ohne ein Wort kletterte das Mädchen in den ersten und legte sich flach hinein, wobei ihre winzigen Sandalen gegen die Rückseite gedrückt wurden.

Der Alte klappte den Deckel wie einen Sargdeckel herunter. Connors Herz sank, als der Mann den Metallzylinder in eine runde Öffnung schob, eine Tür dahinter schloss und an einem zischenden Griff drehte.

Jan winkte Tom Connor zu der anderen Röhre, und in diesem Moment fegte das blitzende Schillern des Boten durch den Raum und davon. Er kletterte eilig hinein und legte sich hin, wie Evanie es getan hatte.

»Nach Ormon?«, fragte er.

»Nein. Zum nächsten Weed-Dorf, hinten in den Bergen. Beeil dich!«

Der Bote

Der alte Mann schlug den Deckel zu. Connor lag in völliger Dunkelheit, aber als er spürte, wie der Zylinder in die Schiene glitt, glaubte er, für einen kurzen Augenblick den leuchtenden Boten durch die Metallseiten blitzen zu sehen. Er hörte das leise Klirren der Tür, und für einen kurzen Moment war es still.

Dann spürte er mit einer Kraft, die seine Knie beugte, den Schub einer gewaltigen Beschleunigung. Nur ein leises Rumpeln drang an seine Ohren, aber er begriff, dass seine Geschwindigkeit enorm sein musste. Dann verlagerte sich der Druck. Er spürte, wie seine Hände gegen die Front gedrückt wurden, und nach ein paar weiteren Sekunden war der Druck ganz weg.

Der Deckel wurde angehoben. Er schob sich heraus und sah sich Evanie gegenüber, die gerade aus ihrem eigenen Zylinder kletterte, und einem verängstigten, unscheinbaren Mann, der verzweifelt vor sich hin murmelte:

»Verratet mich nicht! Verratet es nicht!«

Er drehte sich um, um eine leise Frage von Evanie zu hören, und antwortete mit einem unhörbaren Flüstern und einer Geste in Richtung Norden.

Connor folgte Evanie, als sie aus dem Gebäude in die Dunkelheit eilte. Er erhaschte einen schwachen Blick auf die steinernen Hütten eines Dorfes, das kleiner war als Ormon, und dann stapften sie über einen schummrigen Pfad zu den Hügeln, die sich schwarz von den Sternen abhoben.

»Zu den Metamorphen in den Hügeln«, sagte Evanie mechanisch. »Sie werden uns verstecken, bis es sicher ist.« Sie fügte müde hinzu: »Ich bin so müde!«

Das war nicht verwunderlich, nach einem solchen Tag. Sie begann zu sprechen. »Du warst … Oh!«

Er sah es auch. Das leuchtende Ding mit einer Art spitzem Schnabel, der Messenger, umkreiste sie in zwanzig Metern Entfernung.

»Himmel!«, flüsterte er. »Wie schnell kann das Ding fliegen?«

»Körperlose elektrische Kraft?«, fragte sie müde. »So schnell wie das Licht, nehme ich an. Nun … das macht nichts. Ich kann es abwehren, wenn ich muss. Aber beeil dich!«

»Gott!« Connor stöhnte. »Dieser hartnäckige Dämon!«

Seine Stimme erhob sich zu einem Schrei der Überraschung und Angst. Das neblige Ding war mitten in der Luft stehen geblieben, hatte einen Moment gewartet und sich dann auf seinen Kopf gestürzt!

Es gab keinen Schmerz, nur ein kurzes Summen. Connor erkannte, dass sich der spitze Schnabel in seinen Schädel gebohrt hatte, und das grauenhafte Ding über seiner Schulter schwebte. Er schlug darauf ein. Seine Hände glitten durch es hindurch wie durch Nebel. Und dann ertönten die Worte des Boten mit einer piepsigen kleinen Stimme, die in seinem Gehirn auf verrückte Weise schnatterte.

»Geh zurück nach Urbs!«, schnatterte es. »Geh zurück nach Urbs.« Wieder und wieder. »Geh zurück nach Urbs!« Genau das.

Er richtete seinen Blick auf Evanies erschrockenes Gesicht. »Zieh es raus!«, rief er. »Zieh es raus!«

»Es war für dich!«, flüsterte sie erschüttert. »Oh, wenn es für mich gewesen wäre! Ich kann es bekämpfen. Verschließe deinen Verstand vor ihm, Tom. Versuch es! Bitte versuch es!«

Er versuchte es, immer und immer wieder. Aber diese verrückte, schnatternde Stimme brannte sich durch seine Bemühungen: »Geh zurück nach Urbs! Geh zurück nach Urbs!«

»Ich halte es nicht aus!« rief Connor verzweifelt. »Es kribbelt … in meinem Gehirn!« Er lief wütend hin und her. »Ich will rennen! Ich will laufen, bis ich erschöpft bin. Ich halte es nicht mehr aus!«

»Ja!« sagte Evanie. »Geh, bis du erschöpft bist. Auf diese Weise gewinnen wir Zeit. Aber geh nach Norden … weg von Urbs. Komm!«

Sie drehte sich müde zu ihm.

»Bleib hier«, sagte er. »Ich werde allein gehen. Nicht weit. Ich bin bald zurück.«

Er rannte los in die Dunkelheit. Seine Gedanken wirbelten durcheinander, als er den schummrigen Pfad hinunterrannte. Ich werde es abwehren … Geh zurück nach Urbs! … Ich werde nicht zuhören … Geh zurück nach Urbs! … Wenn Evanie es kann, kann ich es auch. Ich bin ein Mann, stärker als sie … Geh zurück nach Urbs! Geh zurück zur Urbs!

Klickend – schnatternd – wahnsinnig machend! Er rannte blindlings weiter, stolperte über Äste, krachte gegen Bäume. Er kletterte den Hang eines steilen Hügels hinauf, trieb sich selbst an und versuchte, sich zu erschöpfen, bis er die Vergesslichkeit des Schlafes erreichen konnte.

Keuchend, zerkratzt und müde hielt er aus purer Not auf dem Kamm des Hügels inne. Der Schrecken auf seiner Schulter, der sich in seinem Gehirn festsetzte, ließ ihn nicht ruhen. Er war dabei, verrückt zu werden! Lieber den Tod durch die Hände des Meisters als das hier. Alles ist besser als das hier. Er drehte sich um und stürzte auf den Hügel zu, von dem er gekommen war. Als er den ersten Schritt nach Süden machte, verstummte die wahnsinnige Stimme.

Er ging in einer erleichterten Benommenheit weiter. Nicht einmal der trübe Nebel des Boten auf seiner Schulter lenkte ihn von der reinen Ekstase der Stille ab. Er murmelte sinnlose Worte der Dankbarkeit und fühlte den

Drang, ein Lied zu schreien. Evanie, die sich auf einem umgestürzten Baumstamm ausruhte, blickte zu ihm auf, als er sich näherte.

»Ich gehe zurück nach Urbs!«, rief er wild. »Ich halte das nicht aus!«

»Das kannst du nicht! Das werde ich nicht zulassen! Bitte … ich kann dich davon befreien. Gib mir ein bisschen Zeit, Tom. Kämpf dagegen an!«

»Ich werde mich nicht wehren! Ich gehe zurück!«

Er drehte sich hektisch um, um weiter nach Süden zu eilen, in irgendeine Richtung, in der die klickende, kitzelnde Stimme der Qual verstummen würde.

»Geh zurück nach Urbs!«, tickte es. »Geh zurück nach Urbs!« Evanie ergriff seinen Arm.

»Bitte … bitte, Tom!«

Er riss sich los und drehte sich um. Was er sofort in der Dunkelheit sah, ließ ihn innehalten. In einem leuchtenden Bogen, keine drei Meter entfernt, drehte sich ein zweiter Messenger – und in einem verrückten Moment der Perversität war er fast froh darüber!

»Hier ist einer für dich!«, sagte er grimmig. »Jetzt kämpf dagegen an!«

Das Gesicht des Mädchens wurde blass und erschrocken. »Oh, nein! Nein!«, murmelte sie. »Ich bin so müde … so müde!« Sie blickte ihn mit ängstlichen braunen Augen an. »Dann bleib, Tom. Lenke mich jetzt nicht ab. Ich brauche … meine ganze Kraft.«

Es war zu spät. Der zweite Schrecken hatte sich in Position gebracht und stach zu, wobei er neblig auf Evanies weichem, bronzenem Haar leuchtete.

Connor verspürte eine Welle des Mitgefühls, die nicht einmal der wahnsinnig machende Messenger überwinden konnte.

»Evanie!«, rief er heiser. »Oh mein Gott! Was sagt es?«

Ihre Augen waren groß und erschrocken.

»Es sagt: ‚Schlaf … schlaf!‘ Es heißt: »Die Welt wird dunkel … deine Augen schließen sich. Das ist nicht fair! Ich könnte mich dagegen wehren … ich könnte beide abwehren, wenn ich Zeit hätte! Der Meister … der Meister will, dass ich … unfähig bin … dir nicht helfe.«

Ihre Augen wurden trüb.

Plötzlich brach sie zu seinen Füßen zusammen.

Eine Minute lang starrte Connor sie an. Dann beugte er sich vor, nahm sie in die Arme und ging in die Dunkelheit hinaus nach Urbs.

Evanie war eine leichte Last, aber die erste Meile den Berg hinunter war eine Qual, die sich für immer in Connors Gedächtnis eingebrannt hatte. Der Messenger war still, als er den Rückweg antrat, und im Sternenlicht konnte er dem Pfad gut folgen. Aber die tausend Meter Unebenheiten in den Bergen und die Ungleichmäßigkeiten der Tritte erschöpften ihn sehr.

Sein Atem verkürzte sich zu schmerzhaften Atemzügen, und sein ganzer Körper, der nach zwei schlaflosen Nächten erschöpft war, quälte sich mit Schmerzen und Krämpfen. Schließlich sank er, Evanie immer noch in den Armen haltend, erschöpft auf den moosbedeckten Stamm eines umgestürzten Baumes, der mit nebligem Fuchsfeuer glühte.

Sofort nahm der „Bote“ seine irritierende Ermahnung auf.

»Geh zurück nach Urbs!«, klickte es tief in seinem Gehirn. »Geh zurück nach Urbs! Geh zurück nach Urbs!«

Er ertrug die Qualen fünf Minuten lang, bevor er in wildem Gehorsam aufstand und mit seiner Last nach Süden taumelte.

Aber nach einer weiteren Viertelmeile taumelte er vor Erschöpfung gegen Bäume und Büsche, zerkratzt, zerrissen und zerfetzt.

Einmal verfing sich Evanies Haar in den Dornen eines schattigen Strauches, und als er innehielt, um es zu entwirren, ertönte der Bote mit seinem wahnsinnigen Refrain. Er riss das Mädchen mit einer verzweifelten, krampfhaften Geste los und stolperte weiter den Pfad entlang.

Er war schon nach einer Meile am Rande des Zusammenbruchs, und Urbs lag – nur Gott wusste, wie weit südlich! Er schob Evanie von seinen Armen auf seine Schulter, aber der Gedanke, sie aufzugeben, kam ihm nicht in den Sinn.

Es kam der Zeitpunkt, an dem sein erschöpfter Körper nicht mehr weitermachen konnte. Er ließ Evanies schlaffen Körper auf den Boden gleiten und schloss vor Schmerz die Augen. Als die quälende Stimme des Boten wieder ertönte, ließ er sich neben sie fallen.

»Ich kann nicht!«, krächzte er, als ob der Messenger oder sein entfernter Kontrolleur ihn hören könnten. »Willst du mich töten?«

Die Erhabenheit der Erleichterung! Die Stimme war still, und er entspannte sich in einer Ekstase der Ruhe. Er erkannte die Süße der einfachen Stille, die absolute Vollkommenheit, einfach nur still zu sein, in vollem Umfang.

Dann sackte er in voller Länge auf den Boden und schlief im nächsten Moment so tief wie Evanie selbst.

Als Tom Connor am helllichten Tag erwachte, lagen neben ihm ein Haufen Obst und eine flache Holzschüssel mit Wasser. Connor vermutete, dass die Metamorphe, die in den Hügeln lebten, sie dorthin gebracht hatten.

Sie waren immer noch loyal gegenüber Evanie und passten auf sie auf.

Er aß hungrig, dann hob er Evanies bronzenen Kopf an und kippte das Wasser gegen ihre Lippen. Sie würgte, schluckte ein oder zwei Schlucke, bewegte sich aber nicht mehr.

Der Schaden an seiner Kleidung von seinem Marsch durch die Dunkelheit war gering.

Sein Hemd war an Ärmeln und Schultern zerrissen und seine Hose war an mehreren Stellen zerrissen. Evanies weiches Haar war mit Zweigen und Kletten durchsetzt, und ein Dorn hatte ihre Wange zerkratzt. Der Gummizug, der ihr Hosenbein am linken Knöchel festhielt, war gerissen und das Kleidungsstück flatterte lose. Über dem entblößten Knöchel klaffte eine gerötete Wunde.

Er goss das restliche Wasser über die Wunde, um jeglichen Schmutz oder Fremdkörper aus der Wunde zu waschen. Das war alles, was er tun konnte.

Der Weg zurück

Bei Tageslicht war der Bote nur noch ein verschwommener Fleck, der aus dem Augenwinkel sichtbar war wie eine Träne im Auge selbst. Der Dämon auf Evanies Schulter war ein sich veränderndes Schillern, das nicht realer war als die Hitzewellen auf einer Sommerstraße. Er starrte mitfühlend auf das stille, weiße Gesicht des Mädchens, und in diesem Moment nahm der Bote seinen unerbittlichen, klickenden Ruf wieder auf: »Geh zurück nach Urbs! Geh zurück nach Urbs!«

Er seufzte, hob das Mädchen in die immer noch schmerzenden Arme und setzte seinen mühsamen Weg fort. Meter für Meter stapfte er den unebenen Weg entlang.

Als das Blut in seinen Ohren zu pochen begann, legte er sich wieder zur Ruhe, und der Bote auf seiner Schulter blieb stumm. Erst als er wieder zu Kräften gekommen war, mahnte ihn seine Stimme.

Connor hasste den Meister jetzt, hasste ihn für die vergangenen Stunden der Folter und für die Blässe auf Evanies Wangen und ihren schlaffen Körper in seinen Armen.

Die Sonne stieg höher und warf brennende Strahlen auf seinen Körper. Der Schweiß, der seine Kleidung durchnässte, war warm und klebrig, während er sich abmühte, und klamm und kalt, während er sich ausruhte. Glänzende Perlen lagen auf der Stirn des bewusstlosen Mädchens, während sein eigenes Gesicht von tröpfelnden Rinnsalen bedeckt war, die ihm in den Augen brannten und salzige Tropfen auf seine Lippen trugen. Und die Luft war heiß – heiß!

Er taumelte nach Süden, ruhte sich aus und ackerte weiter. Es war kurz vor Sonnenuntergang, als er sich dem Dorf Weed näherte, wo sie aus der Rohrpost gekommen waren. Ein Mann, der vor einer Hütte grub, starrte ihn an und floh durch die Tür.

Auf den Stufen des Gebäudes, in dem die Röhre untergebracht war, bewegte sich ein halbes Dutzend Müßiggänger eilig hinein, und er erblickte den erschrockenen Unbekannten, der ihn aus dem Frachtzylinder befreit hatte.

Connor schritt müde zu den Stufen und setzte Evanie ab. Er starrte auf die blassen Gesichter hinter der Tür.

»Ich will Essen«, schnauzte er. »Und Wein. Hörst du? Wein!«

Jemand schlich sich zaghaft an ihm vorbei. Im Nu war er mit grobem Schwarzbrot, kaltem Fleisch und einer Flasche säuerlichen, wilden Traubenweins aus der Region zurück. Connor aß schweigend und merkte, dass er von jedem Fenster aus angestarrt wurde. Als er fertig war, schüttete er Evanie den

Wein zwischen die Lippen. Das war die einzige Nahrung, die er ihr geben konnte.

»Ihr da drinnen!«, rief er. »Kann uns jemand von euch von diesen Dingern befreien?«

Offensichtlich war das ein Fehler. Es gab ein erschrockenes Rascheln im Inneren und eine eilige Flucht aus einer anderen Tür. Der Bote nahm den Refrain mit verrückter Schnelligkeit auf. Er gab die Hoffnung auf Hilfe auf, nahm Evanie wieder auf den Arm und stapfte in die Dunkelheit.

Der Dämon auf seiner Schulter ließ ihn endlich schlafen. Es dämmerte gerade, als er erwachte, und kaum hatte er an diesem zweiten Morgen seiner quälenden Wanderung die Augen geöffnet, setzte die klickende Stimme ihren Gesang fort. Er machte keine Anstalten, ihr zu widerstehen, sondern stand auf und kämpfte sich mit seiner Last weiter. Jetzt folgte er einem lehmigen Weg, auf dem er reißende Dornen und Äste vermeiden konnte.

Eine knappe Meile vor dem Dorf erklomm er eine Anhöhe und blickte auf eine breite schwarze Landstraße, vielleicht die gleiche, über die er und Jan Orm und Evanie vor zwei Tagen nach Urbs gerast waren! Er fand die gummiartige Oberfläche etwas weniger ermüdend und schaffte etwas mehr Abstand zwischen den Pausen. Aber die Reise war schmerzhaft langsam. Doch der Bote drängte ihn nicht. Er durfte sich ausgiebig ausruhen.

Ab und zu brummten Fahrzeuge vorbei, meist riesige Lastwagen. Gelegentlich verlangsamte eine rasende Maschine, als wollte sie anhalten, aber ein Blick auf den Nebel auf seiner Schulter ließ den Fahrer weiterfahren. Niemand wagte es offenbar, sich mit dem Träger des gefürchteten Abzeichens der Feindschaft des Meisters anzulegen. Deshalb war Connor erstaunt, als er sah, dass ein Lastwagen tatsächlich anhielt, und er hörte die fröhliche Aufforderung: »Komm rein!«

Mühsam kletterte er in die Kabine und setzte Evanie auf den Sitz neben sich, um sie an sich zu drücken. Er bedankte sich bei dem Fahrer, einem sympathischen jungen Mann, und entspannte sich schweigend.

»Weed Ärger, was?«, fragte der Fahrer. Er starrte auf Connors Schulter.

»Du musst ein ziemlich wichtiger Weed sein, wenn sie einen Boten schicken.« Er schaute Connor von der Seite an und grinste plötzlich. »Jetzt erkenne ich dich! Du bist der Kerl, der den Strahl aushielt, als am Sonntag die Hölle losging. Himmel! Du hast den Strahl ausgehalten!« In seinem Tonfall lag tiefe Bewunderung.

Connor sagte nichts.

»Nun, du hast es geschafft«, fuhr der Junge fröhlich fort. »Du hast ein paar Männer des Meisters in die Luft gejagt, und das ist schlimm!«

»Was hat er mit den anderen gemacht?« fragte Connor düster. »Sie konnten nicht alle entkommen.«

»Er hat nur die Anführer mitgenommen. Neun von ihnen. Das Fernsehen hat nicht gesagt, was er getan hat. In den Papieren steht, dass er einige von ihnen freigelassen hat. Ein Mädchen, das glaubt, sie sähe aus wie die Prinzessin.«

Maris, dachte Connor. Und Evanie war die Zehnte des Decemvirats. Er selbst wurde zur Sicherheit mitgezählt. Vielleicht könnte er um Evanies Freilassung verhandeln. Immerhin hatte er etwas zum Tauschen.

Es war mitten am Nachmittag, als sie auf Kaatskill hinunterblickten, und Connor erkannte mit Erstaunen die Entfernung, über die sie in der Frachtröhre geflitzt sein mussten. Dann vergaß er alles andere, als Urbs Minor mit seinen Tausenden von Türmen auftauchte und weit über dem Tal die nebligen Gipfel des Kolosses Urbs Majoris.

Der Lkw blieb ebenerdig. Die mächtigen Gebäude, die von den oberen Straßen vor Blicken geschützt wurden, waren hier weniger spektakulär, aber ihre riesigen Sockel erschienen wie eine Bergkette auf dem Boden, bis Connor sich fragte, warum die feste Erde nicht unter ihrem Gewicht nachgab.

Millionen und Abermillionen Tonnen Metall und Mauerwerk – und das alles, als würde es auf seinem eigenen Gehirn ruhen, so mutlos fühlte er sich.

Sie befanden sich jetzt auf der Palace Avenue. Sogar im Erdgeschoss dieser mächtigen Straße herrschte reges Treiben. Connor kannte bereits ihren fast schon legendären Ruf. Was die Via Appia für Rom oder der Broadway für Amerika war, das war die Palace Avenue für die ganze Welt. Die Hauptstraße des Planeten, der Highway der sechs – nein, der sieben – Kontinente. Denn die Antarktis war jetzt ein bewohnter Kontinent.

Als die unglaublich prächtigen Zwillingstürme in Sichtweite kamen, kam der Truck zum Stehen. Connor kletterte heraus und drehte sich um, um Evanie herauszuheben.

»Danke«, sagte er. »Du hast mir den Weg zur Hölle sehr erleichtert.«

Der junge Mann grinste.

»Kein Problem. Viel Glück, Weed. Du wirst es brauchen!«

Connor wandte sich dem langen Aufstieg zum Palast zu. Er stapfte die endlose Treppe hinauf, vorbei an Menschenmassen von Urbans, die ihn anstarrten und ihm den Weg frei machten. Er schob sich dicht unter der großen, grüblerischen Diorit-Statue von Holland zum nördlichen Eingang des Palastes hin, wo eine Wache eilig zur Seite trat, um ihn einzulassen.

Durch eine Tür zu seiner Rechten hörte er Stimmengewirr und das Rascheln von Maschinen, die mit der Verwaltung einer Weltregierung beschäftigt waren. Zu seiner Linken befand sich eine geschlossene Tür, und vor ihm mündete der Flur in einen Raum, der so kolossal war, dass er zunächst wie eine Illusion wirkte.

Er schritt hinein. An der gegenüberliegenden Wand, etwa dreihundert Meter entfernt, befand sich eine Reihe von Sitzen – oder besser gesagt, Thronen –, die alle auf einem Podest standen, das sich etwa drei Meter über dem Boden befand und die offenbar alle besetzt waren. Vielleicht fünfzig Stück. Vor dem zentralen Thron stand eine Gruppe von Menschen, und ein paar Wachen flankierten ihn. Als er näher kam, bemerkte er, dass bis auf den zentralen Thron alle anderen nur von Bildern besetzt waren, von kunstvoll gearbeiteten Bronzestatuen. Nein – zwei Throne in der Mitte enthielten lebende Gestalten.

Er drängte sich grob durch die Menschenansammlung, setzte Evanie vorsichtig auf den Stufen zum Sitz ab und blickte den Meister trotzig an.

Einen Moment lang war sein Blick so sehr auf den Mann fixiert, den er durch die Qualen seiner erzwungenen Reise bitterlich zu hassen gelernt hatte, dass er seine Augen nicht zu der Gestalt wandte, die neben dem Meister saß. Die Prinzessin, von der er gehört hatte, wie er vermutete – die schöne, grausame Margarete von Urbs, die zusammen mit ihrem Bruder mit eiserner Hand regierte.

Aber er war jetzt nicht an ihr interessiert. Ihr unsterblicher Bruder beanspruchte seine ganze Aufmerksamkeit, seinen ganzen Trotz. Nur für einen kurzen Moment flackerten Connors Augen in ihre Richtung – und sofort blieb er wie erstarrt stehen und fragte sich, ob er nun den Verstand verloren hatte. Denn hier stand das Unglaublichste, was ihm in dieser unglaublichen neuen Welt begegnet war, vor seinen Augen! Und was ihn in den Bann zog, war nicht so sehr die unglaubliche, fantastische Schönheit der Frau – oder des Mädchens – die auf dem Thron von Urbs saß, sondern die Tatsache, dass er sie kannte! Tom Connor starrte sie an, völlig überrascht und fasziniert, und wusste in diesem Moment, dass die grausame Margarete von Urbs und das schwarzhaarige, weiß gewandete Mädchen, mit dem er diese unvergesslichen Momente im Wald vor dem Dorf Ormon verbracht hatte, ein und dieselbe Person waren!

Daran konnte es keinen Zweifel geben, auch wenn in ihren smaragdgrünen Augen jetzt kein freundliches Licht lag, als sie hochmütig auf ihn herabblickte. Auf die gleiche Weise könnte sie ihre Abneigung gegen irgendein krabbelndes Ding zeigen, das sie geärgert hatte. Aber nicht einmal ihr veränderter Gesichtsausdruck, nicht einmal ihr reiches Gewand, das ihr weißes, schlichtes Gewand ersetzt hatte, konnte etwas an der Tatsache ändern, dass Tom Connor hier vor ihm diese Frau des Waldes saß, sein geheimnisvolles Mädchen, das Mädchen, das ihm die Geschichte dieses immer erstaunlicheren Zeitalters, in das ihn das Schicksal hineingezogen hatte, enthüllt hatte.

Nicht das geringste Flattern der langen, schwarzen, geschwungenen Wimpern zeigte, dass sie Connor überhaupt schon einmal gesehen hatte. Aber selbst in seinem plötzlichen Groll, der seinem Überraschungsmoment folgte, erkannte der Mann aus einem anderen Zeitalter mit Unbehagen, dass ihre Faszination für ihn, die Kraft ihrer verwirrenden Schönheit, genauso groß war wie im ersten Moment, als er sie erblickt hatte.

Sein eigenes Dilemma – Evanie – alles – war vergessen, als wäre er hypnotisiert worden.

Statt eines hauchdünnen, weißen Gewandes, das an sich schon freizügig war, aber einen Hauch von Poesie und Mystik hatte, trug sie nun das typische freizügige Kostüm der Urbs – ein rosafarbenes Oberteil und einen kurzen Rock aus goldenen Schuppen. Und ihr Haar – Connor würde es nie vergessen – so schwarz, dass es im Licht blau schimmerte. Ebenso wenig würde er jemals ihre Haut vergessen, die so durchscheinend war und wie die Patina einer alten Silberbronze schimmerte.

Wenn Connor sie jetzt ansah, konnte er verstehen, dass Maris eine Ähnlichkeit beanspruchte, aber es war nicht mehr als die Ähnlichkeit einer Kerze mit der Sonne. Evanie war auch schön, aber ihre Schönheit war die eines menschlichen Wesens, während die Schönheit dieses Mädchens, das auf einem Thron saß, überirdisch, unglaublich und unsterblich war.

Sie saß mit ihren schlanken Beinen achtlos da, den Ellbogen auf die Stuhllehne gestützt, das Kinn in die Hand gestützt, und blickte gleichgültig aus fremden meergrünen Augen in die Weite der riesigen Kammer. Nicht ein einziges Mal blickte sie Connor nach ihrem ersten schnellen Blick an.

Ihre exquisiten Gesichtszüge waren ausdruckslos oder drückten nur völlige Langeweile aus. Doch Connor hatte den Eindruck, dass sich auf ihren perfekten Lippen die kleinste Spur des unvergesslichen Spottes befand. Bevor er seinen Blick von ihr losreißen konnte, bewegte sie sich leicht. Bei dieser Bewegung flammte etwas auf ihrer Brust auf – eine große Blume mit sieben Blütenblättern, die in einem Dutzend Farben blitzte und glitzerte, als wäre sie aus Juwelen gemacht.

Es kostete Connor all seine Willenskraft, seinen Blick von ihr abzuwenden, obwohl er sie in diesem Moment der langen Stille, die mit seinem Eintreten in den Thronsaal eingetreten war, verachtete, sie für das verabscheute, was sie war – und nicht für das, wofür er sie gehalten hatte. Entschlossen wandte er sich dem Meister zu, den Kopf erhoben, trotzig. Sollte der Meister – sollte seine Prinzessin-Schwester – doch machen, was sie wollten. Er war bereit!

Der Meister

Der Mann, den Connor anstarrte, der Mann, dessen Gesichtszüge er zuvor auf Evanies Münze gesehen hatte, schien nicht älter als Mitte zwanzig zu sein. Er hatte dunkle Augen, und die schwarzen Haare waren bis zu den Ohren zu einem glatten Helm zusammengefasst.

Die Augen waren seltsam, durchdringend, scharfsinnig, als wären nur sie gealtert, als wären sie die Gefäße dieser Jahrhunderte der Erfahrung. Der Mund hatte einen dünnen, kalten Zug, und doch hatten seine Mundwinkel seltsamerweise einen leicht humorvollen Ausdruck. Oder auch nicht so seltsam, entschied Connor. Ein Mann musste einen Sinn für Humor haben, um sieben Jahrhunderte zu überleben.

Und dann erklang eine tiefe, hallende Stimme, als der Meister sprach.

»Ich sehe, Thomas Connor«, sagte er ironisch, »dass du meinen Boten gastfreundlich empfangen hast. Und das ist die kleine Evanie!« Seine Stimme veränderte sich. »Gutes Blut«, sinnierte er. »Die Vermischung des Blutes von Martin Sair mit dem von Montmerci.«

Connor blickte streitlustig. »Befreit uns von euren bösartigen Boten!«, forderte er wütend. »Wir sind hier.«

Der Meister nickte leicht und sprach kurz in ein Sprachrohr, das auf einem schwarzen Tisch neben ihm lag.

Es gab eine kurze Pause, dann einen kribbelnden Schock, als Connor die ungebundenen Energien des Boten spürte. Evanie bebte und stöhnte, als das Ding auf ihrer Schulter verschwand, aber sie blieb weiterhin ruhig liegen.

Connor schüttelte sich. Frei! Er runzelte wütend die Stirn, aber sein Blick wanderte immer wieder zu der Prinzessin, die ihn nach dem ersten Moment immer noch nicht angesehen hatte.

»Nun«, sagte der Meister leise, »deine Revolution ist ziemlich gescheitert, nicht wahr?«

»Bis jetzt!«, schnauzte Connor.

Sein Hass überwältigte ihn plötzlich. Der Drang nach Rache durchdrang ihn körperlich. Rasch bückte er sich, riss Evanie den Revolver vom Gürtel und hielt den Abzug gedrückt, während zwölf Schüsse in einem ununterbrochenen, dampfenden Gebrüll in das Gesicht des Meisters schossen.

Der Dampf zog träge davon. Der Meister saß ausdruckslos und unverletzt da, während von weit oben ein paar Glassplitter eines zerbrochenen Dachfensters um ihn herum klirrten. Natürlich, dachte Connor verbittert, würde der Mann durch ein induktives Feld geschützt sein. Glas war in der

Lage, dieses induktive Feld zu durchdringen, was Connors Kugeln nicht schafften, aber Glas war ein Dielektrikum.

Er warf die leere Waffe beiseite und starrte mürrisch auf den Mann auf dem Thron. Dann wurde sein Blick trotz seiner Bemühungen wieder von der Prinzessin angezogen.

Sie blickte nicht mehr abstrakt ins Leere. Bei den krachenden Schüssen hatte sie sich leicht bewegt, ohne ihr Kinn von der Hand zu heben, und beobachtete ihn. Ihre Blicke kreuzten sich. Es war wie das Kribbeln der Entladung des Boten, als er den kühlen grünen Augen begegnete, unergründlich, ausdruckslos und völlig desinteressiert. Und in ihnen war nicht die geringste Andeutung von Wiedererkennung! Aus ihren eigenen Gründen wollte sie ihn nicht erkennen. Nun, dieses Spiel können zwei spielen.

»Deine Triebe nehmen heftige Formen an«, sagte der Meister kalt. »Warum hasst du, der du behauptest, ein Neuankömmling in diesem Zeitalter zu sein, mich so?«

»Dich hassen?« echote Connor wütend. »Warum sollte ich nicht? Hast du mich nicht zwei Tage und Nächte lang mit deinem verdammten Boten durch die Hölle gehen lassen?«

»Aber es hätte keine Qualen gegeben, wenn du sofort gehorcht hättest.«

»Aber Evanie!« Connor schnauzte. »Sieh doch, was du mit ihr gemacht hast!«

»Sie hat sich eingemischt. Ich wollte sie eigentlich nicht hier haben, aber sie hätte dich von dem Boten befreien können. Wenn du sie in Ruhe gelassen hättest, hätte ich sie innerhalb weniger Stunden befreit.«

»Du bist nett, nicht wahr?«, spottete Connor. »Du bist so überzeugt von deiner eigenen Macht, dass du Auflehnung nicht einmal bestrafst. Trotzdem bist du ein Tyrann, und eines Tages wirst du bekommen, was du verdient hast. Ich hätte es selbst tun können!«

Er blickte wieder zur Prinzessin. Gab es in ihren herrischen Augen das geringste Aufflackern von Interesse?

»Und was hättest du getan«, fragte der Meister freundlich, »wenn du die Revolution angeführt hättest?«

»Jede Menge!«, erwiderte Connor. »Erstens hätte ich niemals Waffen durch die öffentlichen Röhren nach Urbs geschickt. Du musstest das herausfinden, und Überraschung war unser größter Verbündeter. Ich hätte sie direkt hier oder in der Nähe hergestellt. Es muss doch irgendwo Weed-Fabriken geben, und wenn nicht, hätte ich eine gekauft.«

»Erzähl weiter«, sagte der Meister interessiert. »Was noch?«

»Ich hätte eine richtige Organisation gehabt – nicht diese schwerfällige Anführer-Pyramide. Ich hätte richtige Pläne geschmiedet und Spione im Palast eingeschleust. Und schließlich deine Deflektoren. Ich wusste nichts von ihnen, sonst hätten wir schon gewonnen, so wie die Dinge lagen. Meine … Mitarbeiter … haben vergessen, sie zu erwähnen. Ich hätte Holzkugeln statt Metallkugeln benutzt«, sagte Connor kühn. »Dein Induktionsfeld hält Holz nicht auf. Und deine Ionenstrahlen … warum zum Teufel konnten wir nicht einen Metallschutzpanzer benutzen? Damit hätten wir den Kreislauf schließen können, anstatt mit unseren Körpern!«

Obwohl er sich standhaft weigerte, sie anzusehen, war ihm bewusst, dass die Prinzessin ihn jetzt mit unverhohlenem Spott beobachtete und ihre schönen Lippen den Anschein eines Lächelns verrieten.

»Stimmt«, sagte der Meister mit einem neugierigen Blick. »Das hättest du tun können.« Er runzelte die Stirn. »Ich habe die Geschichten nicht geglaubt, die ich zum ersten Mal von dir hörte … dass du ein Schläfer bist, der nach einem tausendjährigen Schlaf erwacht ist. Sie waren zu fantastisch, um sie zu glauben. Ich dachte, du wolltest aus dem Schlaf auf irgendeine Art und Weise Kapital schlagen, die nur du kennst … denn soweit ich weiß, hattest du keine Bankeinlagen, die dir Zinsen einbrachten und dich zu einem reichen Mann machten. Jetzt bin ich geneigt zu glauben, dass du aus einem anderen Zeitalter kommst … einem Zeitalter der Weisheit … und dass du ein gefährlicher Mann bist, Thomas Connor. Du bist ein mutiger Mann, wenn du mich so köderst, und ein starker Mann, aber gefährlich; zu gefährlich. Ich finde es schade, dass dein Mut und deine Stärke aus der Rasse herausgezüchtet worden.«

»Was willst du machen?«

»Ich werde dich töten«, sagte der Meister leise. »Es tut mir leid. Wäre Evanie nicht, wäre ich vielleicht versucht, dich um deinen Treueeid zu bitten und dich freizulassen, aber ich kann keinem Mann trauen, der eine Weed-Frau liebt. Das ist ein Risiko, das ich nicht einzugehen wage, auch wenn ich den Verlust deines Blutes und deines alten Wissens bitter bereue. Wenn es dich tröstet, solltest du wissen, dass ich beabsichtige, Evanie zu befreien. Sie ist harmlos für mich. Mit dem Ärger, den sie verursachen könnte, lässt sich leicht umgehen. Aber du … du bist anders.«

»Danke«, erwiderte Connor.

Wie eine Kompassnadel kehrten seine Augen dann zum Gesicht der Prinzessin zurück. Selbst jetzt, wo er zum zweiten Mal in seinem seltsamen Leben zum Sterben verurteilt war, starrte er sie fasziniert an und lächelte sie mit einem Echo ihres eigenen Spottes an.

»Ich nehme nicht an«, sagte der Meister hoffnungsvoll, »dass du einwilligst … sagen wir, Evanie zu heiraten und dein Blut weiterzugeben, bevor du stirbst. Ich brauche deinen alten Stamm. Unsere Rasse ist schwach geworden.«

»Das würde ich nicht!« sagte Connor.

»Sag es mir!«, sagte der andere plötzlich eifrig. »Stimmt es, dass du die alte Mathematik verstehst, wie uns ein Gefangener der Ormonen erzählte, was ich nicht glauben wollte, da ich nicht an diesen tausendjährigen Schlaf glaubte? Kalkül, Logarithmen und solche verlorenen Zweige?«

»Es ist wahr«, schnauzte Connor. »Wer hat es dir erzählt?«

»Dein Ormon-Chemiker. Wärst du bereit, dieses Wissen weiterzugeben? Die Welt braucht es.«

»Für mein Leben, vielleicht.«

Der Meister zögerte und runzelte die Stirn. »Es tut mir leid«, sagte er schließlich. »So wertvoll das Wissen auch ist, die Gefahr, die du persönlich darstellst, überwiegt es. Ich könnte dir deine Geheimnisse entlocken. Ich könnte dir das Leben versprechen, deine Informationen bekommen und dich dann im Stillen töten. Dazu lasse ich mich nicht herab. Wenn du es wünschst, geht dein Wissen mit dir ins Grab.«

»Nochmals danke«, erwiderte Connor. »Du erinnerst dich vielleicht daran, dass ich meine Gefährlichkeit auch hätte verbergen können. Ich hätte dich nicht auf die Schwachstelle in deiner Verteidigung hinweisen müssen.«

»Ich kenne sie bereits. Ich kenne auch die Schwächen der Weed-Mentalität.« Er hielt inne. »Es tut mir wirklich leid, aber … das scheint das Ende unseres Gesprächs zu sein.« Er drehte sich um, als wolle er den Wachen an der Mauer eine Geste geben.

Margarete von Urbs warf Connor einen seltsamen, undurchschaubaren Blick zu und beugte sich zu dem Meister vor. Sie sprach in leisen, unhörbaren Tönen, aber mit Nachdruck und Eindringlichkeit. Der Meister blickte zu Connor auf.

»Ich überlege es mir noch einmal«, sagte er kühl. »Ich schenke dir vorerst dein Leben unter einer Bedingung: Du darfst nichts gegen mich unternehmen, solange du im Palast bist. Ich verlange nicht dein Wort, nicht zu fliehen. Ich warne nur, dass ein Bote dir folgen wird. Bist du einverstanden?«

Connor dachte nur einen Moment nach. »Ich bin einverstanden.«

»Dann wirst du im Palast bleiben.« Der Meister rief einer Wache einen Befehl zu. »Ich werde Ärzte schicken, die sich um die kleine Evanie kümmern. Das ist alles.«

Der Wachmann, der genauso groß war wie Connor selbst, trat vor und nahm Evanie in seine Arme. Connor folgte ihm, konnte sich aber nicht verkneifen, einen Blick auf die Prinzessin zu werfen, die wieder einmal müßig ins Leere starrte. Doch trotz seines Grolls war er froh, dass sie wenigstens ihn und die gemeinsamen Stunden im Wald nicht vergessen hatte.

Sie gingen in die Halle und fuhren in einen Aufzug, der mit plötzlicher und unangenehmer Beschleunigung nach oben raste. Durch die Glastüren konnte er ein Stockwerk nach dem anderen sehen, als sie hoch in den Nordturm fuhren.

Die Bewegung hörte auf. Connor folgte dem Wachmann in einen Raum, der vom roten Schein des Sonnenuntergangs erhellt wurde, und beobachtete, wie er Evanie auf einem weiß bezogenen Bett absetzte, sich dann umdrehte und eine Tür aufstieß. »Das gehört dir«, sagte der Wachmann kurz und ging wieder.

Luxus zog durch die parfümierte Luft der Räume, aber Connor hatte keine Zeit für solche Beobachtungen. Er beugte sich ängstlich über die bleiche Evanie und fragte sich, warum die Freilassung des Boten sie nicht geweckt hatte. Er starrte sie immer noch an, als ein Klopfen ertönte und zwei Ärzte eintraten.

Der eine, der jüngere, machte sich sofort an die Arbeit und untersuchte den Kratzer am Knöchel des Mädchens, während der andere ihre Augen öffnete, ihre stillen Lippen öffnete und sich dicht über sie beugte, um ihre Atmung zu hören. »Hirnverbrannt«, verkündete er. »Hirnverbrannt von einem Vitergon … dem Messenger. Schwere Elektrolepsis.«

»Oh Gott!« murmelte Connor besorgt. »Ist es sehr ernst?«

»Ernst? Bah!« Der ältere Mann drehte sich zu ihm um. »Das ist genau das, was mit Schläfern passiert … die Lähmung der vorrömischen Bereiche, des Willens, des Bewusstseins. So wie – wenn ich richtig informiert bin – das, was mit dir passiert ist! Es könnte etwas Ernstes sein, wenn wir sie ein halbes Jahrhundert lang schlafen lassen, sonst nicht.« Er trat an einen Ebenholztisch neben dem Bett und füllte eine rubinrote Flüssigkeit in einen Becher. »Hier«, sagte er. »Wir werden ein gutes, starkes Aufputschmittel probieren.«

Er goss die rötliche Flüssigkeit zwischen Evanies Lippen, und als der letzte Tropfen verschwunden war, stand er über ihr und sah zu. Sie bewegte sich krampfhaft und stöhnte gequält auf.

»Hah!«, sagte der Arzt. »Das wird ihr Leben einhauchen!« Das Mädchen zitterte und öffnete benommen und schmerzverzerrt die Augen. »So! Jetzt kannst du dich um sie kümmern«, rief er dem jüngeren Mann zu und verschwand durch die Türöffnung.

»Evanie!«, krächzte Connor angespannt. »Ist alles in Ordnung mit dir? Wie geht's dir?«

Die benommenen Augen ruhten auf ihm.

»Ich brenne! Wasser … oh, bitte … Wasser!«

Zwei Frauen

Tom Connor warf dem Arzt eine stumme Frage zu. Auf sein Nicken hin ergriff Connor den leeren Becher und suchte verzweifelt nach Wasser. Er fand es hinter einer Tür, wo ein stiller Strom aus dem Mund eines grotesken

Gesichts in ein breites Wasserbecken floss. Evanie trank eifrig und durstig, als er es ihr brachte. Sie starrte verwirrt durch den luxuriösen Raum und blickte Connor fragend an.

»Wo …«, begann sie.

»In Urbs. Im Palast.«

Die Erkenntnis dämmerte.

»Die Boten! Oh, mein Gott!« Sie zitterte vor Schreck. »Wie lange … habe ich …«

»Nur zwei Tage, Evanie. Ich habe dich hierher getragen.«

»Was soll ... mit uns geschehen?«

»Ich weiß es nicht, Liebes. Aber du bist in Sicherheit.«

Sie runzelte kurz die Stirn und versuchte, ihren immer noch benommenen und verwirrten Verstand zu ordnen.

»Nun«, murmelte sie schließlich, »da kann man nichts machen. Ich schäme mich, so schwach gewesen zu sein. War er … sehr wütend?«

»Er wirkte nicht so.« Die Erinnerung an das teilnahmslose Gesicht des Meisters stieg in ihm auf und mit ihr die Erinnerung an die exquisiten Züge der Prinzessin.

»Ich nehme an, das Mädchen, das rechts von ihm sitzt, ist die Prinzessin, nicht wahr?«, fragte er. »Wer ist sie?«

Evanie nickte. »Das weiß doch jeder. Zu seiner Linken sitzt Martin Sair, der Spender des Lebens, und zu seiner Rechten … Warum fragst du das?« Sie blickte beunruhigt und misstrauisch auf.

»Weil sie mein Leben gerettet hat. Sie hat sich für mich eingesetzt.«

»Tom!« Evanies Stimme war voller Entsetzen. »Tom, das war Margarete von Urbs, die Schwarze Flamme!« Ihre Augen waren entsetzt. »Tom, sie ist gefährlich … giftig … tödlich! Du darfst sie nicht einmal ansehen. Sie hat Männer … ich weiß nicht, wie viele … in den Selbstmord getrieben. Sie hat Männer umgebracht … sie hat sie gefoltert. Komm ihr niemals zu nahe, Tom! Wenn sie dich gerettet hat, dann nicht aus Barmherzigkeit, denn sie ist gnadenlos … rücksichtslos … absolut erbarmungslos!«

Das Mädchen, das noch kaum bei Bewusstsein war, befand sich am Rande der Hysterie. Ihre Stimme wurde schrill, und Connor blickte besorgt in das Gesicht des jungen Arztes.

Evanie wurde leichenblass.

»Mir … ist … schwindelig«, würgte sie. »Ich werde …«

Der Arzt sprang vor. »Das dürfen Sie nicht!«, schnappte er. »Wir können sie nicht wieder schlafen lassen. Sie muss laufen! Und zwar schnell!«

Gemeinsam zogen sie das zusammengebrochene Mädchen aus dem Bett und trugen sie in der Kammer auf und ab. Als sie wieder zu Kräften kam, ging sie schwach zwischen ihnen hin und her. Dann hielten sie abrupt inne, als ein scharfes Klopfen an der Kammertür ertönte.

Der Arzt stieß einen Ruf aus. Zwei Urban-Wachen in glitzerndem Metall schritten durch den Eingang und stellten sich wie Bilder zu beiden Seiten desselben auf. Einer von ihnen stimmte langsam und tief wie eine Hymne an: »Margarita, Urbis Regina, Sororque Domini!«

Die Prinzessin! Connor und der Arzt waren wie erstarrt, und auch Evanie hob müde die Augen, als die Prinzessin den Raum betrat und das schuppige Gold ihres Rocks in den letzten Sonnenstrahlen karminrot glitzerte. Sie ließ ihren kalten Blick über die verblüffte Gruppe schweifen, und plötzlich blitzten ihre erlesenen Züge vor Zorn auf. Die prachtvollen Lippen spalteten sich.

»Du Narr!«, spuckte sie. »Du Vollidiot!«

Connor errötete vor plötzlicher Wut und merkte dann, dass die Prinzessin nicht ihn, sondern den Arzt zu Evanies Linken ansprach, der ängstlich und blass war.

»Du Narr!«, wiederholte Margarete von Urbs. »Du gehst mit einem Elektroleptiker spazieren! Bring sie ins Bett … sofort. Lass sie schlafen. Willst du ein Hirnfieber riskieren?«

Der verängstigte Arzt wollte gehorchen, aber Connor ging dazwischen.

»Warte einen Moment.« Er warf einen anklagenden Blick auf die Prinzessin. »Weißt du etwas darüber? Bist du ein Arzt?«

Ihre verengten grünen Augen warfen ihm einen kühlen Blick zu.

»Denkst du«, sagte sie, »dass ich in siebenhundert Jahren nichts gelernt habe?« Und nur er verstand die ganze Tragweite ihrer Worte. Auf subtile Weise erinnerte sie ihn daran, wie sie ihm schon einmal bewiesen hatte, wie umfangreich ihr Wissen war. Sie drehte sich gebieterisch um. »Gehorche!«, schnauzte sie.

Connor trat zur Seite, als der Arzt in Panik nachgab. »Wo ist Kringar?«, fragte die Prinzessin.

»Eure Hoheit«, murmelte der Mediziner, »er gab dem Mädchen ein Aufputschmittel und ging. Er sagte …«

»In Ordnung. Raus.« Sie nickte den teilnahmslosen Wachen zu. » Ihr auch.«

Die Tür schloss sich hinter ihnen. Margarete von Urbs beugte sich über Evanie, die nun bei vollem Bewusstsein, aber blass wie der Tod war. Sie legte eine zierliche Hand auf die Stirn des Mädchens.

»Schlaf«, sagte sie leise.

»Lass mich allein, bitte«, flehte Evanie zitternd. »Ich habe Angst vor dir. Ich traue dir nicht und ich werde nicht schlafen. Ich habe Angst, wieder zu schlafen.«

Connor stand unschlüssig da. Während er zögerte, richtete die Prinzessin ihre Augen auf Evanie; sie leuchteten smaragdgrün in der Abenddämmerung, als sie wiederholte: »Schlaf!«

Er sah, wie die Angst aus Evanies Gesicht verschwand und ihre Züge so leer wie die eines Bildes wurden. Dann war sie eingeschlafen.

Die Prinzessin stand Tom Connor auf der anderen Seite des Bettes gegenüber. Sie nahm eine schwarze Zigarette aus einer Schachtel auf dem Ebenholztisch. Sie leuchtete magisch, als sie sie herausnahm, und blies ihm eine parfümierte Rauchwolke entgegen.

»Du machst dir Sorgen, was?«, fragte sie spöttisch.

»Du weißt, dass ich es bin.«

»Nun, beruhige dich. Ich will Evanie nichts Böses.«

»Aber weißt du, was du da tust?«

Sie lachte, ein leises Lachen, leise wie Regen in einem Pool.

»Siehst du«, sagte sie, immer noch mit einem Spott in den Augen, »ich habe die Vitergonen erschaffen. Martin Sair hat sie erschaffen, aber ich habe sie erdacht. Ich weiß, welchen Schaden sie anrichten können, und ich weiß, wie man diesen Schaden beheben kann. Vertraust du mir?«

»Nicht ganz.«

»Nun, du hast keine andere Wahl.« Sie atmete eine weitere Wolke duftenden Rauchs aus. »Deine kleine Weed ist in Sicherheit.« Sie ging auf den angrenzenden Raum zu. »Hier gibt es ein Bad«, sagte sie. »Benutze es und zieh dir dann ein paar urbane Kleider an. Ich bin geneigt, heute Abend mit dir zu essen.«

Er war erschrocken. Er starrte zurück in ihr spöttisches, perfektes Gesicht, aber in ihren grünen Augen war kein Ausdruck zu lesen, als sie näher kam, sodass nur Connor hören konnte, was sie sagte.

»Warum?«, fragte er.

»Vielleicht, um dich an ein schöneres Treffen zu erinnern«, sagte sie sanft. »Oh, ich habe dich nicht vergessen … falls du das denkst. Ich erinnere mich an jedes Wort von jenem Tag im Wald, aber es ist vielleicht besser, wenn du es öffentlich vergisst. Margarete von Urbs hat kein Interesse daran, dass ihre privaten Angelegenheiten in der Stadt bekannt werden. Es geht auch niemanden hier etwas an … und es geht dich auch nichts an …, dass ich es vorziehe, ab und zu von allen wegzukommen, sodass ich nur die Vögel und die Bäume um mich herum habe. Du tust gut daran, das zu bedenken, Thomas Connor!«

Plötzlich nahm ihre Stimme einen spöttischen Ton an, und der Spott in ihren smaragdgrünen Augen war deutlich zu erkennen.

»Vielleicht«, sagte sie, »habe ich einen anderen Grund, warum ich dich zum Essen einlade. Vielleicht will ich dein Wissen stehlen … und dich dann töten. Vielleicht habe ich dafür mehr als einen Grund, aber du hast am Sonntag ein Dutzend Schüsse auf mich abgefeuert, Thomas Connor, als ich auf dem Balkon des Towers stand. Ich versäume es nicht, solche Schulden zu begleichen.«

»Es braucht mehr als dich, um zu stehlen, was ich dir nicht geben werde«, knurrte er, ging in sein Zimmer und schloss die Tür.

Er ging sofort zur Tür, die zum Flur führte, öffnete sie und blickte direkt in die teilnahmslosen Augen eines Urban-Wächters, der ihm gegenüberstand. Er wurde also beobachtet!

Er kehrte in die Kammer zurück, zog sich aus und stieg in das Wasser des Pools, um die erfrischende Kühle zu genießen. Während er badete, konnte er aus einem Fenster schauen und sah, dass der kolossale Palast wie ein hohles Gebäude gebaut war. Gegenüber erhob sich die hohe Spitze des Südturms, und weit unten befanden sich das weite Wasserbecken und die grün gesäumten Wege der inneren Gärten.

Als er seinen glühenden Körper abtrocknete, warf er einen angewiderten Blick auf den schweißnassen Haufen von Weed-Kleidung auf dem Boden. In einem Schrank fand er die Urban-Kleidung. Es gab ihm ein seltsames, verkleidetes Gefühl, das barbarische Metallkorset und den Mantel anzuziehen, aber die Kleidungsstücke waren kühl und passten zu seiner kräftigen Statur.

Endlich bereit, stieß er die Tür zu Evanies Zimmer auf. Margarete von Urbs saß im Schneidersitz neben Evanie auf dem Bett und rauchte ihre schwarze Zigarette. Ihre grünen Augen musterten Connor abschätzend, und in ihren Tiefen glitzerte wieder der Spott.

»Ich dachte immer, dass die antiken Bildhauer den Körperbau ihrer Zeitgenossen übertrieben haben«, sagte sie und lächelte. »Ich habe mich geirrt … Aber du musst dich hinknien, wenn du in meine Gegenwart kommst, Thomas Connor. Das hast du vorher nicht getan.«

»Das tue ich auch jetzt nicht. Als Feind schulde ich dir keinen solchen Respekt.«

»Als Gentleman tust du das allerdings. Aber egal … ich habe Hunger. Komm.«

»Warum können wir nicht hier essen? Ich werde Evanie nicht verlassen.«

»Evanie wird noch ein Dutzend Stunden lang eine langweilige Gesellschaft sein. Ich werde ein Dienstmädchen schicken, das sie auszieht und badet.«

»Du bist sehr rücksichtsvoll, nicht wahr?«

Sie lachte bösartig.

»Ich habe keinen Streit mit ihr. Aber ich habe einen mit dir. Komm!«

Die herrlichen grünen Augen musterten ihn. Sowohl die Augen als auch die Stimme – eine Stimme, die jetzt vor Bosheit zu schnauben schien – waren so anders als die des Mädchens aus dem Wald, dass es Tom Connor schwerfiel zu glauben, dass sie dieselben waren. Aber er wusste, dass sie es waren. Und jetzt, wo er und sie allein waren, schien jede Geste, dies zu bestätigen.

Sie erhob sich, ohne einen Blick auf Evanies noch immer weißes Gesicht zu werfen, und Connor folgte ihr widerwillig, vorbei an der Wache, deren Kampfbereitschaft sie mit einem unmissverständlichen Wort zum Schweigen brachte, hinüber zu den Aufzügen.

»Wohin?«, fragte er, als der Käfig wie ein Fallschirm herunterkam.

»Zu einem meiner Zimmer im Südturm, denke ich. Wir müssen ganz nach unten gehen und dann hinüberlaufen.«

Der Käfig kam auf unangenehme Weise zum Stillstand. Er folgte ihr durch die große Leere des Thronsaals und bemerkte, dass sowohl ihr eigener Thron als auch der des Meisters jetzt von kunstvoll gefertigten Bronzefiguren besetzt waren. Er hielt inne, um das Bildnis der Prinzessin zu betrachten, und fragte sich, vor wie langer Zeit es gegossen worden war.

»Drittes Jahrhundert«, sagte sie wie als Antwort auf seinen Gedanken. »Vor fünfhundert Jahren. Ich war damals ein Kind von zweihundertzwanzig Jahren … und glücklicher.« Sardonisches Amüsement lag in ihrem Gesicht und ihrer Art. »Damals gab es noch keine Schwarze Flamme. Damals war ich die verrückte Prinzessin Peggy, leichtsinnig und verwegen, aber süß und edel. Zumindest dachte man das.«

»Ich bin sicher, du hast den Ruf verdient«, bemerkte Connor säuerlich. Er hatte vor, ihr bei allem, was sie sagte oder tat, zu folgen. Sie würde sich nicht darüber beschweren, dass er der Erste war, der ihr früheres Treffen erwähnte. Wenn sie nichts mehr darüber sagte, würde es überhaupt nicht erwähnt werden.

Sie blitzte ihn mit ihren grünen Augen an, Augen, die so eisig waren wie die grüne Kappe über der Antarktis.

»Ich bin sicher, dass ich es nicht mehr verdiene«, sagte sie in einem so kalten Ton, dass er erschrak. »Komm schon.«

Dieses seltsam schöne Wesen hatte etwas Faszinierendes, fast hypnotisches an sich.

»Da würde ich lieber mit deinem Bild dinieren«, bemerkte er trocken.

Unsterblichkeit

Margarete von Urbs lachte und führte Connor durch eine Tür hinter der Reihe der Throne.

»Das Labor von Martin Sail«, erklärte sie und deutete auf das chaotische Durcheinander von Glasgeräten und Mikroskopen. »Und das« – sie ging in eine weitere Kammer – »ist meins.«

Der Raum wirkte eher wie eine luxuriöse, prächtig eingerichtete Bibliothek als ein Labor. Es gab Regale mit Hunderten von Büchern, die offensichtlich uralt waren, eine große Leinwand, einen fein gearbeiteten Schreibtisch und hier und da ein paar Statuen.

»Labor!«, rief er aus. »Was machst du hier?«

»Ich denke. Wenn ich arbeiten will, benutze ich das von Martin.« Sie hob eine weiße Schnitzerei vom Schreibtisch auf. »Sieh mal hier … eine Arbeit der Alten.« Sie fügte ein wenig traurig hinzu: »Wir haben heute keine Künstler, die so etwas Schönes schaffen können. Es ist eine Tragödie, dass die Arme abgebrochen wurden. Während der Dunklen Jahrhunderte, nehme ich an.«

Connor betrachtete die exquisite kleine Elfenbeinreplik der Venus von Milo und lachte.

»Die Arme sind abgebrochen!«, spottete er. »Das ist eine Kopie einer antiken griechischen Statue von Praxiteles. Die Arme waren schon zweitausend Jahre vor meiner Zeit abgebrochen!«

»Eine Kopie! Wo ist das Original? Ich will es!«

»Es war im Louvre, Paris.«

»Paris liegt in Trümmern. Weißt du, wo der Louvre stand?«

»Ja.«

»Dann sag es mir! Ich werde nach ihr suchen lassen. Sag es mir!«

Er blickte in aufrichtig begierige Augen, die Augen des weiß gekleideten Mädchens aus dem Wald, das sich mit ihm auf einer moosbewachsenen Bank im Wald geräkelt und ihm Geschichten aus allen Zeiten erzählt hatte. Auch dieses Mädchen hatte die Schönheit geliebt, hatte sie gesucht und ihr eigenes Spiegelbild im schwarzen Teich betrachtet. Es erstaunte ihn, dass sie jetzt, in ihrer Rolle als frigide Prinzessin, immer noch so begierig nach Schönheit sein konnte.

»Das ist eine Information, die ich zurückhalte«, sagte er langsam, »bis ich sie gegen etwas anderes eintauschen kann, das ich vielleicht will. Evanies Sicherheit oder meine eigene.«

Das spöttische Licht kehrte in ihre Augen zurück. »Du amüsierst mich, Weed!«, sagte sie knapp. »Aber nun gut.« Sie führte den Weg zu den Aufzügen des Südturms.

Während der langen Fahrt zur Spitze des Turms war sie still. Sie traten in eine kleine Kammer ein, die an allen Seiten mit Glas umgeben war, und Connor stand staunend da, als sich die Stadt vor ihnen ausbreitete. Der Palast übertraf sogar die kolossalen Bauten rund um den Park. Er starrte sprachlos auf die mächtigen, vom Licht umrahmten Gipfel.

Die Prinzessin drehte sich zu einem schwarzen, abgeschirmten Kasten um.

»Bring das Abendessen in den Turm«, befahl sie. »Ich will … Oh, alles. Und schicke Sora in das Zimmer von Evanie Sair.«

Sie warf sich achtlos auf eine lila Couch an der Glaswand, und Connor setzte sich.

»Nun«, sagte sie, »was willst du für dein Wissen haben?«

»Ich werde nicht mit dir verhandeln. Ich traue dir nicht.«

Sie lachte.

»Du siehst mich durch Evanies Augen, Tom Connor, und einmal … na ja, einmal dachte ich, dass du dich zu mir hingezogen fühlst. Aber das macht nichts. Wir werden nicht mehr über diese Zeit sprechen … auch wenn es seltsam erscheint, dass das Schicksal mich mein Triangle dort absetzen ließ, wo du warst. Als ich nur ruhelos und ziellos umherwanderte und Frieden in der Schönheit suchte … Es ist schade, dass du dich in Evanie verliebt hast. Denn ich versichere dir, dass sie dich nicht liebt.«

»Das ist nicht wahr!«, fauchte er.

Sie lachte, und sofort war ihr Hauch von Wehmut verschwunden und wurde durch Bosheit ersetzt.

»Sei vorsichtig«, spottete sie, »oder ich werde auch für diese Beleidigung einen Preis verlangen. Aber es war keine Lüge.«

Er kontrollierte seine Wut.

»Warum sagst du das?«

»Als ich sie zum Schlafen gezwungen habe, hat sie sich aus Angst nicht an dich gewandt. Sie hat mich selbst bekämpft. Wenn sie dich geliebt hätte, hätte sie dich instinktiv um Hilfe gebeten.«

»Das glaube ich dir nicht.«

»Dann bist du ein Narr«, bemerkte sie gleichgültig und wandte sich desinteressiert von ihm ab, als zwei Diener mit dem Essen kamen.

Sie schoben einen Tisch zwischen die beiden und servierten ein üppiges Mahl mit Speisen, die Connor nicht kannte. Er aß hungrig, aber die Prinzessin wählte aus und aß kaum etwas, obwohl sie beteuerte, hungrig zu sein. Es war ein schweigendes Mahl, aber danach rauchte er eine der schwarzen, magisch angezündeten Zigaretten und bereitete sich darauf vor, einige Fragen zu stellen.

Sie kam ihm zuvor. Mit sardonisch leuchtenden grünen Augen schaute sie ihn direkt an. »Warum liebst du Evanie und nicht mich?«, fragte sie.

»Du? Weil du nicht das bist, was ich dachte, dass du bist. Anstatt rein und lieb zu sein, schwelgst du im Bösen. Das ist kein Hörensagen, sondern der historische Bericht über deine siebenhundert Jahre. Dafür hasse ich dich, gründlich und vollständig.«

Sie verengte ihre prächtigen Augen.

»Dann hasst du ohne Grund«, sagte sie. »Bin ich nicht mächtiger als Evanie, intelligenter, stärker und sogar, wie ich glaube, schöner?«

»Du bist unverschämt, unglaublich, fantastisch schön!«, rief er, als ob ihm die Anerkennung gegen seinen Willen entrissen wurde. »Du bist vielleicht die schönste Frau seit Helena von Troja, und die gefährlichste. Und doch hasse ich dich.«

»Warum?«

»Wegen deines Mangels an einem kleinen Faktor namens Charakter. Ich gebe zu, dass du schön und brillant bist, aber Evanie ist süß, freundlich, ehrlich und liebenswert. Man liebt den Charakter, nicht die Eigenschaften.«

»Charakter!«, wiederholte sie. »Du weißt nichts über meinen Charakter. Ich habe hundert Charaktere! Niemand kann so sanft sein wie ich … und auch nicht so grausam.«

Der leiseste Anflug eines spöttischen Lächelns überzog ihre exquisiten Züge, und dann waren sie plötzlich so rein wie die eines Engels. Ohne sich zu erheben, trat sie mit einer zierlichen Sandale gegen den Schalter des Sichtschutzes.

»Kontrolle«, sagte sie, als es aufleuchtete. Es erschien ein Gesicht.

»Ein Vitergon soll in den Raum kommen«, sagte sie kryptisch und dann zu Connor, als das Gesicht verschwand: »Hier gibt es keinen Scanner. Diese Kammer und die von Joaquin im Nordturm sind die einzigen beiden in Urbs, die keinen haben.«

»Was bedeutet?«

»Das bedeutet, Thomas Connor, dass wir in völliger Privatsphäre sind.«

Er runzelte verwirrt die Stirn. Abrupt fuhr er in seinem Stuhl zurück, als ein schillerndes Licht aufflackerte. Ein Bote! Und fast zeitgleich mit seinem Aufschrecken kam das Ding auf ihn zu.

»Sag es!«, knarrte es in seinem Gehirn. »Sag es! Sag es! Sag es! Sag es!«

Er richtete sich auf. »Schalte es aus!«, brüllte er.

»Wenn ich dein Wissen über die Venus habe«, sagte seine Peinigerin achtlos.

»Er soll verschwinden, oder …«

»Oder was?« Ihr Lächeln war arglos, süß und unschuldig.

»Das!«, brüllte er und schob sich mit einem Ruck zwischen sie, wobei seine rechte Hand die zarte Wölbung ihres Halses umfasste und seine linke ihre Schultern heftig gegen die Kissen drückte.

» Mach es aus«, brüllte er.

Plötzlich gab es ein Geräusch hinter ihm, das Knirschen von Türen, und er wurde weggerissen, festgehalten von vier grimmig dreinblickenden Wachen. Aber natürlich! Der Betreiber des Boten konnte seine Worte hören. Daran hätte er sich erinnern müssen.

Die Schwarze Flamme hob sich in eine sitzende Position, und ihr Gesicht war nicht das eines Engels, sondern das eines schönen Dämons. Die grüne Hölle glitzerte in ihren Augen, aber sie griff nur zittrig nach dem Schalter.

»Sag der Zentrale, sie soll abbrechen«, sagte sie heiser und wandte sich an Tom Connor.

Der Bote kribbelte und verschwand. Die Prinzessin stand unsicher auf, aber ihre Augen brannten kalt, als sie der nächsten Wache eine Waffe entriss.

»Raus mit euch, alle!«, schnauzte sie.

Die Männer wichen zurück. Connor stellte sich ihr gegenüber.

»Ich hätte dich töten sollen!«, murmelte er. »Um der Menschheit willen.«

»Ja, das hättest du tun sollen, Thomas Connor.« Ihr Tonfall war kalt. »Dann wärst du schnell und gnädig für einen Mord gestorben, aber jetzt … jetzt stirbst du so, wie ich es will, und es wird weder schnell noch gnädig sein. Ich kann« – ihre Stimme zitterte – »den Hauch von Gewalt nicht ertragen!« Mit der freien Hand rieb sie sich die Kehle. »Dafür musst du leiden!«

Er zuckte mit den Schultern. »Das war es wert. Ich kenne jetzt deinen Charakter! Ich muss nicht mehr raten.«

Spott schimmerte auf.

»Tust du das?« Ihr Gesicht veränderte sich plötzlich und war wieder weich, rein und wehmütig. »Tust du?«, wiederholte sie in einem Ton, der traurig war, aber auch etwas Glockenhaftes hatte, an das er sich so gut erinnerte. »Du weißt es nicht. Glaubst du, die Schwarze Flamme ist die wahre

Margarete von Urbs? Ist dir klar, was Unsterblichkeit bedeutet?« Ihr wunderschönes Gesicht war unsagbar traurig, als sie die Waffe in ihren Gürtel steckte. »Du denkst, es ist ein Segen, nicht wahr? Du fragst dich, warum Joaquin sie allen vorenthalten hat, nicht wahr?«

»Ja, das tue ich. Ich denke, es ist Tyrannei. Es ist egoistisch.«

»Egoistisch! Oh, Gott!« Ihre Stimme zitterte. »Er hat es seiner eigenen Mutter vorenthalten! Segen? Es ist ein Fluch! Ich trage ihn, weil ich Joaquin verpflichtet bin, sonst hätte ich mich schon vor Jahrhunderten umgebracht. Das kann ich immer noch, hörst du? Ich kann es immer noch!« Ihre Stimme erhob sich.

Entsetzt starrte er sie an.

»Warum?«, rief er.

»Du fragst warum! Siebenhundert Jahre. Sieben … hundert … Jahre! Verweigerte Liebe! Wie kann ich es wagen, einen Mann zu lieben, der Tag für Tag altert, bis seine Zähne gelb werden und ihm die Haare ausfallen und er altersschwach, senil und alt ist? Verweigerte Kinder! Unsterbliche können keine Kinder haben. Glaubst du nicht, dass ich die Unsterblichkeit gegen die Mutterschaft eintauschen würde? Glaubst du nicht?«

Connor war sprachlos. Ihre Stimme erhob sich zu einer angespannten Tonlage.

»Weißt du, was siebenhundert Jahre bedeuten? Ich weiß es! Es bedeutet sieben Jahrhunderte der Freudlosigkeit. Wundert es dich, dass ich manchmal in die Wälder laufe, um die Gesellschaft, die Freundschaft, die Liebe zu suchen, die mir sonst überall verwehrt bleibt? Wie kann ich Freunde unter Menschen finden, die wie Geister verschwinden? Jeder, der trockenen Wissenschaftlern der Unsterblichen ist allein … und ich bin gelangweilt … gelangweilt … gelangweilt!« Ihre grünen Augen waren tränenhell, aber als er die Lippen öffnete, um zu sprechen, stoppte sie ihn mit einer gebieterischen Geste. »Ich habe die Nase voll von der Unsterblichkeit! Ich will jemanden, der mich liebt. Jemanden, mit dem ich alt werden möchte und Kinder, die neben mir aufwachsen. Ich will … ich will … einen Freund!«

Sie schluchzte. Impulsiv ging er auf sie zu und nahm ihre Hand.

»Mein Gott!«, würgte er. »Es tut mir leid. Ich habe es nicht verstanden.«

»Und du … wirst mir helfen?« Ihre wunderbaren Züge waren flehend und tränenüberströmt.

»So gut ich kann«, versprach er.

Ihre perfekten Lippen waren zwei rosige Verlockungen, als sie ihn zu sich zog.

Er beugte sich vor, um sie sanft zu küssen … und sprang zurück, als hätten seine eigenen Lippen in Wahrheit eine Flamme berührt.

Lachen! Er schaute in spöttische Augen, deren einzige Tränen die der höhnischen Fröhlichkeit waren!

»So!«, sagte sie mit ihren roten Lippen spöttisch. »Das ist die erste Kostprobe, Thomas Connor, aber es wird noch mehr geben, bevor ich dich töte. Du kannst gehen.«

Das Schicksal des Mannes

»Du Teufel!« presste Connor hervor und wirbelte herum, als ein leises Klicken hinter ihm ertönte. Ein weißer Umschlag lag in einem Drahtkorb neben dem Aufzug.

»Gib ihn mir«, sagte die Flamme kühl.

Er schnappte ihn und drückte ihn ihr in die Hand. In einem Aufruhr der Gefühle beobachtete er sie, als sie las.

»In der Tat!«, murmelte sie. »Mein geschätzter Bruder befiehlt mir, mich von dir fernzuhalten – was ich nicht tun werde – und schickt dich sofort in sein Quartier.« Sie gähnte. »Nimm den Aufzug zu einem beliebigen Stockwerk unter dem Turm und frage eine Wache. Das ist alles.«

Doch als der Käfig abwärts fiel, konnte Connor nicht vergessen, dass die Prinzessin bei seinem letzten Blick etwas Wehmütiges an sich gehabt hatte. So sehr er sich auch bemühte, er konnte sie nicht von ganzem Herzen hassen, und er runzelte die Stirn, als er den Weg zu den Westkammern fand. Eine Wache ließ ihn in einen inneren Raum und zog sich dann leise zurück, sodass er dem Meister gegenüberstand, der hinter einem mit Papier übersäten Schreibtisch saß.

»Nun, was hältst du von mir?«, begrüßte ihn der Meister unvermittelt.

Connor war verblüfft und nicht auf die Frage vorbereitet.

»Warum«, stammelte er, »was soll ich denn von dir denken? Du hast mich durch Folter hierhergeschleppt. Du hast Evanie fast umgebracht. Glaubst du, dass ich so etwas leicht vergessen oder verzeihen kann?«

»Immerhin hast du dich an einem Aufstand gegen mich beteiligt, Thomas Connor«, sagte der Meister sanftmütig. »Du hast elf meiner Männer verwundet. Sind die Regierungen zu deiner Zeit so milde mit Verrat umgegangen?«

»Ich habe mich schon gefragt, warum du so nachsichtig mit den Rebellen bist«, gab er zu. »Ehrlich gesagt, zu meiner Zeit hätte man einen Großteil von uns an die Wand gestellt und erschossen.«

Der Meister schüttelte den Kopf. »Warum sollte ich das tun? Die Weeds sind das Beste meines Volkes. Der einzige Fehler, den ich gemacht habe, war, einem Volk Freizeit zu geben, das noch nicht bereit dafür ist. Die Muße hat all diese kleinen Revolutionen hervorgebracht. Aber tötet ein Vater seine Lieblingskinder?«

»Tötet ein Sohn seine Mutter?«, erwiderte Connor. Der Meister lächelte düster.

»Wie ich sehe, hat meine Schwester mit dir geredet. Ja, ich habe meiner Mutter die Unsterblichkeit verweigert. Sie war eine alte Frau – krank, gebrechlich. Hätte ich sie zu weiteren Jahrhunderten des Elends verdammen sollen? Die Unsterblichkeit stellt die Jugend nicht wieder her.«

Das war unbestreitbar.

»Doch du verweigerst es denen, die jung sind«, protestierte Connor. »Du behältst es selbstsüchtig als Belohnung, um alle fähigen Männer an dich zu binden. Du hast den Rest der Menschheit entmannt.«

»Du findest, dass Unsterblichkeit eine sehr wünschenswerte Belohnung ist, nicht wahr?«

» Das tue ich! Trotz dem, was deine Schwester gesagt hat.«

»Du verstehst nicht«, sagte der Meister geduldig. »Die Frage, ob es wünschenswert ist, lassen wir mal beiseite, das spielt keine Rolle. Aber nehmen wir an, ich würde es der ganzen Menschheit zugänglich machen und alle Ärzte in diese Geheimnisse einweihen. Würde das nicht sofort jegliche Entwicklung stoppen? Wie kann die Evolution funktionieren, wenn niemand stirbt und keine Kinder geboren werden?«

Das war ein Rätsel.

»Man könnte es nach der Geburt der Kinder erlauben«, sagte Connor.

»Das könnte ich. Aber bei der derzeitigen Geburtenrate würden die Landflächen schon in anderthalb Jahrhunderten kaum noch Stehplätze bieten. Vermutlich könnte ich dann neun Zehntel der Bevölkerung ausrotten, aber was ist mit den Hungersnöten und der Nahrungsmittelknappheit, die dazwischen liegen?«

Connor schwieg für einen langen Moment.

»Der Fehler liegt bei der Unsterblichkeit selbst!«, stieß er vehement hervor. »Die Menschen hätten dieses Geheimnis nie erfahren dürfen!«

»Aber sie haben es erfahren. Willst du, dass ich das Wissen zerstöre, weil die Narren es beneiden … und zwar zu Unrecht?«

»Hast du mich nur herbestellt, um deine Taten zu rechtfertigen?« antwortete Tom Connor schnippisch.

»Genau. Du besitzt Wissen, das für mich von unschätzbarem Wert ist. Ich würde dich gerne von meiner Aufrichtigkeit überzeugen.«

»Das wirst du nie.«

»Höre«, sagte der Meister, immer noch in einem ruhigen, ernsten Ton. »Zweifle nie daran, dass ich dein Wissen stehlen könnte. Ich kenne Wege, es zu erhalten, und wenn ich versage, werden andere nicht versagen.«

»Die Prinzessin hat das versucht«, sagte Connor grimmig. »Sie wird es nicht noch einmal versuchen.« Er befingerte eine kleine Bronzebüste auf dem Schreibtisch vor ihm. »Was hindert mich übrigens daran, dir diese Bronze jetzt in den Schädel zu schleudern und dich zu töten, anstatt zu warten, bis du mich tötest?«

»Dein Wort, im Palast nichts gegen mich zu unternehmen«, erinnerte der Meister sanft.

Connors Lippen zogen sich zusammen. In diesem Moment wurde ihm plötzlich klar, was ihn so heftig beunruhigt hatte. Er fing an, dem Meister zu glauben, und das wollte er nicht! Die Erinnerung an die Folter des Boten war noch zu frisch; das Bild von Evanies Hilflosigkeit war zu brennend. Er wurde gegen seinen Willen überredet, aber: »Du hast gewonnen«, knurrte er und ließ die Büste los. »Mach schon. Sag mir, worauf das alles hinauslaufen soll. Du musst doch ein anderes Ziel haben, als deine eigene Macht auf unbestimmte Zeit zu erhalten.«

Der Meister lächelte. »Das habe ich. Ich plane das endgültige Schicksal der Menschheit.« Er hob eine Hand, um Connors schnellen, ungläubigen Protest zu unterdrücken. »Hör mir zu. Ich habe Kriminelle herausgezüchtet, indem ich jahrhundertelang alle Menschen mit kriminellen Neigungen sterilisiert habe. Ich habe das allgemeine Intelligenzniveau angehoben, indem ich die Schwachsinnigen und Inkompetenten sterilisiert habe. Wir haben zwar weniger Genies als dein Volk, aber wenigstens keine Dummen oder Geisteskranken – und das Genie wird kommen.

»Ich versuche nach bestem Wissen und Gewissen, die Rasse zu verbessern. Ich glaube, es gelingt mir. Zumindest sind wir den Barbaren der dunklen Jahrhunderte weit voraus, und ich glaube, sogar dem Durchschnitt deines mächtigen, alten Volkes. Ich glaube, wir sind glücklicher.« Er hielt inne. »Findest du nicht?«

»In gewisser Weise«, räumte Connor ein. »Aber selbst Glück ist nicht immer ein fairer Tausch gegen … Freiheit!«

»Freiheit? Und wenn ich die Freiheit gewähren würde? Und wenn ich abdanken würde? Was glaubst du, wie lange es dauern würde, bis jedes Weed-Dorf gegen jedes andere Krieg führen würde? Willst du, dass die Welt in ein weiteres Gewirr von zerstrittenen kleinen Nationen zerfällt? Das ist es, was ich gefunden habe; daraus habe ich ein Imperium geschaffen.«

Er trommelte mit einem Finger auf den Schreibtisch und musterte Connor nachdenklich.

»Außerdem habe ich die Unterschiede, die ich finden konnte, bewahrt. Die gelbe Rasse war ein Überbleibsel; ich habe sie wieder stark gezüchtet. Die rote Rasse ist verschwunden, aber die schwarze wächst. Und die Angehörigen der Nationen … ich habe sie gehegt und gepflegt.«

»Warum?« fragte Connor. »Differenzen sind doch nur ein Grund für zukünftige Probleme, oder?«

»Zivilisation wächst aus Gegensätzen heraus. Keine Rasse kann von sich aus eine hohe Kultur hervorbringen. Es muss einen Austausch von Ideen geben, und das bedeutet, dass es Unterschiede geben muss.«

»Du bist dir sehr sicher, nicht wahr?« Connor spottete.

»Ich habe Jahrhunderte damit verbracht, darüber nachzudenken. Ich bin überzeugt, dass ich die Wahrheit gefunden habe. Und ich tue das Beste, was ich kann.«

»Ich wünschte …« Connor hielt inne. »Ich wünschte, ich könnte dir glauben!«

»Du kannst. Ich lüge nie.«

»Ich habe fast das Gefühl, dass ich es kann. Du bist nicht der spöttische Teufel, der deine Schwester ist. Ich mag dich irgendwie.«

Ein seltsames Lächeln flackerte auf den Lippen des Meisters.

»Ich habe ihr gesagt, dass sie aufhören soll, dich zu quälen. Ich nehme an, dass sie das getan hat, aber sie wird sich in Zukunft von dir fernhalten … Stimmt's, meine Liebe?«

Connor drehte sich um. In der Tür auf der anderen Seite, mit einer halb gerauchten Zigarette in der Hand, stand Margarete von Urbs in ihrer wunderschönen Gestalt.

»Vielleicht«, murmelte sie langsam und ging gemächlich in den Raum, wo sie sich ungeachtet der vielen Papiere lässig auf den Schreibtisch setzte.

»Joaquin«, bemerkte sie, »dieser Mann versäumt es, in meiner Gegenwart zu knien. Und in deiner auch, wie ich sehe. Soll ich es ihm befehlen?«

»Versuch mal, der Statue von Olin etwas zu befehligen«, schnauzt Connor.

»Wir könnten ihn überreden«, deutete die Prinzessin an. »Immerhin ist Evanie Sair unsere Geisel.«

»Sei still!«, sagte der Meister scharf. »Du weißt, dass ich niemals einen Brauch denen aufzwinge, die ihn ablehnen.«

Die Prinzessin blickte Tom Connor spöttisch an und schwieg. »Wenn du erlaubst, würde ich mich gerne zurückziehen«, sagte er. »Wir scheinen das Thema abgehakt zu haben.«

»Nicht ganz«, sagte der Meister.

»Was willst du noch von mir?«

»Zwei Dinge. Erstens, dein Wissen. Dein Wissen über die alte Mathematik und was wir sonst noch brauchen.«

»Gewährt … unter einer Bedingung.« Auf den fragenden Blick des Meisters hin sagte er kühn: »Unter der Bedingung, dass alles, was ich sage, öffentlich gemacht wird. Ihr habt genug Geheimnisse … auch wenn einige davon es nicht bleiben!«

»Ich stimme zu«, sagte der Meister prompt. »Das war immer meine Absicht. Aber welches meiner Geheimnisse läuft Gefahr, enthüllt zu werden?«

Connor lachte. »Was wolltest du noch von mir?«

»Dein Blut. Deine Kraft in der Rasse, wie eine Infusion von Bulldoggenblut, um Windhunden Mut zu geben. Ich will, dass du heiratest und Kinder bekommst.«

»Und das«, sagte Connor unverblümt, »ist meine persönliche Angelegenheit. Ich weigere mich, das zu versprechen.«

»Nun«, sagte der Meister freundlich, »dann lassen wir der Natur ihren Lauf. Ich gebe dir diese Nachsicht, wenn du mir verrätst, welches Geheimnis du vermutest.«

»Erledigt! Das sind die Dreiecks-Raketen.«

»Die Zündung der Rakete!«

»Ja. Ich habe dein Schiff während des Flugs gehört. Ich habe die Explosionen gehört.« Er wandte seinen spöttischen Blick vom Meister zur Prinzessin. »Die Explosion ist nicht gleichmäßig. Sie pulsiert. Verstehst du? Sie pulsiert!«

Das Gesicht des Meisters war ernst. »Nun?«

»Ich weiß, dass du die Häufigkeit der Energiezufuhr nicht kontrollieren kannst. Die ganze Welt hat nach einer Möglichkeit gesucht, die Häufigkeit zu kontrollieren. Das ist unmöglich. Wasserstoff hat seine natürliche

Periode wie Radium. Du kannst die Energie in diesem einen Rhythmus freisetzen oder alles auf einmal, wie in unseren Gewehren – aber anders kannst du es nicht kontrollieren!«

Es herrschte Stille.

»Ich weiß, was du bei der Explosion machst. Du zündest dein Wasserstoff – ein bisschen auf einmal in einer sehr starken Sprengkammer und lässt die Explosion allmählich ab. Das ist nicht kontinuierlicher als die Kraft eines Benzinmotors!«

»Du bringst dein Leben in Gefahr!«, flüsterte der Meister. »Du kannst jetzt nicht mehr leben!«

»Mit ihrer satanischen Majestät, der Göttin des Spottes, als Fürsprecherin für mich?« spottete Connor und starrte der Prinzessin unverwandt in die graugrünen Augen. In ihren Zügen war jetzt nicht mehr die geringste Spur von Spott, sondern eher so etwas wie Bewunderung. »Wenn ich sterben soll, dann am besten hier und jetzt, sonst finde ich einen Weg, um zu erzählen, was ich weiß!«

»Hier und jetzt!«, sagte Margarete von Urbs.

»Noch nicht«, sagte der Meister. »Thomas Connor, vor langer Zeit in meiner Jugend kannte ich Männer wie dich. Sie sind tot, und das ist ein großer Verlust für die Welt. Aber du lebst noch. Ich will dich nicht töten. Lieber vertraue ich das Schicksal meines Reiches deinem Wort an. Wenn du mich angehört hast, wirst du mir dann die Treue schwören?«

»Nein. Ich bin mir nicht sicher, ob du aufrichtig bist.«

»Wenn du es wärst, würdest du es tun?«

»Mit Vergnügen. Ich sehe mehr in dir als in den Weeds.«

»Schwörst du dann, dich mir nicht zu widersetzen, bis du dir sicher bist? Und wirst du schwören, das Wissen, das du hast, für dich zu behalten?«

»Na gut!«, sagte Connor und grinste. Er nahm die bronzene Hand, die der Meister ausstreckte. »Ich schwöre es.« Er blickte die Prinzessin kühl an. »Und bei den drei Arten von Metamorphs, ich schwöre es gerne!«

»Zwei Arten«, korrigierte der Meister milde. »Panate und amphimorph.«

Aber Margarete von Urbs verstand, was er meinte. Eine schwache Spur von Wut glitzerte in ihren Augen.

»Die Unsterblichen«, sagte sie kalt, »betrachten sich nicht als Metamorphs.«

»Dann betrachte ich mich nicht als Ire«, sagte Thomas Connor. »Jeder Freak, der aus dem Strahl von Martin Sail kommt, ist für mich ein Metamorph.«

»Genug«, sagte der Meister. »Das ist alles, Connor.«

Doch an der Tür hielt die Prinzessin Connor an, und er blickte in ihr Gesicht.

»Glaubst du«, sagte sie kalt, »dass Joaquins Versprechen dich oder Evanie Sair vor mir schützen wird? Ich habe meine eigenen Schulden bei dir einzutreiben.«

Er warf einen Blick zurück auf die teilnahmslose Gestalt am Schreibtisch.

»Ich habe mein Wissen gegen dein Wort getauscht«, rief er dem Meister zu. »Ist es so?«

»Ich bin der Meister«, sagte er ruhig.

Connor blickte wieder auf die perfekten Züge der Flamme. Langsam hob er seine Hand und hielt ihre Augen mit den seinen fest. Und dann schnippte er mit einer scharfen Geste seinen Finger stechend gegen ihre zierliche Nase, grinste und schritt davon.

An der Außentür drehte er sich um. Die Schwarze Flamme, deren hübsches Gesicht eine blasse Maske der Wut war, hielt eine Strahlenpistole in der Hand, aber sie bewegte sich nicht, als er sie angrinste. Hinter ihr lächelte der Meister kryptisch.

Doch als Connor wieder in seinem Zimmer war, wurde er mit einer erstaunlichen Erkenntnis konfrontiert. Unter dem Deckmantel seiner Sanftmut hatte der Meister jeden einzelnen Punkt gewonnen! Er hatte Connor das Versprechen der Preisgabe seines Wissens, das Versprechen der Geheimhaltung der Dreiecksraketen, die Entfremdung von der Sache der Weed und mehr als einen halben Treueeid auf sich selbst abgerungen!

Und das alles für – was? Für das Recht von Thomas Connor, seine eigenen Kinder zur Welt zu bringen, und für dasselbe Versprechen der Sicherheit, das er ihnen bei ihrer ersten Begegnung gegeben hatte!

Er fluchte leise und dachte an die spöttische Lieblichkeit der Schwarzen Flamme.

Die „Sky-Rat“

Connor wachte ausgeruht auf. Der Muskelkater, den Evanies Gewicht verursacht hatte, war fast verschwunden. Er stand auf, nahm ein Bad, zog sein glitzerndes Urban-Kostüm an und ging in Evanies Zimmer.

Das Mädchen war endlich aufgewacht und schien auf dem Weg der Besserung zu sein. Er atmete tief durch und war erleichtert. Zumindest in einem Punkt war die unberechenbare Prinzessin aufrichtig gewesen.

»Evanie!«, murmelte er. »Geht es dir wirklich gut? Fühlst du dich besser?«

Sie lächelte und nickte. »Ich fühle mich fast wie ich selbst.«

»Dann haben wir die Prinzessin bei einem Punkt falsch eingeschätzt. Ich muss ihr danken, dass sie dich rettete.« Evanies Augen weiteten sich vor Entsetzen.

»Ihr danken! Wie meinst du das? Tom … hast du … hast du sie gesehen, während ich …«

Er war erstaunt.

»Ich habe mit ihr zu Abend gegessen.«

»Nachdem ich dich gewarnt habe«, klagte sie, »sage ich dir, sie ist wie ein Wahnsinn, der ins Blut geht. Ein Mann kann sie nicht einmal ansehen, ohne zu leiden … und sie ist grausam und absolut unmenschlich.« Sie presste die Lippen fest zusammen und flüsterte: »Hier gibt es einen Scanner … direkt unter dem Licht. Ich darf nicht so reden.«

»Wen interessiert das schon? Sie wird mir nicht in die Quere kommen, Evanie. Ich bin erst zwei Unsterblichen begegnet. Den Meister mag ich. Die Prinzessin … ich hasse sie!«

»Siehst du«, flüsterte sie, »du magst den Meister! Tom, er ist genauso böse wie die Prinzessin. Er ist gerissen, intrigant, hinterhältig! Sein Charme ist giftig. Lass dich nicht von ihm verführen … bitte!«

Er war erschrocken über ihre Heftigkeit. Aber nun hatte der Meister sein Wort. Konnte er es brechen? Er war mehr als halb von der Aufrichtigkeit des großen Herrschers überzeugt. Schließlich war Evanie nur ein süßes, impulsives Mädchen vom Lande, dessen Großvater getötet worden war. Etwas von dem, was er dachte, musste sich in ihrem Gesichtsausdruck gezeigt haben, denn ihr Gesicht wurde plötzlich hart.

»Wenn ich glauben würde, dass du dich von uns abwendest und dich ihnen zuwendest«, sagte sie angespannt, »würde ich dich verachten, Tom. Aber ich glaube an dich! Ich glaube, dass du stark genug bist, um den Tricks der Unsterblichen zu widerstehen. Enttäusche mich nicht.«

Er konnte nicht antworten, denn Sora, das Dienstmädchen, kam mit einem Tablett mit Essen herein. Sie stellte es auf einen raffiniert konstruierten Schwenkarm, der es über dem Bett hielt. Es war eine stille Mahlzeit. Evanie war kühl und sah Connor misstrauisch an.

Er war erleichtert, als sie fertig waren und die Frau mit dem Tablett ging. Er fand eine Schachtel Zigaretten, die sich magisch selbst entzündeten, und paffte zufrieden, während Evanie ihn schweigend beobachtete.

Es klopfte. Ein Palastwächter trat ein, verbeugte sich, überreichte Connor ein kleines Päckchen und einen Umschlag, der mit dem Abdruck der Midgardschlange versiegelt war, und ging wieder hinaus.

Connor brach das Siegel und holte eine Karte heraus, las sie und pfiff. Als er sie Evanie überreichte, hatte er einen seltsamen Gesichtsausdruck. Darauf standen in einer Schrift, die so fein und präzise wie eine Gravur war, zwei Sätze:

Wir wünschen deine sofortige Anwesenheit in unserem Labor in den Ostkammern. Zeige der Wache an deiner Tür unser Medaillon.

Margarita, Urbis Regina, Soroque Domini.

Das königliche »Wir«. Es war keine Einladung, sondern ein Befehl. Connor starrte Evanie an, die mit zusammengekniffenen Augen zurückstarrte.

»Und?«, sagte er schließlich.

»Und?«

»Was soll ich tun? Sie ignorieren und uns beide ihrem Zorn aussetzen – wenn sie so ein Teufel ist, wie du sagst?«

»Oh, geh!«, schnappte Evanie. »Du und deine alte Stärke und dein Mut! Du bist wie jeder andere Mann vor der Schwarzen Flamme von Urbs … nur ein Narr! Geh!«

»Und dich verlassen?«

»Sora wird mir Gesellschaft leisten«, antwortete sie. »Nur zu. Verbrenn dich an der Flamme und sieh, ob es mich interessiert.«

»Ich weiß nicht, was ich sonst tun kann, als zu gehen«, murmelte er unglücklich.

Schlecht gelaunt wandte er sich zur Tür und nahm das Päckchen aus der Verpackung. In der Hand hielt er eine wunderschön gegossene Goldscheibe mit den reinen Gesichtszügen der Prinzessin im Hochrelief.

Der Wächter draußen stellte sich ihm sofort entgegen. Es bereitete ihm ein grimmiges Vergnügen, dem Kerl das Medaillon ins Gesicht zu halten und zu sehen, wie er verblüfft salutierte und zur Seite trat. Connor nahm den Aufzug ins Erdgeschoss und betrat zufrieden den riesigen Thronsaal.

Er ging durch das unordentliche Zimmer von Martin Sair und schließlich zu seinem Ziel. Margarete von Urbs saß mit einem Glas Purpurwein in der einen und der unvermeidlichen Zigarette in der anderen Hand, ihre zierlichen Füße in Sandalen auf einem weichen Schemel. Sie trug ein Urban-Kleid aus glitzerndem Silber, über dem ihr schwarzes Haar wie Metall schimmerte. Sie schenkte ihm ein hämisches Lächeln.

»Du darfst meine Sandale küssen«, sagte sie.

»Oder den Saum deines Rocks«, erwiderte er. »Warum hast du mir diese Nachricht geschickt?«

Sie deutete auf den Bildschirm neben sich.

»Vor allem, um zu sehen, wie du und Evanie darüber streiten.«

»Dann kennst du ja meine Meinung über dich.«

»Ja. Ich war ziemlich amüsiert.«

»Nun, wenn es dich nicht mehr amüsiert, darf ich dann zurückgehen?«

»Nicht sofort«, sagte die Prinzessin. »Meinst du nicht, dass ich dir im Gegenzug eine kleine Belustigung schuldig bin?«

»Ich verzichte.«

»Aber ich bin sehr vorsichtig, was meine Schulden angeht«, beharrte sie mit diesem verrückten, spöttischen Funkeln in den Augen, das ihn herausforderte. »Gibt es denn nichts, was dich am Palast – oder in der Welt – interessiert? Ich nehme dich mit auf eine Besichtigungstour.«

Das war eine Chance. Es gab sicher vieles, was er in dieser Welt, die tausend Jahre nach seiner Geburt entstanden war, sehen wollte. Er zögerte. Das dunkelhaarige Mädchen wies ihm einen Stuhl zu, und er setzte sich. Unerlaubt schenkte er sich einen Becher Wein ein, der neben ihr stand. Er war ganz anders als die stillen Weine Ormons: süß, spritzig, vollmundig … und stark.

»Ich würde gerne Eartheye sehen«, sagte er nachdenklich.

»Oh, Asien ist zu weit weg!«, protestierte sie schnell. »Ich gebe dir nur eine Stunde oder so.«

»Dann lass uns doch mal etwas von der Erde auf den Bildschirm holen«, schlug er vor. »Wie wäre es mit dem Mars?«

»Nun, es ist Nacht über Asien.« Mit einer nachlässigen Hand schaltete sie den Bildschirm ein und sagte: »Eartheye.« Im nächsten Moment erschien ein bärtiges Gesicht und grüßte respektvoll. »Setz auf den Mars«, murmelte sie. »Die zentrale Region von Solis Lacus.«

Im nächsten Moment durchflutete ein rosiges Leuchten den Bildschirm und löste sich in eine rötliche Fläche mit einem grünlichen Zentrum auf. Connor starrte wie gebannt. Der geheimnisvolle Planet in einer Entfernung von zwei Meilen!

Rätselhafte dunkle Flecken mit einer seltsam anmutenden Regelmäßigkeit waren zu erkennen, ein kabbalistisches Liniengeflecht und das Aufblitzen von etwas Hellem, das Wasser sein könnte. Eine Zivilisation von Pygmäen? fragte er sich schwindlig.

»Das würde ich gerne mit eigenen Augen sehen!«, murmelte er.

»Ich auch«, sagte Margarete von Urbs. »Ich habe versucht, meinen lieben Bruder dazu zu überreden, aber bisher ohne Erfolg.«

»Du?« Er erinnerte sich an sein Gespräch mit Evanie und Jan Orm. »Aber es sind zweieinhalb Jahre hin und zurück!«

»Was sind schon zweieinhalb Jahre für mich?« Sie schaltete den Bildschirm ab. »Komm mit«, sagte sie und stand auf.

»Wohin jetzt?«

»Für einen kleinen Flug. Ich zeige dir ein Dreieck« – sie blickte ihn mit einem spöttischen Lächeln an – »da du ihr Geheimnis kennst … und trotzdem lebst!«

»Das verdanke ich nicht dir!« Connor blitzte sie an.

»Nein. Hattest du Angst?«

»Sah ich so aus?«

Sie schüttelte den Kopf.

»Hast du jemals Angst?«

»Oft. Ich versuche es nicht zu zeigen.«

»Das mache ich nie«, sagte sie, zog eine Strahlenpistole aus einer Tischschublade und steckte sie sich an die Hüfte. »Da wir den Palast verlassen«, erklärte sie, »habe ich vor, dich auch wieder zurückzubringen.«

Er lachte und folgte ihr durch den Thronsaal und hinauf zu einem Teil des riesigen Palastdaches unter dem Südturm. Dort stand ein Dreieck auf einem Metallboden.

Er bemerkte die Vertiefungen und Abschürfungen, wo die Explosion eingeschlagen hatte. Das Fahrzeug schimmerte silbern, viel kleiner als die riesigen, die er im Flug gesehen hatte. Connor warf einen neugierigen Blick auf die Abschusskammer an der Spitze und dann auf den Namen »Sky-Rat«, der in die Wand eingraviert war.

»Meine «Sky-Rat»«, sagte Margarete von Urbs. »Das schnellste Ding, das der Mensch je gemacht hat. Eure Kugeln sind Nachzügler neben ihm.« Sie zögerte, und einen Moment lang hätte er schwören können, dass in ihren Augen ein Hauch von Schüchternheit lag. »Ich habe vor nicht allzu langer

Zeit einen Ausflug gemacht«, sagte sie leise, »den ich nie vergessen werde. Die Wälder von Ormon sind – wunderschön – findest du nicht?«

Darauf gab er keine Antwort und folgte ihr hinein. Die röhrenförmige Kammer war luxuriös ausgestattet, mit tiefen gepolsterten Sitzen und genug Platz für ein bequemes Schlafquartier. Als sie Platz genommen hatten, drückte sie einen Hebel und das dumpfe Dröhnen der Explosion begann.

Durch die Bodenluke sah er, wie der Palast in kleiner wurde. Urbs Major rollte unter ihm aus. Es gab ein Gefühl der Schwere, als das Fahrzeug wie ein verirrter Meteor nach oben schoss.

»Erschrocken?«, lachte die Prinzessin.

Connor zuckte mit den Schultern. »Ich bin schon mal geflogen«, sagte er lakonisch.

»Oh … Flugzeuge! Warte ab!«

Todesflug?

Minute um Minute zog sich die Erde zurück. Sie schien nicht zu sinken, sondern zu schrumpfen, als würde sich die Oberfläche wie ein Ballon zusammenziehen.

Urbs Minor glitt sanft ins Blickfeld, und das ganze Panorama der mächtigen Stadt lag unter ihnen – Urbs Major und Minor mit dem Einschnitt des Kanals dazwischen, winzig wie ein Spielzeugdorf in den Schweizer Alpen.

Kaatskill glitt über den Platz und ein Dutzend anderer Vororte der riesigen Metropole, die er nie zuvor gesehen hatte. Die aufragenden Türme des Palastes waren klein wie Stecknadeln in einem Teppich und schon ein wenig östlich von ihnen, da ihr radialer Flug die Erdrotation auf das Raumschiff zukommen ließ.

Die Erde erschien dunstig, und im Norden glitzerte eine schneeweiße Wolkenebene. Die riesige Schale des Planeten begann sich langsam in der Mitte zu wölben. Sie drehte sich um und begann kugelförmig zu werden.

Tom Connor zuckte zusammen, als ein Funke an seinem Daumen knisterte. Ein zweiter stach ihm in die Nasenspitze. Das schwarze, seidige

Haar der Prinzessin hob sich seltsam zu einer Wolke um ihr perfektes Gesicht. Funken sprühten über das Metall des Rumpfes.

»Die Heaviside-Ionisationsschicht«, murmelte sie. »Hast du Angst?«

»Nein.«

Margarete von Urbs schaute auf ein Zifferblatt.

»Dreißigtausend jetzt.«

»Fuß?«

Sie lachte. »Meter.«

Etwa 30 Kilometer. Und sie wurden immer schneller. Die Oberfläche unter ihnen floss unaufhörlich nach innen. Der Himmel verdunkelte sich, ein Stern erschien – und noch einer. Fünfzig Sterne, tausend – alle funkelten am schwarzen Himmel, an dem die Sonne blau-weiß leuchtete. Die Erde war jetzt kugelförmig. Die gewaltige, unvorstellbare Neigung des Planeten war in allen Richtungen zu sehen.

Unbewusst zuckte Connor zusammen, als plötzlich ein scharfes Prasseln wie Hagel ertönte.

»Meteorische Partikel«, sagte das Mädchen und drehte an einem Knopf. »Paige-Deflektor«, erklärte sie.

»Sowohl für Meteoriten als auch für Kugeln?«, schlug er vor. »Für die Eisenmeteoriten. Ein Stein könnte durchkommen.« Ein unangenehmer Gedanke. Minuten vergingen – eine halbe Stunde.

Plötzlich bewegte die Prinzessin etwas. Connor wurde durch die plötzliche Leichtigkeit fast von seinem Sitz gehoben. »Verlangsamung«, sagte sie und blickte auf die kolossale Ausbuchtung unter ihr hinunter. »Fünfhundert Kilometer. Hast du Angst?«

»Glaubst du das?«

Sie lächelte spöttisch. »Ich werde die Deflektoren ausschalten«, murmelte sie.

Es gab ein lautes Getöse. Etwas krachte über ihm und der Boden kippte und drehte sich wie ein Gauklerteller. Margarete von Urbs lachte.

»Darf ich wissen, worum es geht?«, fragte er.

»Ja«, sagte sie sanft. »Ich werde Selbstmord begehen!«

Als er scharf und ungläubig nach Luft schnappte, bewegte sie den Hebel vor sich, und das Dröhnen der Explosion verstummte schlagartig. Das Schwindelgefühl, das folgte, war tausendmal schlimmer als das, was Connor in den schnellen Aufzügen des Palastes erlebt hatte.

Er war völlig schwerelos. Sie befanden sich im freien Fall!

Die Prinzessin lachte über ihn. Tief in ihren leuchtenden, unmenschlich schönen meergrünen Augen glitzerte der Spott.

»Angst?«, flüsterte sie, wie schon so oft, und gab ein leises, krächzendes Kichern von sich, als er schwieg. »Fünfhundert Kilometer!«, spottete sie. Eine zeitlose Pause. »Zweihundert!«

Er konnte seinen Blick nicht von der teuflischen Schönheit ihres Gesichts abwenden, aber er kämpfte grimmig mit seinen bebenden Lippen um Festigkeit. Draußen ertönte ein leises Wimmern, das sich abrupt zu einem gellenden Schrei steigerte, der durch die Welt schallte. Die Luft! Sie waren auf die Atmosphäre getroffen.

Der Boden wurde warm, fast heiß – er brannte. Endlich riss Connor seine Augen vom Gesicht der Prinzessin los und starrte auf den heranstürmenden Planeten hinunter.

Sie waren über dem Meer. Welche Materie? Bei dieser Geschwindigkeit könnte es genauso gut Beton sein. Wie hoch? Zwei Meilen – eine Meile? Jede weitere Sekunde wurde weniger. Der Schrei war jetzt ein großes Gebrüll.

»Wir werden abstürzen«, sagte er gleichmütig und wusste, dass sie ihn nicht hören konnte.

Margarete von Urbs trat mit einem zierlichen, lässigen Fuß gegen einen Hebel. Die Explosion brauste los – zu spät! Oder doch nicht? Ein unwiderstehliches Gewicht drückte Connor nieder, als das Meer nach oben rauschte. Es war jetzt so nah, dass er das Wasser sah, das von der Explosion ausgehöhlt wurde. So nah!

Aber weit genug. Sie wichen zurück, bis das Mädchen die Explosion wieder abschaltete und die Rakete sanft auf die wogenden Wellen des Pazifiks setzte.

Connor schluckte.

»Schöner Flug«, sagte er ruhig. »Wie oft kannst du das machen?«

»Ich weiß es nicht«, lachte sie. »Ich habe es noch nie versucht. Hast du Angst?« Die Wiederholung dieses Wortes ging ihm genauso auf die Nerven wie die Geschwindigkeit der Rakete.

»Habe ich es gezeigt?«, fragte er.

»Ich fürchte nicht.« Ihre Stimme änderte sich plötzlich. Sie erhob sich und riss die Strahlenpistole von ihrer Seite. »Wenn ich dich schon nicht erschrecken kann«, sagte sie mit funkelnden Augen, »dann kann ich dich wenigstens töten!« Der Strahl blitzte über ihn hinweg.

Er ertrug den Schock ohne mit der Wimper zu zucken. Sie ließ ihren Finger am Schaft entlang gleiten, bis der Strahl härter zustach und ihn erschütterte. Er biss sich auf die Lippen und blickte wieder in die Augen, die jetzt tief smaragdgrün waren. Schließlich lachte sie und legte die Waffe an ihren Platz zurück.

»Waren alle Antiken wie du, Tom?«, murmelte sie.

Irgendwie gelang ihm eine ruhige Antwort.

»Manche stärker, manche schwächer«, sagte er achtlos.

»Ich glaube, ich könnte dich lieben«, flüsterte sie.

Sie streckte ihm plötzlich eine Hand entgegen und unwillkürlich schreckte er auf.

»Vor einer Sache hast du wenigstens Angst, oder?«, spottete sie. »Angst vor … mir!«

Ohne Vorwarnung ergriff er ihren Arm und zog sie plötzlich an sich. Er drückte ihr einen heftigen Kuss auf die vollen Lippen. Sofort gab sie nach und erwiderte die Liebkosung. Einen Augenblick lang brannten ihre Lippen auf seinen wie starker Wein, und in seinem kreisenden Gehirn flammten Lichter auf. Mit der schwarzen Flamme von Urbs in seinen Armen schien die Welt aus dem aufsteigenden Dreieck zu verschwinden.

Er spürte, wie sich ihre Lippen auf seine bewegten, und hörte sie murmeln: »Tom! Tom! Ich liebe dich doch. Sag, dass du mich liebst!«

»Dich lieben? Dich lieben?«, sagte er. Doch gerade noch rechtzeitig bemerkte er das vertraute spöttische Glitzern in ihren Augen. »Ja«, sagte er. »So wie ich einen starken Schnaps liebe!«

Er schob sie grob von sich und lächelte hämisch. Margarete von Urbs lachte, aber er glaubte, in ihrem Lachen ein Zittern zu hören. Es war das erste Mal, dass er an der diamantenen Härte ihrer Haltung rüttelte. Das heißt, seit er sie in ihrer Rolle als grausame Prinzessin gesehen hatte, die sie seit siebenhundert Jahren spielte. Als er sie als Kind des Waldes gesehen hatte, war sie anders gewesen.

Aber sie gewann schnell wieder die Kontrolle über sich. Sie schlug ein wenig bösartig auf die Steuerknüppel, und die Sky-Rat schwebte von einem kochenden Kreis des Ozeans weg in Richtung Urbs.

Dort angekommen, sagte die Prinzessin kein Wort, sondern verließ Tom Connor sofort. Er schlenderte unschlüssig zu seinem Zimmer und öffnete Evanies Tür. Sie saß auf ein paar Kissen gestützt, während sich ein Mann in der Kleidung eines Palastdieners über sie beugte. Beide drehten sich mit erschrockenen Gesichtern zu ihm um. Zu seinem Erstaunen erkannte er den Mann als Jan Orm von Ormon!

Tom Connor öffnete den Mund, um Jan Orm einen unwillkürlichen Gruß zuzurufen, unterließ es aber beim Anblick von Jans warnendem Blick und einer Geste von Evanie. Ja, natürlich! Jan war in Verkleidung hier, und da war der Scanner mit einem zwinkernden Auge und einem aufmerksamen Ohr. Connor trat an die Seite von Evanies Bett und beugte sich über sie.

»Sieh Jan nicht an, wenn du redest«, sagte sie leise.

»Das werde ich nicht. Gott, bin ich froh, dich zu sehen, Jan! Ich wusste nicht, was mit dir passiert ist.«

»Ich arbeite in der Küche«, flüsterte Jan und nickte zu einem Tablett auf dem Wandarm. Er fügte eifrig hinzu: »Tom, du kannst uns helfen! Wir brauchen dich.«

»Dir helfen, was zu tun?«

»Um es zu …« begann Jan, aber Evanie unterbrach ihn. »Hilf mir zu entkommen«, flüsterte sie und warf einen Blick auf Jan Orm. »Sei vorsichtig vor ihm, Jan«, warnte sie. »Er hat sich in der Nähe der Schwarzen Flamme aufgehalten.«

Connor errötete.

»Schau her!«, murmelte er. »Das ist genau mein Standpunkt. Zur Sicherheit habe ich dem Meister geschworen, vorerst nichts gegen ihn zu unternehmen und ihm zu sagen, was ich über Mathematik weiß. Das kann dir doch nicht schaden, oder? Evanies Sicherheit ist mir mehr wert als das.«

»Was ist ein Schwur gegenüber dem Meister wert?«, knurrte er. »Das muss dich nicht binden!«

»Ich halte mein Wort«, sagte Connor ebenso grimmig.

»Aber dein Schwur hält dich nicht davon ab, mir bei der Flucht zu helfen, oder?«, flüsterte Evanie.

»Wahrscheinlich nicht … aber was nützt das schon? Um einen weiteren Boten zu ertragen?«

»Dieses Mal«, erklärte Evanie, »werde ich jeden Messenger abwehren. Vorher war ich erschöpft und fast hilflos.«

»Was kann ich tun?«, fragte Connor ein wenig widerwillig.

»Kannst du dich im Palast frei bewegen, wie du willst?«

»Nicht ganz.«

»Nun, ich will den Meister sehen. Ich muss ihn sehen.«

»Warum rufst du ihn nicht an und bittest um ein Gespräch?« fragte Connor. Das schien einfach zu sein.

»Das habe ich. Alles, was ich bekomme, ist eine Aussage aus dem Bildschirm, dass er in seinem Quartier beschäftigt ist und nicht kommen kann. Ich darf mein Bett nicht verlassen, weißt du.« Sie hielt inne. »Es ist wahrscheinlich wahr. Jan hat gehört, dass es übermorgen ein Konklave der Unsterblichen des Südens gibt.« Sie schaute Connor flehend an. »Kannst du mich nicht zu ihm bringen, Tom? Bitte … ich muss ihn sehen.«

Connor lächelte amüsiert, als ihm ein schneller Gedanke in den Sinn kam. Margarete von Urbs muss heute Morgen tatsächlich beunruhigt gewesen sein. Sie hatte vergessen, ihr Medaillon zurückzuholen. Wenn er es benutzen würde, bevor sie sich daran erinnert. »Vielleicht kann ich dir helfen, zu ihm zu gelangen, Evanie«, flüsterte er. »Wenn du sofort mitkommst.«

Die Verschwörer

Die Wachen ließen sie vorbei, ohne sie zu fragen, nur mit einem Blick auf das Medaillon.

Als sie den Vorraum hinter dem Torbogen erreichten, sahen sie sofort den Meister an seinem überfüllten Schreibtisch. Evanie sank anmutig auf ein Knie, als sie sich dem Herrn näherten. Connor aber blieb aufrecht stehen und starrte Margarete von Urbs an, die auf einem Stuhl am Fenster saß, ein Buch auf dem Schoß und eine schwarze Zigarette zwischen den Fingern, die Rauch aufsteigen ließ, während sie ihn ansah.

Die Augen des Meisters flackerten über sie hinweg.

»Darf ich fragen, wie ihr beide hierher gekommen seid?«, erkundigte er sich milde.

Connor warf das Medaillon auf den Schreibtisch, und seine Lippen verzogen sich vor Belustigung, als er sah, wie die zierlichen Lippen der Prinzessin zusammenzuckten. Sie erhob sich schnell und ging an die Seite des Meisters. Sie und Evanie blickten sich über den Schreibtisch hinweg an. Die Augen von Margarete von Urbs waren leicht verächtlich, aber die von Evanie waren feindselig.

Für Tom Connor war es die erste Gelegenheit, die beiden direkt zu vergleichen. Er hasste sich selbst dafür, dass er das tat, aber hier wurde er dazu gedrängt.

Die Prinzessin war ein bisschen größer und schlanker als Evanie und unendlich viel schöner, obwohl Evanie so schön war. Es war nicht fair, sagte sich Connor bitter – furchtbar unfair sogar, Evanies Schönheit mit der überirdischen Schönheit der Schwarzen Flamme von Urbs zu vergleichen. Es war so, als würde man die schlichte Schönheit einer wilden Rose mit der Pracht einer Orchidee vergleichen oder einen Monarchfalter mit einer Luna-Motte.

Der Meister sprach.

»Ich nehme an, du hast einen Grund für dein Kommen.«

»Ja«, sagte Evanie. »Ich kann es nicht ertragen, in einem einzigen Raum eingesperrt zu sein. Ich musste dich sehen.« Ihre Lippen bebten. Sie war eine vollendete Schauspielerin, wie Connor plötzlich feststellte. »Du weißt, dass ich metamorphes Blut in mir habe. Du weißt, was das bedeutet. Ich muss mich im Freien bewegen, um Luft zu atmen, die vom Himmel kommt und nicht von den Ventilatoren im Palast. Ich bin also gekommen, um dich um ein wenig Freiheit zu bitten. Nur die Erlaubnis, ab und zu in den inneren Gärten spazieren zu gehen.«

Connor fragte sich, wie sie die Flucht auf dem Platz der inneren Gärten vollziehen konnte, da der Palast ihn umgab. »Ich habe die Absicht, dich freizulassen, aber noch nicht«, sagte der Meister. »Erst wenn ich von Thomas Connor bekommen habe, was ich will.«

»Aber ich kann es nicht aushalten!«, flehte das Mädchen zitternd. Der Meister wandte sich an Connor.

»Erinnere dich an deinen Eid«, sagte er, »unterstützt du diese Bitte? Das ist kein Zug gegen mich?«

»Ich werde mein Wort nicht brechen«, sagte Connor.

»Nun, ich sehe keinen Schaden darin.« Der Meister rief ein paar Silben in den Kasten neben ihm und sprach dann zu Evanie. »Du hast die Freiheit,dich in den Hallen und den inneren Gärten zu bewegen … mehr nicht. Was dich betrifft« – seine Augen flackerten über Connor – »so kommst du offenbar ohne meine Erlaubnis zurecht. Das ist alles.«

Evanie ließ sich wieder auf die Knie fallen, stand auf und ging auf den Torbogen zu. Als Connor ihr folgte, rief der Meister: »Nicht du, Thomas Connor.«

Connor wandte sich wieder dem leicht amüsierten Gesicht des Herrschers zu.

»Ich merke«, sagte der Meister, »dass meine Schwester mir nicht gehorcht hat.«

Die Prinzessin lachte auf ihre spöttische Art. »Habe ich dir jemals gehorcht, Joaquin?«

»Dem Anschein nach schon, manchmal.« Er hielt inne und betrachtete seine Schwester einen Moment lang kühl, dann wandte er seine Aufmerksamkeit wieder dem Mann vor ihm zu. »Wie du vielleicht weißt«, bemerkte er, »habe ich für übermorgen ein Konklave einberufen. Ich bin völlig ausgelastet. Aber ich vergesse weder dein Versprechen, Thomas Connor, noch habe ich mein Interesse an den Beständen des alten Wissens verloren. Deshalb wirst du die Prinzessin in die Kammern hinter dem Thronsaal begleiten und dein Versprechen einlösen, indem du ihr so viel wie möglich von der Mathematik erklärst, insbesondere von der Bedeutung der Logarithmen und von dem Gerät, das ich als Rechenschieber bezeichnet habe. Sie wird dich verstehen. Das ist alles.«

Er begegnete den Augen der Prinzessin. »Diesmal werde ich dir gehorchen, Joaquin«, sagte sie und ging durch die Tür hinaus.

Connor folgte ihr. Die Hallen verrieten die Aktivität des bevorstehenden Konklaves und waren noch voller als er es zuvor beobachtet hatte. Zwei langhaarige Unsterbliche mit ernsten Gesichtern gingen an ihnen vorbei und hielten Margarete von Urbs respektvoll die Hand zum Gruß hin.

Sie bog in den Südkorridor ein.

»Das ist nicht der richtige Weg«, widersprach er.

»Wir gehen in den Tower.« Sie blickte ihn von der Seite an. »Du wirst bald sehen, warum der Palast seine ganze Größe braucht. Es werden zwanzigtausend Unsterbliche hier sein, und wir haben Platz für sie alle … die Hälfte der Unsterblichen der Welt.«

»Die Hälfte! Evanie sagte, es seien drei Millionen.«

Sie schenkte ihm ein unergründliches Lächeln.

»Es kann nicht schaden, wenn die Weeds unsere Stärke überschätzen.«

»Warum erzählst du es mir dann?«

Ihr Lächeln war das unergründliche der Mona Lisa. »Ich tue nie etwas ohne Grund«, war ihre einzige Antwort.

Er lachte. Als sie wieder die aufstrebende Spitze des Turms erreichten, ohne einen Blick auf die mächtige Stadt unter ihnen zu werfen, holte die Prinzessin Stift und Papier von einem Tisch, setzte sich hin und sah Connor an.

»Und?«, fragte sie. »Fang an.«

Er tat es. Es war eine neue Margaret von Urbs, die er jetzt sah, die er vorher nicht kannte, außer vielleicht in dem kurzen Moment, als er die Venus von Milo erwähnt hatte, oder als sie ihm damals im Wald gezeigt hatte, wie groß ihr Wissen und ihr Interesse an Geschichte und Weltereignissen war.

Sie war eifrig, neugierig, fragend, wissbegierig und unheimlich schnell im Begreifen. Es gab seltsame Lücken in ihrem Wissen.

Oft musste er innehalten, um elementare Begriffe zu erklären, während sie ihm manchmal ohne zu fragen durch das komplizierteste Labyrinth der Argumentation folgte.

Der Nachmittag verging, die Dämmerung kroch über die weite Landschaft, und schließlich legte sie ihre Feder nieder.

»Genug«, sagte sie. »Wir müssen zehnstellige Logarithmentabellen ausarbeiten lassen. Sie werden auf der Erde unbezahlbar sein.« Erst dann schlich sich eine Spur von Spott in ihre Stimme. »Ich nehme an, dir ist klar«, spottete sie, »dass, sobald wir dein Wissen haben, alle Gründe weg sind, dich am Leben zu lassen, aber die Gründe, dich zu töten, bleiben.«

Er lachte.

»Du würdest mir gerne Angst einjagen, nicht wahr? Hast du das nicht oft genug versucht? Der Meister verlässt sich auf mein Wort. Ich vertraue ihm … aber dir nicht.« Seine Lippen verzogen sich. »Wenn ich ihm nicht vertraut hätte, hätte ich heute Morgen fliehen können. Was hätte mich davon abgehalten, dir deine Waffe abzunehmen, dich an einer einsamen Küste abzusetzen – oder dich sogar zu entführen – und mit der Sky-Rat zu fliehen? Ich habe nie versprochen, nicht zu fliehen. Was mich hier gehalten hat, war mein Vertrauen in sein Wort und der Wunsch, dieses Spiel zu Ende zu spielen!

»Es gibt keine Sicherheit auf der Welt für dich, Thomas Connor«, sagte die Flamme leise, »außer durch meine Gunst. Und warum du noch lebst, ist mir ein Rätsel, so sehr, dass ich mich darüber wundere. Ich war noch nie so nachsichtig mit jemandem, den ich hasse.« Sie blitzte mit ihren herrlichen Smaragdaugen in sein Gesicht. »Hasse ich dich?«

»Du solltest den Hass besser kennen als ich.«

»Ja … und doch frage ich mich.« Sie lächelte langsam. »Wenn ich jemals so lieben würde, wie ich hasse, könnte mich nicht einmal der Tod selbst aufhalten. Aber es gibt keinen Mann, der stark genug ist, mich zu besiegen.«

»Oder vielleicht«, erwiderte er, »er war nicht interessiert.«

Sie lächelte wieder mit einem Hauch von Wehmut. »Du bist sehr stark«, gab sie zu. »Ich hätte gerne in deinen alten Tagen gelebt. Ich hätte gerne unter euren großen Kämpfern und Schöngeistern gelebt. Wenigstens waren das Männer … deine Antiken. So einen hätte ich auch gern gehabt.«

»Und hast du«, fragte er ironisch, »jemals einen Mann geliebt?«

Er konnte keinen spöttischen Ton in ihrer Stimme entdecken. »Geliebt? Ich habe mich schon hundertmal für verliebt gehalten. Mindestens ein Dutzend Mal bin ich zu Joaquin gegangen, um die Unsterblichkeit für einen Mann zu erbitten, den ich geliebt habe. Aber Joaquin hat Martin Sair vor langer Zeit geschworen, sie nur denen zu gewähren, die ihrer würdig sind, und er hat diesen Schwur gehalten.«

Sie lächelte ironisch. »Es braucht das halbe Leben eines Mannes, um sich als würdig zu erweisen, und so sind die Unsterblichen alle trockene Wissenschaftler – nicht nach meinem Geschmack! Joachin lehnte mich jedes Mal ab, wenn ich ihn um den Gefallen bat, denn er wollte wissen, ob ich mir sicher sei, dass ich ihm nie überdrüssig werden würde … ich sollte schwören, dass ich mir sicher sei. Aber natürlich konnte ich nicht schwören.« Sie hielt nachdenklich inne. »Er hatte auch immer recht, jedes Mal. Ich wurde ihrer schon müde, bevor das Alter sie verdarb.«

»Und was hast du getan, um dich als würdig zu erweisen?« spottete Connor.

»Ich meine es heute ernst«, sagte die Prinzessin. »Ich mache keine Scherze mehr. Ich glaube, ich könnte dich lieben, Thomas Connor.«

»Danke.« Er grinste und ahnte das Glitzern in den grünen Augen, obwohl er es nicht sah. »Zu meiner Zeit war es üblich, dass der Mann solche Erklärungen abgab.«

»Deine Zeit!«, fauchte Margarete von Urbs. »Was scheren mich eure primitiven Bräuche und prähistorischen Vorurteile? Willst du, dass die Schwarze Flamme so schrumpelig und bescheiden ist, wie die kleine Evanie es vorgibt zu sein?«

»Ich würde dich weniger mögen, wenn du es wärst.«

»Du hast keine Abneigung gegen mich. Du hast nur Angst vor mir, weil ich alles verkörpere, was du an einer Frau hasst … und doch kannst du mich nicht hassen. Ich glaube sogar, du liebst mich.«

Er lachte spöttisch.

»Ich bin Margarete von Urbs!«, blitzte sie auf. »Was will ich von dir? Nichts! Ich will dich eigentlich gar nicht, Tom Connor. Du bist wie alle anderen; du wirst altern. Deine mächtigen Gliedmaßen werden abmagern oder fett und aufgebläht werden. Deine klaren Augen werden blass und wässrig sein. Deine Zähne werden gelb und deine Haare fallen aus, und dann bist du weg!«

Sie zog eine Zigarette aus der Schachtel und blies eine Rauchfahne in sein teilnahmsloses Gesicht.

»Gib damit an, wenn wir dich freilassen … falls wir das tun! Erzähl es der ganzen Welt, dass nur du stark genug warst, die Liebe von Margarete von Urbs zurückzuweisen. Sag, dass die Schwarze Flamme dich nicht versengt hat … dich nicht einmal erwärmt hat.« Ihre Stimme zitterte. »Und sag auch, dass kein anderer Mann außer dir je erfahren hat, wie unglücklich sie ist!«

Die tiefen Augen glänzten vor Tränen. Er starrte verwirrt in sie. War das nur ein weiteres Schauspiel? War von Margarete von Urbs nichts übrig geblieben außer einer schönen Maske und tausend Posen – kein echtes Wesen? Er zwang sich zu einem spöttischen Grinsen, denn die unmögliche Schönheit des Mädchens zerrte trotz seines Willens an ihm.

Bei seinem Lächeln verfinsterte sich ihr Gesicht.

»Und dann sagst du«, sagte sie zwischen zusammengepressten Lippen, »dass es der Schwarzen Flamme egal ist, was du über sie sagst, denn sie brennt weiter, während du – und die, mit denen du redest – in wenigen Jahren zu Staub werden! Staub!«

Wieder lachte er sie aus und die Flamme wandte sich plötzlich ab.

»Ich glaube, du kannst jetzt gehen«, sagte sie düster.

Aber Connor hörte sie kaum. Er war gefangen in seinen Spekulationen über die seltsame schwarz-goldene Seele der Prinzessin, verwirrend, hasserfüllt, faszinierend bis hin zur Tödlichkeit und doch – irgendwie wehmütig, fast mitleidig. Es war fast so, dachte er, als hätte er in dem Blick, den er in der Freiheit des Waldes von ihr erhascht hatte, die wahre Seele der Frau gesehen, und alles andere war nur Maskerade.

Er starrte auf ihr strahlendes Gesicht, das jetzt in Traurigkeit versank, während sie auf eine Million beleuchteter Fenster hinausblickte. Dann fiel ihm eine flackernde Bewegung auf, weit, weit unter ihm in der Quelle der Schatten in den inneren Gärten.

»Jemand ist in den Gärten«, bemerkte er abwesend.

»Oh«, sagte die Prinzessin lustlos, »das muss ein antarktischer Unsterblicher sein, der einen Garten unter dem Himmel genießt.« Sie klickte auf den Sichtschirm. »Garten«, befahl sie dumpf. »Nordufer des Pools.«

Ein erstickter Lachanfall ließ ihn aufschrecken.

Er drehte sich um. Auf dem Bildschirm sah er Evanie auf einer Gartenbank sitzen, ihren Kopf auf der Schulter von Jan Orm, seinen Arm um ihre Taille gelegt!

»Ein Kellner!«, sagte die Schwarze Flamme verächtlich. »Ein Palastkellner!«

Doch trotz ihres Lachens und seiner eigenen Verwirrung entging Connor nicht, dass noch immer Tränen in ihren Augen standen.

Abendessen beim Schläfer

Connor wachte am nächsten Morgen spät auf und erinnerte sich sofort an den Schock, den er beim Anblick von Evanie und Jan Orm erlebt hatte. Die meiste Zeit der Nacht hatte er damit verbracht, sich mögliche Entschuldigungen für das Mädchen auszudenken. Vielleicht war es eine unschuldige Szene, die er miterlebt hatte.

Immerhin waren sie und Jan lebenslange Freunde, die in Ormon geboren und aufgewachsen waren, und es könnte sein, dass Evanie sich in ihrer Einsamkeit an ihn gewandt hatte, vielleicht sogar aus Verärgerung über seine, Tom Connors, unfreiwillige Anwesenheit bei Margaret von Urbs. Aber die spöttischen Andeutungen der Prinzessin und die Erinnerung an Evanies zufriedenes Gesicht auf dem Bildschirm – das beunruhigte ihn. Und er erinnerte sich auch an Jans Geständnis, dass er Evanie liebte.

Als er sich ankleidete, erblickte er sie weit unten in den inneren Gärten, wo ihr bronzefarbenes Haar glänzte. Sie lag ausgestreckt auf dem Gras. Er vergaß das Frühstück und eilte in den Korridor, wo die Wache, die sich an das Medaillon der Prinzessin erinnerte, nur respektvoll salutierte, ohne zu wissen, dass Connor die goldene Scheibe nicht mehr besaß.

Er fuhr sofort zum Erdgeschoss hinunter, folgte einem endlosen Gang bis in die Mitte des Palastes und öffnete an dessen Ende eine Tür. Anstelle von Tageslicht befand sich dahinter eine schwach beleuchtete Kammer mit glühenden Wänden, in der er nach einem kurzen Blinzeln eine Reihe von vielleicht zwanzig Männern entdeckte. Einige starrten ihn überrascht an, aber die meisten hielten ihre Augen fest gerichtet auf die leuchtende Wand.

»Es tut mir leid«, sagte er zu dem Mann, der am nächsten stand. »Ich war auf der Suche nach den Gärten.«

Unerwartet sprach eine Stimme neben ihm.

»Die Gärten sind zwei Stockwerke über uns, Thomas. Und ich sehe, du wanderst immer noch.«

Es war der große, ebenholzhaarige Meister. Neben ihm stand ein weiterer Unsterblicher mit ernsten Augen und sandfarbenen Haaren.

»Das ist Thomas Connor«, sagte der Meister, »unser Schatzhaus des alten Wissens. Thomas, das ist Martin Sair, hier aus Austropolis.« Er fügte hinzu: »Thomas ist einer von denen, die sich in unserer Gegenwart nicht hinknien wollen. Ich habe Nachsicht mit ihm.«

»Nachsicht ist eine Angewohnheit von dir, Urbanus«, grummelte der sandfarbene Mann. »Gibt die Prinzessin auch … nach?«

»Nicht freiwillig. Margaret hat eines ihrer unruhigen Jahre, fürchte ich.« Er runzelte die Stirn. »Aber sie gehen vorbei … sie gehen vorbei. Sieh mal da, Thomas.« Er deutete auf die Wand. »Das ist unser Sehraum. Hier sind alle Scanner in Urbs konzentriert – in jeder meiner Städte, wenn ich will. Wenn der Palast das Gehirn der Welt ist, dann ist dieser Raum das visuelle Zentrum.«

Connor löste seinen Blick von der faszinierten Betrachtung des legendären Martin Sair, des Lebensspenders, und blickte auf die Wände. Millionen winziger Bilder, jedes so klein wie ein Daumennagel, bedeckten sie und leuchteten teils bunt, teils, wenn der ferne Ursprung in der Dunkelheit lag, in dumpfem Blaugrau. Er sah das Flackern der Bewegungen, wenn die dargestellten Männer und Frauen ihren täglichen Verrichtungen nachgingen.

»Wir können jede Szene dort vergrößern«, sagte der Meister und deutete auf eine Reihe breiterer Bildschirme, von denen einige sogar jetzt noch beleuchtet waren. »In diesem Raum kann ich das Leben eines Menschen von der Geburt bis zum Tod verfolgen, solange er in einer meiner Städte bleibt.« Er hielt nachdenklich inne, dann zuckte er mit den Schultern. »Die Gärten sind zwei Stockwerke über uns, Thomas.«

Es war die Entlassung. Connor warf einen letzten Blick auf Martin Sair und fühlte sich, als würde er einen Halbgott betrachten. Martin Sair, der Lebensspender, der Größte unter den Heldengestalten des schillernden Zeitalters der Aufklärung, außer dem Meister. Dann entfernte er sich von dem großen Unsterblichen und begab sich in die Gärten.

Evanie war da, schön wie die antiken Statuen, die den Platz schmückten, als sie in der barbarischen Tracht der Urbs dalag und zusah, wie eine zwanzig Zentimeter lange Wassersäule sanft aus dem Maul eines riesigen Steinlöwen glitt. Sie warf Connor einen kühlen Blick zu, als er sich näherte.

»Evanie!«, sagte er unglücklich. »Ich habe überall nach dir gesucht.«

»Warum?«, fragte sie gleichgültig.

»Um mit dir zusammen zu sein, natürlich. Das weißt du doch.«

»Ich weiß es nicht. Oder hat dich die Flamme am Ende verbrannt?«

Ihre Gelassenheit verblüffte ihn.

»Evanie«, flehte er, »warum bist du so beleidigt?«

Ihr Mund wurde hart. »Du hast die Weeds im Stich gelassen, Tom. Glaubst du, ich könnte dir das jemals verzeihen?«

»Hör zu, Evanie«, sagte er hastig. »Eine Sache scheinst du vergessen zu haben. Ich wurde unfreiwillig zu den Weeds von Ormon gebracht. Heißt das, dass ich deine sozialen Theorien blindlings akzeptieren muss? Vielleicht bin ich zu primitiv für Anarchie – aber ich glaube, du bist es auch!« Er fuhr trotzig fort. »Ich glaube nicht, dass deine Theorien funktionieren werden, und ich glaube, dass die Regierung des Meisters das ist, was diese Welt braucht. Sie ist nicht perfekt, aber sie ist besser als das, was die Weeds bieten – und selbst für dich, Evanie, werde ich meine Gedankenfreiheit nicht aufgeben.«

»Du meinst, du denkst nicht nach!«, blaffte sie. »Du kannst mir nichts vormachen, Tom! Ich weiß, wie die Schwarze Flamme Männer vergiftet, und du warst schon zu oft mit ihr zusammen! Du wurdest verbrannt und …« Ihre Wut steigerte sich. »Ach, geh weg!«

»Evanie«, begann er ernsthaft und hielt inne. War er unberührt von dem umwerfenden Charme der Prinzessin? Die schwindelerregende Wärme ihrer Lippen, sein taumelndes Gehirn in der Stunde über dem Pazifik – »Sie ist die Tochter der Hölle«, murmelte er.

»Geh weg!«, schrie Evanie. »Verzieh dich!«

Scharfe Worte lagen ihm auf den Lippen. Aber er unterdrückte seine Wut, selbst als das Bild, das er von Jan und Evanie gesehen hatte, auf seinem mentalen Bildschirm aufblitzte, und wandte sich zum Palast ab.

Eine Stunde lang stapfte er durch die endlosen Hallen, die jetzt mit ankommenden Unsterblichen aus Afrika, der Antarktis, Australien und Südamerika überfüllt waren. Hin und wieder blickte einer mit kühlem Blick auf seine abweisende Gestalt oder lächelte ihm ernsthaft nach. Keiner blieb stehen oder sprach ihn an.

Er musste den etwas weniger als eine Meile langen Rundweg mehrmals zurückgelegt haben, als ein Wächter auf ihn zukam. Er warf dem Kerl einen wütenden Blick zu, aber er hatte nur einen winzigen schwarzen Umschlag, auf dem in weißer Schrift die genaue Adresse der Prinzessin stand. Connor riss den Umschlag auf. Darin befand sich eine kurze Notiz. Sie lautete:

Komm um halb nach der siebten Stunde in meine Gemächer und begleite mich zum Abendessen. Zieh das schwarze Kostüm in deinem Quartier an und den schwarzen Umhang.

Margarete von Urbs.

Lediglich eine Einladung – aber eine königliche Einladung ist ein Befehl. Er lachte bitter auf. Warum eigentlich nicht? Die Schwarze Flamme konnte nicht schmerzhafter brennen, als sie es schon getan hatte, und er konnte wenigstens seinen Zorn an ihr auslassen.

Obwohl es noch Stunden bis zum Abendessen dauerte, ging er zurück in sein Quartier und warf einen gleichgültigen Blick auf das formelle Gewand von Urban, das sorgfältig ausgebreitet auf seinem Bett lag. Es sah genauso aus wie seine jetzige Kleidung, nur dass es schwarz mit metallischen Schuppen schimmerte und mit Silber eingefasst war. Er ging zum Fenster und starrte auf Evanie in den Gärten, deren Gliedmaßen im Sonnenlicht badeten, bis ein Mann in Urban-Kleidung, der nur Jan Orm sein konnte, zu ihr kam. Wütend drehte er sich weg und schimpfte.

Da er weder gefrühstückt noch zu Mittag gegessen hatte, war er kurzatmig und ausgehungert. Als sich die Stunden hinzogen und er endlich die Räume im siebten Stock des Südturms fand, war er nicht gerade in bester Stimmung. Zwei bewaffnete Wachen traten beiseite, und die Dienerin Sora ließ ihn mit einem unbeholfenen Knicks ein.

Er betrat den Vorraum, der wie das Labor der Schwarzen Flamme hinter dem Thronsaal und ihr Raum auf der Spitze des Turms üppig und kunstvoll eingerichtet war. Doch die Überraschung stieg ihm in die Augen, als er die riesige schwarze Perserkatze erblickte, die ihn mit ihren grünen Augen, die denen der Prinzessin fast nachempfunden zu sein schienen, unverwandt anstarrte.

»Eine Katze!«, rief er aus. »Ich dachte, die wären ausgestorben.«

»Satan ist unsterblich«, sagte die sanfte Stimme von Margarete von Urbs.

Er drehte sich um und stand ihr gegenüber, als sie aus der inneren Kammer kam, und Hunger und Wut vergingen ihm, als er sie anstarrte.

Sie war umwerfend! In einem tiefschwarzen Umhang, der bis zu ihren grünen Kristallsandalen reichte, schien sie größer zu sein, als sie den Raum betrat. Ein Kranz aus grünen Edelsteinen – Smaragden, dachte er – hielt ihr ebenholzfarbenes Haar zusammen, und unter dem Kranz glühten ihre Augen wie meergrünes Feuer.

Doch als sie den Umhang öffnete, verspürte er einen überraschten Schock. Ihr kurzer Rock und ihr Korselett waren bedeckt mit einer glitzernden Fläche aus grünen Edelsteinen, und an ihrer Taille funkelte die mystische kristalline Blume in vielen Farben, die von Rot über Violett und Blau bis zum reinsten Smaragd schimmerte. Dann bewegte sie sich auf die Lampe zu, und in ihrem gelben Schein war ihr ganzes Kostüm nicht mehr grün, sondern wie das tiefe Lavendelblau des Weins.

»Alexandriten«, lachte sie und beantwortete seine unausgesprochene Frage. »Tagsüber grün, bei Kunstlicht lavendelfarben. Synthetisch, versteht sich. Es gibt nicht so viele natürliche Steine auf der Welt.« Sie drehte sich um. »Gefällt es dir?«

»Exquisit!«, flüsterte er. »Du Tochter Luzifers!«

Er folgte ihr mit rebellischer Faszination, als sie sich unbeaufsichtigt auf den Weg ins Erdgeschoss machten und in einen langen Palastwagen mit einem steifen Chauffeur und einem Lakaien stiegen.

»Merimees«, sagte sie, und der Wagen fuhr lautlos bis auf die obere Etage der Palace Avenue.

Es dämmerte bereits, aber ab und zu, wenn der Verkehr seine Fahrt verlangsamte, ertönten Jubelrufe, und so mancher Blick wurde ihnen zugeworfen. Margarete von Urbs ignorierte die Blicke, lächelte aber über die Jubelrufe.

»Wer ist Merimee?« fragte Connor.

»Ein reicher Schläfer in Kaatskill. Die Gesellschaft hier besteht größtenteils aus Schläfern.«

»Kein Adel?«

»Die Unsterblichen sind selten unterhaltsam. Wir sind ein ernster Haufen.«

Kaatskill erschien, und sie glitten auf das Gelände einer imposanten griechischen Villa. Lichter leuchteten, fröhliche Stimmen erklangen, als sie eintraten.

Es herrschte plötzlich Stille, als die ganze Versammlung niederkniete. Margarete von Urbs machte eine Geste und die Gäste erhoben sich. Merimee selbst, dicklich und kahlköpfig, sprach seine Anerkennung und seinen Dank für die Ehre seines Hauses aus.

»Aber die Unterhaltung, Eure Hoheit! So kurzfristig … das Beste, was das Büro auftreiben konnte … ich weiß, Ihr werdet verzeihen …«

Erklärung

Das Abendessen war üppig. Connor saß auf der linken Seite der Prinzessin. Eine Reihe von Dienern kam und brachte Suppen, dann Fisch – Bombay-Enten, Salzwasserfische, ein Dutzend unbekannte Speisen … und Geflügel … Schneehühner, Fasane und andere namenlose Tiere.

Connor war hungrig. Er probierte alles, und erst in der Mitte des Essens bemerkte er die verwunderten Blicke der Menge und dass er fast der Einzige war, der aß.

»Habe ich gegen die Anstandsregeln verstoßen?«, fragte er die Prinzessin.

»Du sollst nur von den Gerichten essen, die mir schmecken«, informierte sie kühl.

»Aber ich bin hungrig. Und du hast praktisch nichts gegessen.«

Es stimmte. Margarete von Urbs hatte nur ein wenig Salat gegessen, obwohl sie ein Glas nach dem anderen getrunken hatte.

»Ich mag es, diese Schweine zu quälen«, antwortete sie in leisem, aber hörbarem Ton. »Das langweilt mich.«

»Warum bist du dann gekommen?«

»Aus Laune.«

Er kicherte und wandte seine Aufmerksamkeit der Unterhaltung zu. Die war, wie er fand, ausgezeichnet. Ein unglaublich geschickter Jongleur löste einen talentierten Zauberer ab; eine Frau sang süße und uralte Melodien; ein Trio spielte klangvolle Melodien. Anmutige, atemberaubende Ballett-Tänzerinnen trat auf dem von den Tischen umgebenen Platz auf, und ein Schlangenmensch schaffte unglaubliche Körperverrenkungen. Die Künstler kamen und gingen schweigend. Kein einziger Beifall belohnte sie.

»Unzufriedenes Publikum!« knurrte Connor.

»Ist es das?«, murmelte die Prinzessin. »Schau zu.«

Die folgende Nummer war seiner Meinung nach die schlechteste von allen. Ein verängstigter, schmuddeliger Mann mit einem halb dressierten Tanzaffen, der schnatterte und Grimassen schnitt, aber beim Tanzen versagte. Doch am Ende hob Margarete von Urbs ihre zierlichen Hände und applaudierte.

Sofort brach ein Tumult aus. Applaus schallte durch den Saal, Zugabe-Rufe wurden laut, und der erstaunte Spieler stolperte noch einmal durch die aberwitzige Vorstellung.

»Nun, sein Glück ist gemacht«, bemerkte die Prinzessin. »N'York und Ch'cago werden in wollen, und Singapur auch.«

Der Zeremonienmeister präsentierte »Homero, den Dichter der Persönlichkeiten«, einen dünngesichtigen Urban, der mit Lorbeerblättern gekrönt war und eine klassische Harfe trug.

Er verbeugte sich und lächelte.

»Und wer, meine Damen und Herren, soll es sein? Von wem soll ich singen?«

»Ihre Hoheit!«, brüllte die Menge. »Die Prinzessin von Urbs!«

Homero klimperte auf seiner Harfe und fing an, minnesängerisch zu singen:

Die Prinzessin? Adjektiv und Verb
sind ungenügend! Glorreich? Überragend?
Exquisit? Keines dieser Worte kann
der Pracht der Flamme von Urban gerecht werden.
Unsere Prinzessin! Die Sterne gehen nur ungern auf
damit sie nicht vor ihre Augen verblassen,
doch wenn sie einmal aufgegangen sind, gehen sie nicht mehr unter,
und blicken gebannt auf Margaret.

Die sieben Kontinente und Ozeane
drehen sich unter den Gesetzen des Himmels;
welche Grenze, welches Gesetz, welche Kanone zügelt
die Zunge der Flamme von Urbs?«

Heftiger und begeisterter Beifall begrüßte den Knittelvers. Margarete von Urbs senkte ihren Blick und lächelte.

»Wer jetzt?« rief Homero. »Von wem soll ich singen?«

Unerwartet ergriff Merimee das Wort. »Tom Connor!«, rief er. »Tom Connor, der Antiker!«

Homero klimperte auf seiner Harfe und sang:

Ladys und Lords, ihr erweist mir die Ehre,
den Namen Thomas Connor zu nennen,
der wie Phönix aus der Asche auferstanden ist
aus seinem kalten, grausamen Gefängnis,
ins Leben gestoßen – wie ein Komet
aus der toten Vergangenheit in die Welt geschleudert.
Welcher Dichter ist groß genug, um
das wunderbare Erwachen zu besingen?
Lass die goldene Wissenschaft versuchen
das Wunder zu erklären – und vergeblich versucht sie;
denn nur die Kunst, vom Himmel entflammt,
kann erträumen, wie der Tod selbst gezähmt wurde!

»Er wird das in ein fades Kompliment für mich verwandeln«, flüsterte Margarete von Urbs. Der Dichter der Persönlichkeiten sang weiter:

Jahr für Jahr schwand das starke Fleisch,
der Funke des Lebens, der glühte, wurde schwächer.
Bis die Prinzessin in diese Richtung blickte,
und siehe da, der kalte und leblose Lehm,
dem Tod und der Zeit nicht länger unterworfen,
erhebt sich triumphierend aus dem Grab!

Im tosenden Applaus saß Connor da, verblüfft über die Worte in Bezug auf seine eigenen Erfahrungen. Woher wusste Homero das? Er drehte sich um, um die Prinzessin zu befragen.

»Ich habe es satt«, sagte sie und stand auf, um zu gehen.

Die gesamte Gästeschar erhob sich mit ihr. Sie schlang ihren Umhang um sich und schritt zum Auto.

»Langsam«, befahl sie dem Fahrer, dann lehnte sie sich zurück und sah Connor an.

»Und?«, murmelte sie.

»Interessant. Dieser Homero … er ist clever.«

»Bah! Vorratsverse, die vorher geschrieben wurden.«

»Aber … über mich?«

»Weißt du nicht, dass du eine Sensation für die Zeitung und das Fernsehen bist?«

»Zum Teufel!« Connor war schockiert.

»Dieser Homero«, fuhr sie nachdenklich fort. »Einst, vor langer Zeit, kannte ich Sovem, den einzigen großen Dichter der Aufklärung, der mich halb ernsthaft, halb verächtlich die Schwarze Flamme nannte und der einzige Mann – außer dir, Tom Connor – der mich je verhöhnt hat. Und eines Abends verärgerte er mich, und ich verbannte ihn aus Urbs, Urbs, das er liebte … und zu spät erkannte ich, dass seine Bitterkeit aus einer Liebe zu mir erwuchs.«

»Also rief ich ihn rechtzeitig zurück, um zu sterben, als nicht einmal Martin Sair ihn retten konnte. Und im Sterben sagte er zu mir – ich erinnere mich daran –‚Ich räche mich, indem ich dich daran erinnere, dass du ein Mensch bist, und ein Mensch zu sein bedeutet, zu lieben und zu leiden. Vergiss das nicht.'« Sie hielt inne. »Das habe ich auch nicht.«

»Und stimmt das?«, fragte Connor, der plötzlich von dieser Enthüllung des feurigen, herrischen, unbezähmbaren Charakters neben ihm überrascht war.

»Ich glaube, in letzter Zeit ist es wahr«, murmelte sie und holte tief Luft. »Ich habe getötet, ich habe gefoltert, für weniger, als du gegen mich getan hast.«

Sie öffnete ihren Umhang und entblößte die Spuren seiner Finger, die noch immer auf der exquisiten Rundung ihres Halses zu sehen waren.

»Ich kann die Berührung von Gewalt nicht ertragen, und doch hast du mich zweimal geschlagen und lebst noch. Du hast etwas Magisches an dir, Thomas Connor, eine lachende, alte Kraft, die aus der Welt verschwunden ist. Ich habe noch nie jemanden angefleht … aber ich fürchte dich und ich flehe dich an.« Sie lehnte sich gegen ihn. »Küss mich!«, flüsterte sie.

Er starrte auf die überirdische Schönheit ihres Gesichts hinunter, aber da war ein grünes Licht in ihren Augen, das ihn verwirrte. Kühl kämpfte er gegen die Faszination an, die sich wie ein Netz um ihn legte.

Dies war nur ein weiterer Vorgeschmack auf die Qualen, die sie versprochen hatte. Dessen war er sich sicher.

»Das werde ich nicht«, sagte er. »Jedes Mal, wenn ich dich geküsst habe, hast du mich ausgelacht.«

»Aber ich werde jetzt nicht lachen.«

»Du wirst mich nicht noch einmal mit demselben Trick in die Falle locken«, sagte er. »Finde einen anderen Weg für die Quälerei, die du angedroht hast. Und wenn du bereit bist, mich für die Gewalt, die ich dir angetan habe, zu töten, werde ich lachend über dich sterben.«

»Das habe ich verziehen«, sagte sie leise.

»Dann«, sagte er spöttisch, »gibt es noch mehr zu verzeihen.«

Er hob ihr schlankes Handgelenk in seine mächtige Hand, umkreiste es mit seinen kräftigen Fingern und drückte es mit einem Griff zusammen, als würde er Stahl zusammenziehen. Es bereitete ihm ein grimmiges Vergnügen, seine aufgewühlten Emotionen an ihr auszulassen und zu sehen, wie ihr Gesicht unter den Schmerzen, die unerträglich sein mussten, bleich wurde. Aber abgesehen von ihrer Blässe zeigte sie keine Anzeichen von Schmerz.

Er ließ ihre Hand fallen und schämte sich für seine Grausamkeit, obwohl es nicht so war, als hätte er seine Kraft gegen eine sterbliche Frau eingesetzt. Margarete von Urbs kam ihm eher wie ein weiblicher Dämon vor.

Aber sie sagte nur leise: »Ich danke dir dafür. Es hat mich gelehrt, was ich wissen wollte, denn jeder andere als du wäre dafür jetzt tot. Ich liebe dich, Tom.«

»Flamme!«, erwiderte er, während sich ihre Augen ein klein wenig weiteten. »Das glaube ich dir nicht.«

»Aber du musst! Nach all diesen Jahren bin ich mir sicher. Ich schwöre es, Tom! Sag, dass du mich liebst.«

»Ich liebe … Evanie.« Aber trotz seiner Worte überfielen ihn die Zweifel, die sich in ihn eingeschlichen hatten. Evanie war ihm irgendwie immer noch fremd.

»Du liebst mich!«, murmelte sie. »Ich bin die Schwarze Flamme, doch jetzt bitte ich dich. Sag es, Tom!«

»Ich liebe Evanie!«

»Willst du mich dann küssen?«

Er starrte auf sie herab. »Warum nicht?«, sagte er böse. »Denkst du, ich habe Angst vor dir?«

Er presste sie an sich und ihre Lippen brannten auf seinen.

»Sag, dass du mich liebst!«, wiederholte sie in einem angespannten Flüsterton. »Sag es!«

»Ich liebe …«, begann er, und der Wagen kam vor dem Schlossbogen zum Stehen. Der Lakai hielt die Wagentür offen.

Margarete von Urbs blickte wie verstört von Connors Gesicht zu dem schweigenden Diener und wieder zurück. Abrupt stieß sie sich von ihm ab, ihr Mund bebte.

»Ich wünschte«, sagte sie angespannt, »ich … wünschte, ich hätte dich nie getroffen!«

Sie verpasste ihm einen scharfen Schlag auf den Mund, kletterte ohne fremde Hilfe hinaus und verschwand im Palast, ihren schwarzen Umhang hinter sich herziehend.

Wieder zurück in seinem Zimmer, war Connor aufgewühlt, beschämt, verwirrt und verbittert.

»Erwischt!«, fluchte er wütend. »Verbrannt! Gott! Was für ein Narr … was für ein Schwächling!«

Wie er es auch nennen mochte – es war wahr. Faszination, Verliebtheit, was auch immer – er stand vor der Tatsache, dass die Schwarze Flamme Evanie aus seinem Herzen gebrannt hatte. Er fluchte wütend und schlug gegen Evanies Tür.

Die Schläge hallten in der Stille wider. Es gab keine Antwort.

Mit einem langgezogenen Seufzer wandte sich Connor von Evanies Tür ab. Ob sie nun abwesend war oder ihn einfach ignorierte, sie hatte ihn aufgegeben, und er brauchte sie jetzt dringend. Er wollte das Feuer der Schwarzen Flamme mit ihrer kühlen Schlichtheit löschen, um sich zu versichern, dass das, was er jetzt fühlte, eine Besessenheit, eine Verliebtheit war – alles andere als Liebe.

Er wollte sich selbst davon überzeugen, dass es Evanie war, die er liebte, indem er es ihr sagte. Es wäre besser, nie aus der Gruft gestiegen zu sein, als wieder zu leben und eine Maske der Schönheit zu lieben, hinter der sich eine Tochter des Satans verbarg.

Er schritt zum Fensterflügel mit Blick auf die Gärten. Das schwache Licht aus den Fenstern des Palastes fiel in Streifen darauf, aber er sah keine Spur von Evanie. Oder könnte das Evanie sein – dort, wo die Büsche den Pool beschatteten?

Der Amphimorph im Pool

Tom Connor machte sich eilig auf den Weg zu den Gärten. Er sah Evanie im Schatten des Gebüschs am Rande des Wassers kauern. Er beugte sich vor, als sie zu ihm aufblickte.

»Evanie!«, begann er. »Oh, meine Liebe …«

»Pst!« Ihre Stimme war angespannt.

»Aber …«

»Sei still. Sprich leise. Denkst du, ich will einen Scanner auf mich ziehen?« Sie hielt inne. »Mir wäre es lieber, du würdest verschwinden«, flüsterte sie.

Er setzte sich hartnäckig neben sie, obwohl es sicher schien, dass sie auf jemanden wartete. Wahrscheinlich Jan Orm.

»Ich werde nicht gehen«, sagte er mit gedämpfter Stimme. »Du musst mir zuhören, Evanie.«

»Bitte!«, murmelte sie. »Sei still, Tom. Ich warte hier schon seit sechs Stunden.«

»Worauf?«

Sie gab keine Antwort. Er versank in düsteres Schweigen und beobachtete die große Wassersäule, die aus dem Maul des riesigen Steinlöwen am anderen Ende des Beckens sprudelte. Das Wasser, glatt wie eine Stahlsäule, erzeugte erstaunlich wenig Geräusch.

Doch während er sie anstarrte, veränderte sie sich. Die Glätte verschwand. Bläschen blitzten auf, und dann hörte der Wasserfluss ganz auf, während eine riesige Blase glitzerte, wogte und schließlich zerbarst. Etwas

Weißes, Glänzendes und Mannsgroßes schoss mit einem kleinen Platschen in das Becken. Die Wassersäule kehrte augenblicklich zurück.

Eine schwimmhäutige Hand, die ein in Seide verpacktes Paket hielt, kam plötzlich aus dem schwarzen Wasser. Ein Amphimorph!

Evanie ergriff das Bündel und verstaute es an ihrer Seite unter dem Urban-Umhang.

»Schnell!«, sagte sie angespannt. »Stell dich hier neben mich, Tom, damit wir den Scanner blockieren.«

Er gehorchte verwundert. Ein seltsames, leises Gurren kam von Evanies Lippen. Das schwarze Wasser teilte sich wieder und er erblickte den winzigen runden Mund und das schreckliche Gesicht der Kreatur im Pool. Sie plumpste ans Ufer und krabbelte verzweifelt in die Büsche. Er sah, wie sie den Deckel eines Regenwasserkanals anhob, und dann war sie weg.

Blass und zitternd sank Evanie ans Ufer, ihre gebräunten Beine baumelten über dem Wasser.

»Wenn wir nur nicht gesehen wurden!«, flüsterte sie.

»Wie zum Teufel ist das Ding hierher gekommen?« fragte Connor.

»Er kam in einer Luftblase durch den Wassertunnel aus den Bergen, fünfzig Meilen. Ein Amphimorph braucht nicht viel Luft. Eine große Blase reicht aus.«

»Aber …«

»Frag mich nicht, wie es das Labyrinth der Leitungen in Urbs gefunden hat. Ich weiß es nicht. Ich weiß nur, dass sie eine seltsame, instinktive Art haben, dorthin zu gelangen, wo sie hinwollen. Jetzt ist es in den Regenwasserkanal gelangt. Es wird seinen Weg zum Kanal finden und so flussaufwärts zu seinen Bergen.«

»Aber was war das und von wem kam es?«

»Von König Orm.«

»Von wem?«, beharrte er.

»Tom«, sagte sie leise, »ich werde es dir nicht sagen.«

»Was war in dem Paket, Evanie?«

»Das werde ich dir auch nicht sagen.« Sie warf den Umhang über ihren Arm und verbarg das Paket. »Ich kann dir nicht trauen, Tom. Du und ich sind Feinde.«

Sie wich vor seiner Wut zurück. »Tom, bitte! Du hast versprochen, mir bei der Flucht zu helfen, nicht wahr?«

»In Ordnung«, gab er dumpf nach. »Evanie, ich habe dich hier aufgesucht, weil ich dieses Missverständnis beenden wollte. Bitte gib mir eine Chance, dich davon zu überzeugen, dass ich dich liebe!«

Er streckte ihr seine Arme entgegen. Sie wich noch einen Schritt zurück.

»Ich werde dir nicht zu nahe kommen, Tom. Ich werde mich nicht in deine Arme trauen. Ich habe Angst vor dir, und ich habe Angst vor mir selbst. Du bist stark … körperlich zu stark für mich, und vielleicht auch sonst zu stark. Du hast meine Liebe schon einmal geweckt. Ich werde es nicht noch einmal riskieren.«

»Oh, Evanie! Ausgerechnet jetzt, wo ich dich brauche!«

»Brauchst du mich?« Ein seltsamer Ausdruck flackerte über ihr Gesicht. »Die Schwarze Flamme brennt also endlich!« Ihre Stimme sank zu einem Murmeln herab. »Es tut mir leid für dich, Tom. Es tut mir für jeden leid, der sie liebt, denn sie ist absolut herzlos. Aber ich kann dir nicht zu nahe kommen. Ich traue mich nicht!«

Sie drehte sich um und stürmte plötzlich in den Palast, während er ihr hoffnungslos hinterher starrte und dann langsam folgte.

In dieser Nacht schlief er wenig. Unruhige, gequälte Stunden waren gefüllt mit Träumen von Margarete von Urbs und dem Klang ihres Lachens. Er stand früh auf und lief benommen aus seinem Zimmer.

Die Hallen waren voll von ankommenden Unsterblichen, zwischen denen er ebenso schweigsam und ernst umherschlich wie sie selbst. Schließlich war er des ziellosen Umherwanderns überdrüssig und ging in die schattigen Gärten, wo er sich mürrisch an den Teich setzte.

Weit über ihm dröhnten Dreiecke mit dumpfem, pochendem Gebrüll, und ein Vogel sang im Gebüsch. Er war in seine eigenen Gedanken vertieft und schreckte auf, als er seinen Namen leise, fast zaghaft, hörte.

»Tom.«

Er blickte auf. Margarete von Urbs stand neben ihm, gekleidet in das prächtigste Kleid, das er je gesehen hatte, golden und schwarz, und das ihre kleinen Füße verbarg.

Anstelle des Reifs vom Vorabend trug sie jetzt einen funkelnden Kranz, und die seltsame Blume flammte an ihrer Taille.

»Amtliche Gewänder«, sagte sie und lächelte. »Ich habe heute Morgen den Vorsitz.«

Sie sah ein wenig erschöpft aus, dachte er. Ihre Wangen waren blass, und sie wirkte matt. Ihr Lächeln, das fast wehmütig wirkte, riss ihn aus seinen Gedanken.

»Du hast mir keine Gelegenheit gegeben, dir für letzte Nacht zu danken«, sagte er.

»Wolltest du mir danken? Für … alles?«

»Nein«, sagte er steif und fest. »Nicht für alles.«

Sie ließ sich lustlos auf die Bank neben ihm fallen.

»Ich bin müde«, sagte sie. »Ich habe nicht gut geschlafen und mein Kopf schmerzt. Dieser griechische Wein. Ich muss zu Martin Sair.«

»Mein Kopf schmerzt aus anderen Gründen«, sagte er grimmig.

»Es tut mir leid, Tom.«

»Hast du gestern Abend über mich gelacht?«, fauchte er.

»Nein«, sagte sie sanft. »Nein.«

»Das glaube ich dir nicht!«

»Das macht nichts. Tom, ich bin gekommen, um dir etwas zu sagen.« Sie hielt inne und sah ihn unverwandt an. »Der Meister wird dir Unsterblichkeit gewähren.«

»Was?«

Sie nickte. »Er hält dich für würdig.«

»Würdig! Was ist mit meinen Kindern, um die er so besorgt war?«

»Du sollst sie vorher bekommen.«

Er lachte bitter auf.

»Dann werde ich alt und schwach sein, wenn ich für die Unsterblichkeit bereit bin. Evanie hat mich abgewiesen – und ich weise ihn ab! Ich werde mein Leben auf meine eigene Weise leben.«

»Überlege es dir gut«, sagte sie langsam und etwas in ihrer Stimme ergriff ihn.

»Jetzt weiß ich, dass ich es nicht annehmen werde«, blitzte er. »Du hast ihn darum angefleht! Glaubst du, ich würde einen Gefallen von dir annehmen?«

»Ich habe nicht … « Sie schwieg. Nach einem Moment sagte sie: »Würdest du mir eine meiner Aussagen glauben, Tom?«

»Nicht eine.«

Endlich erreichte seine Bitterkeit sie. Sie errötete leicht. Der alte Glanz des Spottes leuchtete einen Moment lang auf.

»Du hast natürlich recht«, schnauzte sie. »Von Margarete von Urbs ist nichts Wirkliches mehr übrig. Sie ist die schwarze Flamme, die auf dem Altar der Illusion brennt. Du darfst kein einziges Wort von ihr glauben.«

»Das tue ich auch nicht!«

»Aber wirst du mir eine Sache glauben, wenn ich bei etwas schwöre, das mir heilig ist? Eine Sache, Tom?«

»Was ist für dich heilig? Gott? Die Ehre? Nicht einmal du selbst!«

»Bei der einzigen Sache, die ich liebe«, sagte sie mit fester Stimme, »ich schwöre, dass ich jetzt die Wahrheit sage. Wirst du mir glauben?«

Es lag ihm auf der Zunge, Nein zu sagen. Er war sehr überrascht, als er sich selbst »Ja« murmeln hörte – und es auch so meinte.

»Erinnerst du dich an den Tag im Dreieck, als ich sagte, dass ich Selbstmord begehen würde? Ich schwöre, das war die einzige Lüge, die ich dir je erzählt habe. Verstehst du das? Die einzige Lüge!«

Sie stand auf, als er sie verständnislos anstarrte.

»Ich will allein sein«, flüsterte sie. »Ich gehe in« – ein kurzes, wehmütiges Lächeln – »mein Denkzimmer.«

Connors Gehirn wirbelte durcheinander. Er hat ihr geglaubt. Aber was soll's? Evanie liebte ihn nicht. Das wusste er jetzt. Und er liebte Evanie nicht. Und Margarete von Urbs … sagte, dass sie ihn liebte! Konnte es sein, dass …

Ein blendendes Licht in seinem Gehirn! Die Schwarze Flamme – sein! Ihre überirdische Schönheit, ihr wilder, ungezähmter Charakter, den er zähmen würde – wenn er es könnte. Der satanische Geist, die feurige Seele – alles sein, ein Leben lang. Für ein Leben? Für die Unsterblichkeit, wenn er wollte!

Ein jubelnder Schrei brach aus ihm heraus und hallte zwischen den Wänden wider, als er zur Tür des Palastes lief und hinausstürzte. Die Erinnerung an Evanie war wie Nebel verschwunden. Wo war die Prinzessin? In ihrem Denkraum? Dann erinnerte er sich. Das Labor hinter dem Thronsaal.

Ein Lautsprecher dröhnte durch den Flur, als er rannte: »Konklave in dreißig Minuten«.

Die Gänge waren überfüllt; er drängelte sich durch die Menge der Wachen, Diener, Beamten und strengen Unsterblichen. Neugierige Augen folgten ihm, aber niemand rührte sich, um ihn aufzuhalten.

Zumindest nicht, bis er das große Gewölbe des Thronsaals erreichte. Die kristallenen Türen waren geschlossen und eine Reihe von vier teilnahmslosen Wachen versperrte ihm den Weg. Als er zwischen sie trat, ertönte eine scharfe Aufforderung.

Er hielt inne. »Ich will die Prinzessin sehen«, sagte er entschlossen.

»Keiner darf passieren«, schnappte der Wächter. »Befehl des Meisters.«

»Aber ist die Prinzessin da drin?«

»Ihre Hoheit«, antwortete der Wächter, »ist vor fünf Minuten hier hereingekommen, sie sagte nichts von jemandem, der ihr folgen sollte.«

Die Atombombe

Widerstrebend wich Tom Connor zurück. Das war der einzige Weg zu ihrem Labor, da war er sich sicher. Er lehnte sich an die Wand und ballte seine Fäuste in einem Anfall von Ungeduld.

Die Glastüren öffneten sich und der Meister trat heraus, begleitet von Martin Sair und zwei weiteren großen Unsterblichen.

»Sir«, bettelte Connor eifrig, »sagen Sie dem Kerl, er soll mich lassen. Ich muss die Prinzessin sehen.«

Ein neugieriger, verwunderter Ausdruck flackerte in den Augen des großen Herrschers auf. Er schüttelte den Kopf.

»Es tut mir leid, Thomas«, sagte er milde. »In fünfzehn Minuten wird die Prinzessin gebraucht. Du musst warten.«

»Aber … ich glaube, sie will mich sehen!«

»Dann kann sie auch warten«, seine Augen flackerten wieder. »Sie hat mehr als sieben Jahrhunderte lang gewartet, wenn auch nicht allzu geduldig.« Er entfernte sich den Korridor hinunter und ließ Connor ratlos zurück.

Er zügelte seine Ungeduld. Schließlich hatte der Meister recht. Die Zeit dehnte sich vor ihm und Margarete von Urbs aus – Jahre über Jahre. Aber es war schwer, diese kostbaren Momente zu verlieren.

Er dachte an die Bildschirme. Direkt hinter ihm befand sich das große Büro gegenüber dem Thronsaal.

Als er dort eintrat, stieß er auf eine Szene fieberhafter Aktivität, in der die Aufzeichnungen der halben Welt für die Unsterblichen der südlichen Hemisphäre vorbereitet wurden.

Als er sich umsah, entdeckte er einen Bildschirm auf einem Tisch am anderen Ende des Raums und bahnte sich seinen Weg durch die Reihe der Schreibtische, ohne die tausend starrenden Angestellten zu beachten.

»Die Prinzessin«, sagte er eifrig und drückte den Schalter. »In ihrem Labor hinter dem Thronsaal.«

Auf dem Bildschirm blitzte das Gesicht eines Mädchens auf, aber nicht das von Margarete von Urbs.

»Es tut mir leid«, sagte sie. »Ich darf niemanden beim Konklave anrufen. Befehl des Meisters.« Der Bildschirm wurde wieder leer, als er ein wütendes Schimpfwort knurrte.

Im Flur sah er Evanie, die mit seltsamer Aufmerksamkeit auf die geschlossenen Glastüren starrte. Er drängte sich an ihre Seite.

»Hallo«, sagte er und war verwirrt über ihren ängstlichen Blick. Aber sie erholte sich und schaute ihn kühl an.

»Oh, du bist es«, sagte sie kurz.

Er fragte sich, wie sehr sich diese Evanie von dem schüchternen, bescheidenen kleinen Ormon-Mädchen von vor ein paar Tagen unterschied. Aber das kümmerte ihn kaum. Die Flamme hatte ihn von Evanie frei gebrannt.

»Wartest du auf die Parade der Unsterblichen?«, fragte er mit einem leisen Lächeln.

»Vielleicht.«

»Ich dachte, du hasst sie so sehr, dass du sie am liebsten gar nicht mehr sehen würdest.«

Ihre Stimme wechselte zu Bitterkeit. »Das tue ich.«

»Nun, wie lautet die Antwort?«

Sie schaute auf eine Uhr an ihrem Handgelenk.

»Das wirst du in ein oder zwei Augenblicken wissen.« Sie schenkte ihm ein sardonisches Lächeln. »Ich habe keine Angst, es dir jetzt zu sagen. Ich werde dir sogar sagen, was in dem Paket war, das ich von dem Amphimorph bekommen habe. Willst du es wissen?«

»Natürlich.«

Ihre Stimme zitterte aufgeregt. »In diesem Paket war eine Atombombe!«

»Eine Atombombe?«

»Ja. Und weißt du, wo es jetzt ist?« Die Stimme erhob sich jubelnd, fanatisch beschwingt. »An der Wand hinter dem Thron von Urbs! Hinter dem Thron, auf dem der Meister in diesem Moment sitzt!« Sie lachte über sein entsetztes Gesicht. »Ich danke dir, dass du meine Bitte um Freiheit unterstützt hast, Tom. Das hat geholfen.«

»Der Meister ist nicht da drin«, sagte er knapp. »Ich habe ihn gehen sehen.«

Er sah, wie ihr Gesicht bleich wurde – und dann kam ihm ein erschreckender Gedanke.

»Oh, Gott! Aber die Prinzessin ist es! Die Prinzessin ist es!«

Er rannte auf die bewachte Tür zu, ohne auf Evanies Warnruf zu achten: »Tom, es ist soweit! Es ist soweit!«

Er stürzte sich auf die teilnahmslosen Wachen, aber bevor sie ihre Abweisung aussprechen konnten, hallte ein donnerndes Gebrüll durch die riesige Halle wie das Grollen eines einstürzenden Berges.

Ein unaufhörliches Gebrüll wie in der Hölle erhob sich zu einem ohrenbetäubenden Höhepunkt, und hinter den Glastüren wogten Dampfwolken, die von aufblitzenden Feuern durchzogen waren.

Voller Verzweiflung stürzte Tom Connor gegen die Türen. Sie schwangen nach innen und schlossen sich hinter ihm, und er befand sich im Raum der Explosion.

Weit unten, hinter dem Thron des Meisters, erblickte entsetzt den Geysir der Zerstörung – eine mächtige, brüllende, wogende Wolke aus rauchgeschwängertem Dampf, die lauter kreischte als die gequälten Seelen des siebten Kreises der Hölle.

Die krachenden Entladungen der verirrten Energie brannten Flammen durch die Wolke, wie Blitze hinter einer Gewitterwolke, und der Widerhall hallte über dem Tosen des explodierenden Wasserstoffs wider. Der Thron des Meisters wurde von den brüllenden Feuern verdeckt.

Aber selbst dieser Holocaust hatte die riesige Weite des Thronsaals noch nicht ausgefüllt. Das Ende, an dem Connor einen Moment lang verwirrt stand, wurde nur durch Fetzen und Rauchschwaden vernebelt. Er senkte seinen Kopf und stürmte in das Inferno. Margaret war irgendwo hinter dieser höllischen Explosion gefangen!

Der brühend heiße Dampf leckte an ihm und wirbelte um seinen Körper. Seine nackten Beine und Schultern brannten bei der Berührung, sein Gesicht glühte, aber er erreichte die Thronreihe und hielt einen Moment auf der abgeschirmten Seite inne. Was für eine Maschine der Zerstörung! Eine Bombe, die ihre Kraft nicht in einer einzigen Explosion entlud, sondern immer weiter explodierte, während Milliarden von Atomen zerbarsten.

Es war nicht nötig, nach der Tür zu suchen. Die Detonation, die erste Explosion, hatte die Wand aufgesprengt. Sofort rannte er über die brennenden Trümmer, wo die mächtigen Träger seltsam verdreht und verbogen waren und im dunstigen Licht nach oben zeigten. Er stürzte sich auf den Rand der Öffnung und kam bis dicht an die Schwelle des Grauens.

Die Gammastrahlung verätzte seinen Körper. Das Kreischen sterbender Atome donnerte gegen sein gequältes Trommelfell, und er brannte – brannte. Aber ein unerbittlicher Drang trieb ihn weiter. Er war verantwortlich für dieses Chaos, diesen Holocaust, und Margarete von Urbs.

Er hatte seinen Eid gegenüber dem Meister gebrochen! Evanie hatte ihn verraten! Sie hatte ihn mit einem Trick dazu gebracht, ihre Bitte um Freiheit zu unterstützen, und weil er ihr geholfen hatte, war das hier passiert! Jan Orm hätte alleine keinen Schaden anrichten können. Nur Evanie konnte wegen ihres nicht menschlichen Blutes mit einem Amphibienmann fertig werden. Evanie, in die er sich verliebt zu haben glaubte!

Und die Prinzessin, die er wirklich liebte, war irgendwo hier. Er wütete weiter, sein Geist war so aufgewühlt wie die Explosion selbst, bis er in Martin Sairs Laboratorium eindrang, eine flammende äußere Region der Hölle, die bis zur Undurchsichtigkeit getrübt war. Erstickend und versengt prallte er gegen die hintere Wand, rutschte an ihr entlang und fand schließlich die Tür.

In dem luxuriösen Zimmer der Prinzessin herrschte chaotische Unordnung, aber nur träge Dampfschwaden zogen dahin, und das Brüllen der Explosion war gedämpft. Aber auch hier krachte es in der Wand.

»Margarete!«, rief er. »Margarete von Urbs!«

Ihre Stimme antwortete ihm. Sie saß kauernd in einer Ecke. Verletzt? Nein, sie durchsuchte ernsthaft einen Haufen Schutt, der von der ersten Erschütterung quer durch den Raum gefegt worden war. Er eilte auf sie zu.

»Komm schon!«, rief er. »Wir brechen ein Fenster auf und verschwinden.«

Sie blickte kühl auf.

»Ein Fenster? Versuch es. Eine Kugel kann das vielleicht, aber nicht weniger.«

Er schnappte sich einen Stuhl und schleuderte ihn mit voller Wucht gegen die Scheibe. Der Stuhl zerbrach; zwei winzige Dellen zeigten sich in der Scheibe, das war alles. Und in dem Palast, der von den Spitzen der

Zwillingstürme aus gelüftet wurde, öffnete sich kein Fenster. Er stürzte auf sie zu.

»Dann müssen wir eben durch die Explosion zurück!«, brüllte er. »Komm schon!«

Sie stand auf und sah ihn an. In der dampfenden Hitze hatte sie die gold-schwarze Robe abgelegt und trug nun das typische, freizügige Gewand der Urbs, nur dass der Stoff aus schwarzem Samt und nicht aus metallischen Schuppen bestand.

»Du kannst nicht in solchen Klamotten durchgehen!«, rief er.

»Meine Venus«, sagte sie. »Sie wurde irgendwo hierher geschleudert. Ich will sie haben.«

»Du musst jetzt kommen!«

»Ich will meine Venus aus Elfenbein.«

Er entdeckte das Aufblitzen von Elfenbein. »Hier ist sie«, schnappte er und steckte die Statue in seinen Gürtel. »Und jetzt komm.«

Leichter Spott blitzte in ihren Augen auf.

»Und wenn ich es nicht mache?«

Er schüttelte die Faust. »Das wirst du, oder ich schleife dich hier raus.«

»Warum«, fragte sie, »riskierst du dein Leben, um mich zu retten?«

»Weil«, knurrte er verärgert, »ich unwissentlich dafür verantwortlich war. Ich wurde dazu verleitet, mein Wort zu brechen. Meinst du, ich kann den Meister – oder dich – für meine Dummheit büßen lassen?«

»Oh«, sagte sie und ihre Augen richteten sich zu Boden. »Nun … ich werde nicht gehen.«

»Bei Gott, das wirst du!« Er sprang auf, um sie zu packen, aber sie wich ihm aus.

Aber nur für einen Moment, denn er sah wieder das spöttische Glitzern in ihren Augen.

»Na gut«, sagte sie plötzlich unterwürfig.

Er schnappte sich das fließende Gewand vom Boden, als sie sich umdrehte und zielstrebig auf die Wand zuging, die nun schwankte, knackte und ächzte. Bevor er sie erreichen konnte, hatte sie die Tür aufgerissen – und die Hölle brach über sie herein.

Das Labor von Martin Sair war eine Masse aus Rauch und Dampf wie der Krater von Erebus, der im ewigen Eis der Antarktis flammt. Connor warf den Mantel wie eine Decke über die Prinzessin und schleuderte sie stolpernd in Richtung des schrecklichen Glanzes der Explosion.

Am Mauerdurchbruch versetzte er ihr einen gewaltigen Stoß, der sie taumelnd in den Raum schleuderte, wo sich die feurige Wolke um sie herum schloss und wogte. Dann sprang er hindurch, sein Fleisch krümmte sich unter der Pein der brennenden Strahlen und bekam Blasen von der Berührung des brühenden Dampfes.

Margarete von Urbs rappelte sich auf und stolperte in ihrem Gewand in den Schutz der Throne. Sie würgte, als die sengende Luft ihre Lungen erreichte.

»Du tust mir weh!«, rief sie.

»Komm schon!«

Wieder das spöttische Glitzern, selbst wenn der Tod ihnen ins Gesicht starrte. Aber sie folgte ihm widerstandslos, als er ihren Arm ergriff und durch den blendenden Nebel aus Dampf und Rauch, der jetzt den mächtigen Raum erfüllte, bis zur fernen Ecke stürzte. Der blinde Zufall war ihr Wegweiser, als sie taumelnd, hustend und mit Tränen in den Augen vorwärts eilten. Es schien ein langer Weg zu sein. Kreisten sie in der Finsternis der monströsen Kammer?

Die Prinzessin zerrte an Connors Arm.

»Nein«, keuchte sie. »Hier lang … hier lang.«

Er ließ sie führen. Sie kämpften sich durch die wogenden Massen, die fantastische Formen annahmen – anstürmende Ungeheuer, wogende Berge. Sie taumelte, stolperte, schüttelte aber den Arm ab, den er zur Unterstützung hob.

»Ich habe noch nie Hilfe gebraucht«, murmelte sie stolz. »Das werde ich auch nie.«

Es schien ihm, als käme die Explosion immer näher. »Sind wir … richtig?«, würgte er.

Dann sah er durch einen kleinen Spalt etwas, das ihn entsetzte – die Reihe der Throne, die rauchend und geschwärzt in den Flammen standen. Sie waren im Kreis gelaufen!

Durch irgendeine Laune des Luftzugs oder der Belüftung gab es einen kleinen Bereich mit fast klarer Luft neben dem Thron der Prinzessin. Hustend und würgend standen sie sich dort gegenüber.

Zu seinem Erstaunen sah er, wie ein flackerndes, spöttisches Lächeln für einen einzigen Augenblick auf ihren Lippen spielte.

Ihr Haar war angesengt und durch die dampfende Luft plattgedrückt, ihr Gesicht rußverschmiert und gerötet, und doch war sie so unglaublich schön, dass er sogar die Gefahr vergaß, als ihr Lächeln plötzlich ernst und wehmütig wurde.

»Liebster«, flüsterte sie fast unhörbar, aber er las von ihren Lippen. »Ich werde es dir jetzt gestehen. In meinem Zimmer waren wir sicher. Wir müssen auf den Bildschirmen zu sehen gewesen sein und Männer wären gekommen, um ein Fenster zu öffnen.«

Er war entsetzt.

»Warum dann …«

»Hör mir zu, Tom. Selbst hier habe ich dich in die Irre geführt, denn ich wusste durch das Muster auf dem Boden, in welcher Richtung die Tür liegt. Aber wenn du mich nicht lieben willst, muss ich dich töten, wie ich es versprochen habe, dann sterben wir beide! Denn ich kann nicht zusehen, wie du Jahr für Jahr älter wirst … und dann stirbst. Ich kann nicht!«

»Flamme!«, brüllte er mit leidenschaftlicher Stimme. »Aber ich liebe dich! Hast du wirklich gedacht … ich liebe dich, Flame!« Ihre blitzenden Augen weiteten sich.

»Oh, Gott!«, presste sie hervor. »Jetzt ist es zu spät!« Sie bedeckte ihr Gesicht, dann blickte sie plötzlich wieder auf, mit einer aufkeimenden Hoffnung in ihren Augen. »Vielleicht nicht!«, rief sie. »Können sie uns hier sehen? Nein … der Dampf. Aber es werden Männer in Schutzanzügen kommen, um das Chaos zu beseitigen … wenn … wir überleben können … bis dahin.« Sie hustete. »Aber das können wir nicht.« Sie schwankte. »Du gehst … in diese Richtung. Küss mich, Tom, und lass mich allein. Ich will …

auf dem Thron … von Urbs sterben. Nur … eine Sache… wie dies hier, ein Unfall … kann einen … Unsterblichen töten!«

»Dich verlassen?«, rief er. »Nicht einmal im Tod!« Er rang nach Atem, als er sie an sich zog.

Eine Welle aus Dampf und Feuer verschlang sie. »Hilf mir auf meinen … Thron«, flüsterte sie keuchend.

Ihre Augen, die in den heftigen Blitzen tränenglänzend und meergrün waren, wurden leer. Sie schlossen sich, und sie glitt fast aus seinen Armen. Ihre Knie gaben nach und sie brach zusammen.

Inferno

Er presste sie an sich. Sie auf den Thron setzen? Warum nicht? Warum sollte er sie nicht bis zum Ende festhalten und mit ihr in seinen Armen sterben? Oder vielleicht schützte er sie mit seinem Körper, bis die Menschen kamen, oder bis die Explosion endete. Irgendwie musste sie gerettet werden!

Niemals … nicht einmal als vor tausend Jahren ein elektrischer Strom durch ihn geschossen wurde, um ihn zu töten … war sein Drang nach Leben so groß gewesen wie jetzt. Jetzt, wo das Leben so viel versprach … die Liebe zwischen ihm und der Schwarzen Flamme von Urbs, zwei Wesen, die schon vor Jahrhunderten und in verschiedenen Zeitaltern tot sein sollten … musste er sterben!

Hatte das Schicksal sie am Leben gelassen, damit sie sich für diesen kurzen Moment vor dem Tod treffen und lieben konnten? Wahnsinn! Lieber sterben, während er um das Leben kämpfte. Er hob das Mädchen auf seine Arme und taumelte auf die Wand zu, die noch immer den Raum abschirmte, in dem er die Prinzessin gefunden hatte.

Ihr Gewicht war gering, aber er hatte noch keine zehn Schritte gemacht, als er auf die Knie sackte. Schwindelig kämpfte er sich wieder hoch. Die Linie der diagonalen schwarzen Quadrate zeichnete sich schemenhaft auf dem Boden ab, aber er konnte nicht sicher sein, dass er nicht die Richtung geändert hatte. Er war am Ersticken; der Sturm schien zu brüllen und zu tosen, mal in seinen Ohren, mal schwach und weit entfernt.

Er kämpfte weiter. Plötzlich merkte er, dass er sich ohne Last bewegte. Ohne es zu merken, hatte er die Prinzessin fallen lassen. Grimmig drehte er sich um, bis er über sie stolperte. Sie lag zusammengekauert mit der Wange auf dem dampfenden Boden. Er schwang sie über seine Schulter, umklammerte ihre Knie so fest, dass sich seine Finger in die seidenweiche Haut gruben, und taumelte zurück.

Jeder Schritt war ein Spiel mit dem Tod. Wenn er jetzt fiel, würde er nie wieder aufstehen. Er taumelte weiter, seine Lungen atmeten schwer in der abgestandenen Luft und dem heißen Dampf. Dann wurde die Explosion hinter ihm leiser. Oder waren es nur seine Sinne, die nachließen?

Es war der harte Schlag seines Kopfes gegen die Wand, der ihn aus dem träumerischen Dämmerschlaf riss, in den er gefallen war, und er war überrascht, das Gewicht des bewusstlosen Mädchens noch immer auf seiner Schulter zu spüren.

Die Mauer! Welche Mauer? In welcher Richtung war die Tür, die das Leben bedeutete? Er stöhnte und drehte sich willkürlich nach rechts, nur weil sein rechter Arm Margarete von Urbs' Gliedmaßen umklammerte und seine linke Hand frei war, um sich gegen das Mauerwerk zu stemmen. Aber ein Ausruf des Triumphes entrang sich seinen verbrannten, rissigen Lippen, als seine Hand über das dampfbeschlagene Glas glitt und er durch die Spur, die sie hinterließ, weiße Gesichter sah.

Er konnte nicht weitergehen, keinen Schritt mehr tun. Der schlaffe Körper der Prinzessin glitt aus seinen Armen, und er merkte, dass sie beide in den sicheren Korridor geschleift wurden. Er schnappte nach Luft und dann wurde ihm kalt ums Herz, als sich seine blutunterlaufenen Augen auf die Gestalt der Flamme richteten.

Ihr Gesicht erschreckte ihn. Sie war bleich wie das Bild auf ihrem Thron und schien kaum zu atmen. Ein ernster Unsterblicher, der sich über sie gebeugt hatte, richtete sich auf und sagte angespannt:

»Holt Martin Sair … und zwar schnell!« Seine Augen blitzten Connor an. »Du bist nicht verletzt«, sagte er. »Ruh dich einfach eine Weile hier aus.«

Auf dem Gang regte sich etwas. Zwei Männer in braunen Overalls und Kristallhelmen zogen etwas aus Metall. Es sah aus wie ein Bagger mit zwei zehn Meter langen Schaufeln. Ein Ding, um die Explosion einzudämmen, bevor sie den riesigen Palast unterhöhlen konnte.

Dann war Martin Sair zur Stelle und der Meister, dessen trauriger Blick auf die Prinzessin gerichtet war.

»Macht den Korridor frei«, sagte der sandfarbene Unsterbliche, und die Wachen drängten die Menge zurück.

Durch den nördlichen Torbogen sah Connor Tausende von Urbans auf dem Rasen des Palastes. Als sich die Tore schlossen, waren sie verschwunden.

»Er muss auch gehen«, sagte Martin Sair und wies auf Connor. »Je weniger Lungen hier sind, desto besser. Das Mädchen erstickt.«

»Nein!« krächzte Connor und schlang einen Arm um die Flamme.

»In Ordnung. Dann geh zur Seite.«

Aber aus den sich öffnenden Türen drang nun ein Gebrüll, wie das aller gequälten Seelen seit der Schöpfung. Männer in Schutzanzügen stürzten heraus und zerrten einen Behälter hinter sich her.

Connor drängte sich zwischen sie und die Prinzessin, wobei er die brennenden Strahlen auf seinem Fleisch spürte.

Der Container glühte so hell wie die Sonne, und jenseits des Nordbogens fiel eine Kette vom Himmel – ein Dreieck, um das tödliche Ding wegzutragen und es ins Meer zu werfen.

Im Palast herrschte nun eine Stille, wie die des Todes.

Tod? Tom Connor blickte ängstlich auf die marmornen Züge von Margarete von Urbs. Auch sie sahen aus wie der Tod, und er starrte so fasziniert, dass er völlig überrascht war, als er aufblickte und sah, wie Evanie und Jan Orm von einem halben Dutzend grimmig dreinblickender Wachen den Korridor hinuntergetrieben wurden.

»Sie haben versucht, aus dem Südtor zu entkommen«, sagte einer.

Der Meister richtete seine kalten, brennenden Augen auf sie und blickte dann wieder traurig auf die noch immer vollkommenen Züge der Schwarzen Flamme hinab.

Ein Unsterblicher stellte einen kleinen Behälter an Martin Sails Seite.

»Adrenalin!«, rief der Lebensspender und nahm das Röhrchen, das der andere ihm reichte. »Amino-Hyoscin! Daturamin!«

Er drückte das blasse Fleisch am Arm des Mädchens, öffnete die geschlossenen Lider und blickte in die leeren Augen. Schließlich legte er Daumen und Zeigefinger auf ihr Handgelenk und runzelte die Stirn, als er das schwache Pochen ihres Pulses spürte.

»Sie erstickt«, wiederholte er. »Asphyxie.«

Voller Sorge und mit verschwommenem Blick beobachtete Connor das langsame Heben und Senken ihrer Brust. Zweimal glaubte er, dass die Bewegung aufgehört hatte, und jedes Mal setzte das angestrengte Atmen mit einem fast unhörbaren Keuchen wieder ein. Dann hörte es auf; er war sich sicher, und eine große Welle der Verzweiflung überkam ihn.

»Ihr Herz bleibt stehen«, sagte Martin Sair kurz.

Sterben! Tom Connor starrte wild in den Korridor. Ungläubig sah er das grimmige Licht des Triumphs im Gesicht von Evanie Sair, die kalt auf die verblassende Herrlichkeit der Schwarzen Flamme herabblickte.

Dass eine solche Schönheit zugrunde geht – in der Erde begraben wird – sich in einen Haufen zerfallender Knochen verwandelt! Undenkbar!

»Sterben!« Connor krächzte. »Sterben!«

Martin Sair sagte nur: »Jetzt! Herzstillstand! Und halte die Sauerstoffmaske bereit.«

»Sterben!«, krächzte er wieder.

Der Lebensspender blickte ihn kalt an.

»Sterben!« Er antwortete teilnahmslos. »Nein. Tot. Na und?«

Der Meister wandte sich grimmig ab und ging mit einem kurzen Befehl an die Wachen lautlos in den Thronsaal. Sie schoben Evanie Sair und Jan Orm vor sich her, aber Tom Connor entging nicht der triumphierende Blick, den das Mädchen ihm trotzig zuwarf.

Connor blickte verzweifelt auf das schöne Geschöpf, das die Schwarze Flamme von Urbs gewesen war, und fragte sich, warum Martin Sair immer noch so aufmerksam über sie gebeugt war und das blasse Handgelenk in seiner Hand hielt.

Er zuckte zusammen, als der strenge Unsterbliche sich bewegte, seine Lippen dicht an die kalten des Mädchens presste und ausrief: »Jetzt! Die Maske!«

Der Lebensspender stülpte eine Art Trichter über das stille Gesicht. Es herrschte einen Moment lang Stille; nichts geschah. Der Wissenschaftler beugte sich näher.

Abrupt legte er seine Hände um die Taille der Prinzessin und schüttelte sie heftig, bis ihr Kopf von einer Seite zur anderen rollte. Er schlug ihr auf die Brust und auf die Wangen. Und dann, wie das leise Seufzen des Abendwindes, atmete sie auf.

Ein dünnes, schwaches Keuchen – mehr nicht. Aber lebenswichtiger Sauerstoff strömte in ihre Lungen und der Stoffwechsel ihres Körpers nahm seine unterbrochenen chemischen Prozesse wieder auf. Ihre Atmung verstärkte sich zu einem mühsamen, pfeifenden Keuchen.

»Cheyne-Stokes-Atmung«, murmelte Martin Sair, dessen Genie einen Geist wiedererweckt hatte, der bereits auf den Pfaden der Ewigkeit gewandelt war. Die Schwarze Flamme, die wieder entfacht wurde, brannte schwach und flackernd – aber sie brannte!

Connor konnte es nicht begreifen. Der Wechsel von den Tiefen der Trostlosigkeit zum Gipfel der Hoffnung war zu groß, um ihn in einem Moment zu begreifen. Er starrte nur ausdruckslos auf das mit einer Maske bedeckte Gesicht der Prinzessin. Als ihm die Erkenntnis dämmerte, erstickte der Schrei des Erstaunens und der Ekstase in seiner vernarbten Kehle und wurde zu einem Gurgeln. Er brachte eine erstickte Frage heraus.

»Wird sie … überleben?« Er bewegte sich, als wolle er sie in seine Arme schließen.

»Nicht!«, schnauzte Martin Sair. »Bei deinem Leben, fass sie noch nicht an. Gib ihren roten Blutkörperchen Zeit, sich mit Sauerstoff zu versorgen. Das Mädchen ist erstickt! Willst du das alles noch einmal erleben?« Seine Augen erkannten die Angst in Connors Gesicht und er wurde weicher. »Natürlich wird sie überleben. Dachtest du, der Tod könnte Martin Sair so leicht besiegen? Er hat mich schon oft besiegt, aber noch nie in einem so leichten Wettkampf wie diesem!«

Der große Unsterbliche beugte sich wieder über das Mädchen. Ihre Atmung hatte sich beruhigt. Für einen schrecklichen Moment dachte Connor, dass sie wieder aufgehört hätte. Martin Sair hob die Maske von den blassen, perfekten Gesichtszügen, die bis auf das Seufzen ihres Atems immer noch wie Marmor wirkten.

»Jetzt das Elixier vitae«, sagte er. »Das wird Feuer in dieses kalte Blut bringen.«

Er nahm seinem schweigsamen Assistenten ein Fläschchen mit einer rubinroten Flüssigkeit aus der Hand, offenbar dasselbe starke Stimulans, das Evanie aus dem todesähnlichen Schlaf des Boten geweckt hatte.

Die Prinzessin war viel zu tief in der Bewusstlosigkeit, um zu schlucken. Martin Sair goss einen winzigen, tröpfelnden Strom zwischen ihre Lippen, nicht mehr als ein paar purpurne Tropfen. Das war genug. Als es sich seinen feurigen Weg durch ihre Kehle bahnte, stöhnte sie auf und ihr herrliches Gesicht verzog sich wie im Todeskampf. Die schlaffen Hände ballten sich krampfhaft zu weißen Fäusten.

Martin Sair erhob sich.

»Siehst du«, sagte er zu seinem ernsten Assistenten, »es gab keine organischen Probleme. Der Sauerstoffmangel war alles. Der Organismus war unbeschädigt. Das Blut hatte nicht einmal angefangen zu gerinnen. Es war nur notwendig, die Körpermaschine in Gang zu setzen, denn sie lief perfekt.«

»Cardiacin ist ein Glücksspiel«, sagte sein Assistent langsam. »In einigen Fällen hat es die Herzen zum Platzen gebracht.«

Martin Sair schnaubte. »Nicht mit den richtigen Vorsichtsmaßnahmen. Daturamin und Amino- hyoscin zuerst. Cardiacin ist natürlich stark.« Er überlegte. »Ich habe gesehen, wie es das Herz eines Mannes zum Schlagen gebracht hat, der zehn Tage tot war.«

Connor hörte nicht mehr zu. Fälle! Als ob dies ein medizinischer Fall wäre, dieses Wunder! Sie redeten weiter, ohne auch nur einen Blick auf das schmerzerfüllte, wunderschöne Gesicht zu werfen. Tom Connor berührte ihre kalten Wangen, küsste die rußverschmierte Stirn.

»Vorsicht!«, warnte Martin Sair.

»Aber sie atmet!« flüsterte Connor freudig. »Bist du sicher, dass sie überleben wird?«

»Sie wird in zehn Minuten wieder bei Bewusstsein sein. Ein bisschen krank, aber bei Bewusstsein.« Der Tonfall des Wissenschaftlers wurde wieder sanfter. »In zwei Tagen wird sie so aufgeweckt sein wie immer. Schließlich ist ihr Körper der Körper eines zwanzigjährigen Mädchens. Sie ist jung und widerstandsfähig. Du kannst aufhören, dir Sorgen zu machen.«

Jemand berührte Connors Schulter; eine Wache, die dröhnend verkündete: »Orbis Terrarum Imperator …«

»Ich werde nicht gehen!« brüllte Tom Connor. »Ich bleibe hier!«

»Sie ist nicht mehr in Gefahr, das sage ich dir«, beharrte Martin Sair. »Falls sie jemals in Gefahr war … mit mir an ihrer Seite!«

Zögernd folgte Connor der Wache und warf einen besorgten Blick zurück auf Margarete von Urbs, die auf dem Steinboden des Korridors lag. Dann ging er zögernd weiter in den Thronsaal.

Der Meister richtet

Im Thronsaal hatten die Ventilatoren den Dampf und die mit Rauch vergiftete Luft abgesaugt, aber die Feuchtigkeit tropfte von den Wänden und sammelte sich in Lachen auf dem Boden.

Die schreckliche Zerstörung durch die Explosion war überall zu sehen. An den Wänden und Fenstern war kein einziger Behang mehr zu sehen. Alles, was brennbar war, lag in Schutt und Asche, und der Boden war immer noch glühend heiß.

Das hintere Ende war ein Haufen unbeschreiblicher Ruinen, Trümmer von der zerbrochenen Wand, sogar Fragmente der Dioritsockel der Throne. Die Luft war trotz der brummenden Ventilatoren durch die Strahlung von Boden und Wänden stickig.

Der Meister saß auf den halb geschmolzenen Trümmern seines Throns, seine steinernen Augen auf Evanie und Jan Orm gerichtet, die zwischen den Wachen vor ihm standen.

Der verängstigte Blick auf Evanies Gesicht rührte Connor trotz der Verletzungen, die sie ihm zugefügt hatte. Immerhin hatte sie ihn aus dem Grab geholt und ihm, der mittellos und fremd war, ein Zuhause und einen Platz in dieser bizarren Welt gegeben. Sie klammerte sich verzweifelt an den Arm von Jan, der mürrisch und teilnahmslos vor dem Meister stand.

»Thomas«, sagte der Herrscher, »ich kann nichts aus diesem mürrischen Paar herausbekommen. Sag mir, was du darüber weißt.«

Connor begegnete Evanies erschrockenem Blick, der in ihm Mitleid weckte. Er hatte diesem Mädchen viel zu verdanken. War es nicht mehr als richtig, dass er ihr jetzt half? Zumindest konnte er das Problem verwirren und es hinauszögern, bis er die Hilfe von Margarete von Urbs erhalten konnte.

»Ich habe sie gemacht!«, sagte er prompt.

Das Gesicht des Meisters zeigte keine Veränderung.

»Du?«, wiederholte er sanft. »Wie?«

»Ich habe die Bombe in Martin Sairs Labor gebaut«, sagte Connor und warf einen kurzen, warnenden Blick auf Evanie. »Ich habe sie nachts gebaut und sie in der Dunkelheit hierher geschmuggelt. Das ist alles.«

»Tatsächlich? Nach deinem Schwur, Thomas? Und ich hatte mir geschmeichelt, dass du mein Freund bist – mein geschätzter Freund.«

Das Gesicht des Meisters hatte etwas Unergründliches an sich. Die ernsten Augen musterten Connor traurig, während er mit einer Strahlenpistole hantierte.

»Ich denke«, sagte der Meister und holte die Waffe heraus, »dass ich dich ein für alle Mal vernichten werde, Connor.« Er richtete die Waffe aus.

»Warte!«, schrie Jan Orm. »Er hat es nicht getan … ich war es!« Er hielt inne, als die kühlen Augen des Meisters zu ihm wanderten. »Ich habe sie in Ormon anfertigen lassen und zu mir geschmuggelt. Ich habe es heute Morgen im Thronsaal versteckt, bevor jemand da war!«

»Nun«, sagte der Meister langsam, »ich könnte glauben, dass ihr beide etwas damit zu tun hattet.«

Seine Augen flackerten über Evanie.

Sie richtete sich auf.

»Was soll das bringen?«, sagte sie düster. »Ich will nicht, dass ihr mich beschützt. Ich habe es getan. Die Bombe wurde von einem Amphimorph zu mir geschmuggelt, der mit einer Luftblase durch die Hauptleitung zum Pool in den Gärten kam. Das ist die Wahrheit.«

»Angenommen«, sagte der Meister, »ich vernichte euch alle drei und versichere mich so, dass der Schuldige bestraft wird.«

»Das ist mir egal!« Evanie stieß trotzig hervor. »Es tut mir leid, dass ich versagt habe, aber wenigstens habe ich die Schwarze Flamme von Urbs ausgelöscht … und ich bin froh darüber!«

Die Augen des Herrschers leuchteten auf, als er über ihre Köpfe hinweg blickte. Schritte ertönten hinter ihnen. Connor wirbelte herum und sah Margarete von Urbs auf sich zukommen, gestützt auf den Arm von Martin Sair. Sie war rußverschmiert, ihr ganzes schlankes rechtes Bein war von der Explosion rot und mit Blasen übersät, ihre rechte Wange war durch den Kontakt mit dem dampfenden Boden entzündet, und doch war sie so unglaublich schön, dass sie atemberaubend war. Tom Connor sprang zu ihr und legte einen Arm um sie und sie schmiegte sich bereitwillig an ihn. Evanie, die so blass war, dass sie in Ohnmacht zu fallen drohte, lehnte sich schwach an Jan Orm.

»Was bedeutet das alles, Joaquin?«, fragte die Prinzessin.

»Das ist nur ein Versuch, die Verantwortung für den Bombenanschlag zu klären, meine Liebe.«

»Und hast du es geschafft?«

»Alle drei beanspruchen die Ehre.«

»Ich verstehe.« Sie hielt inne. »Nun, ich kann etwas Licht in das Geheimnis bringen. Ich bin für die Bombenexplosion verantwortlich. Es war ein Unfall. Ich habe im Zimmer von Martin Sair beobachtet, wie das Detonol kristallisierte, und vergessen, es vom Brenner zu nehmen. Ich wurde von der Gehirnerschütterung betäubt, und Thomas Connor eilte herbei und führte mich hinaus. Irgendwo im Thronsaal muss ich wohl ohnmächtig geworden sein.«

Sie hielt wieder inne und starrte den Meister an.

»Verstehst du nicht? Jeder von den dreien verdächtigt den anderen und jeder versucht, seine Freunde zu schützen. Aber ich habe es getan; es war ein Unfall.«

Sie rutschte aus Connors Arm und sank müde auf die Stufen, die zu ihrem zerstörten Thron führten.

»Ich brenne!«, murmelte sie und nippte an dem Wasserkelch, den eine Wache ihr an die Lippen hielt.

Fragend blickte der Meister auf sie herab.

»Du weißt«, sagte er plötzlich streng, »dass für mich die einzige unverzeihliche Sünde darin besteht, meine Pläne zu durchkreuzen. Nicht einmal du, meine Schwester, darfst dich ihnen in den Weg stellen. Solange ich lebe, bin ich der Meister. Ich werde erst dann nachgeben, wenn sich eine Macht erhebt, die stark genug ist, um mich zu stürzen, denn das wird mir zeigen, dass meine Arbeit getan ist. Wenn das geschieht, werde ich die Menschheit so weit wie möglich auf den Pfad des Schicksals geführt haben, aber bis dahin … bin ich der Meister.«

Sein Gesicht, streng wie ein Bild in Basalt, ragte über ihnen auf. Zum ersten Mal konnte Connor den Koloss hinter der milden Maske erahnen, die diamantene Härte unter der Seide, die ihn umhüllte. Dann lächelte der Herrscher.

»Ich kann wohl nicht am Wort meiner Schwester zweifeln. Ich lasse euch alle frei.«

Er stand auf und stieg vom Thron herab.

Connor folgte ein oder zwei Schritte. »Es interessiert mich«, flüsterte er, »wem von uns beiden du glaubst.«

Der Meister lächelte wieder. »Habe ich das nicht gerade gesagt?« Er wandte sich ab. »Wenn ich neugierig wäre, könnte ich dich und Jan Orm natürlich fragen, woher ihr wusstet, wann die Bombe hochgehen sollte. Ich hatte mich erst auf eine Zeit für das Konklave festgelegt, als ich es in den Korridoren ankündigen ließ, und die Bombe muss zwischen diesem Moment und der Ankunft der Wachen platziert worden sein.«

»Oder die Prinzessin sagt die Wahrheit«, schlug Tom Connor vor.

»Eines Tages wird Margaret erklären, warum Detonol eine Dampfwolke verursacht«, bemerkte der Meister. Er fuhr abwesend fort: »Evanie hat gutes Blut in sich. Jan Orm auch.« Dann war er weg, gefolgt von Martin Sair und den Wachen.

Connor kehrte zu Margarete von Urbs zurück. Evanies ungläubige Augen waren auf die Prinzessin gerichtet, als sie flüsterte:

»Warum hast du das getan?«

»Weil ich dachte, dass es Tom Connor gefallen würde«, sagte Margaret von Urbs ganz offen.

Evanie starrte sie mit wachsendem Verständnis an. »Die Schwarze Flamme selbst brennt!«, murmelte sie verwundert. »Jetzt verstehe ich, warum wir immer noch von den Alten lernen können. Sie sind Wundertäter.« Doch im nächsten Moment blitzten ihre braunen Augen rachsüchtig auf. »Ich bin froh, dass die Eroberung der Flamme noch zu meinen Lebzeiten stattfand.« Sie verbeugte sich halb in Erstaunen, halb in Spott vor Connor. »Ich grüße den Prinzgemahl von Urbs!«

Die Prinzessin errötete leicht, und Connor lachte und schaute weg. Etwas, das in einem Haufen Asche funkelte, fiel ihm ins Auge. Er bückte sich, um die wunderbare kristalline Blume aufzuheben, die strahlend und unzerstörbar glänzte und von der Explosion unberührt war – ja sogar noch heller leuchtete.

»Was ist das?«, fragte er.

»Meine Mondorchidee«, sagte Margarete von Urbs. »Die einzig perfekte, die je gefunden wurde.«

Er grinste und wandte sich an Evanie.

»Ich habe dir eins versprochen. Hier – unser Hochzeitsgeschenk für dich und Jan.«

»Eher ein Verlobungsgeschenk«, sagte die Prinzessin. »Ich schulde euch beiden etwas mehr, als ihr denkt.« Sie ignorierte sowohl Evanies Schweigen als auch Jan Orms Beteuerungen, in denen sich Verlegenheit, Dank und Ablehnung mischten, als er das unbezahlbare Stück in der Hand hielt. »Tom«, murmelte sie, »können wir … allein sein?«

Das war die Entlassung. Jan und Evanie zogen sich zurück und warfen Connor einen halb verblüfften Blick zu. Er ließ sich neben die erschöpfte Prinzessin von Urbs fallen und legte zärtlich seinen Arm um ihre verbrannten Schultern. Selbst in der Schwüle dieser verdammten Kammer zitterte sie, ihre Zähne klapperten, so sehr hatte sich das eisige Gesicht des Todes sie entkräftet.

Er zog sie dicht an sich heran und hielt dann inne, als er ein entferntes, dünnes Geschrei hinter den Fenstern hörte.

»Was ist das?«, fragte er schroff. »Eine weitere Revolution?«

»Nur die Zeitungen, denke ich. Du bist in letzter Zeit oft darin zu sehen.« Sie lächelte blass. »So oft wie ich, in der letzten Woche. Der Weed, der die ionischen Strahlen aushielt, wurde als lebender Antiker entlarvt und für unsterblich erklärt … der Retter von Margarete von Urbs … und jetzt …« Sie zitierte ironisch: »Margarete soll heiraten? Gerüchte über eine Romanze mit dem Retter!« Sie schmiegte sich enger an ihn. »Oh, der Untergang der Schwarzen Flamme wird bekannt werden, keine Sorge! Sollen sie die Bilder und doch in ihre Fernsehsendungen einbauen. Das ist mir egal!«

»Bilder? Was für Bilder?« Er schaute sich in der großen, verlassenen Kammer um.

»Aus dem Beobachtungsraum, natürlich! Glaubst du nicht, dass wir während der Explosion die ganze Zeit beobachtet wurden, sogar hier drinnen, so weit es der Dampf zuließ? Weißt du nicht, dass wir auch jetzt beobachtet werden, fotografiert für die Zeitungen und das Fernsehen? Du bist eine Weltneuheit, Tom.« Sie runzelte die Stirn. Sie müssen mich für verrückt gehalten haben, dass ich mit dir in dieses Inferno gestürzt bin, anstatt mich in Sicherheit zu bringen. »Nun … ich war verrückt!«

»Du kannst hier nicht einmal in Ruhe sterben!« sagte Connor unverblümt. »Meinst du« – seine Stimme sank zu einem Flüstern – »sie haben gehört, was du … was wir gesagt haben?«

»Bei dem Getöse der Explosion? Nein. Daran habe ich gedacht, als ich … es sagte.«

Er lächelte darüber. Es war so typisch für den äußerst seltsamen und faszinierenden Charakter des Mädchens. Er zog sie an sich und spürte, wie etwas Hartes in seinem Gürtel drückte – die elfenbeinerne Venus, die immer noch sicher und makellos war, weil sie auf der linken Seite war und von seinem eigenen Fleisch geschützt worden war, als er die Explosion durchschritt.

»Ich weiß, was ich dir zur Hochzeit schenken werde«, sagte er langsam. »Die originale Venus von Milo. Die schönste Statue der antiken Welt.«

Sie lächelte und eine Spur des alten Spottes zeigte sich. »Und ich weiß, was ich dir geben werde«, sagte sie. »Das Leben!«

»Unsterblichkeit?«

»Nicht Unsterblichkeit. Leben.« Sie richtete ihre smaragdgrünen Augen auf ihn. »Tom, ist es sehr schwer, den Gedanken an Kinder aufzugeben? Männer wollen doch Kinder, oder nicht?«

»Die meisten von uns tun das … aber das ist ein Glück, das für dich verloren ist.« Er blickte auf sie herab. »Kann man diese Unsterblichkeitssache nicht rückgängig machen? Wäre es nicht möglich, dass Martin Sair dich für ein paar Jahre sterblich macht?«

»Natürlich. Wenn man sich noch mal den harten Strahlen aussetzt, sollte es funktionieren.«

»Und dann«, eifrig, »könnten wir …«

Das Lächeln, das sie ihm zuwarf, hatte etwas Himmlisches an sich.

»Ja«, sagte sie freudig, aber sofort verscheuchte eine Wolke das Lächeln. »Aber weißt du nicht mehr, was für Kinder Frauen gebären, die zu lange den Strahlen ausgesetzt waren? Würdest du gerne der Vater eines kleinen Amphimorphs sein?«

Er erschauderte.

»Danke. Dann bleiben wir so, wie wir sind.«

Plötzlich brach sie in ein Lachen aus, das fast so spöttisch war wie ihr altes Selbst. Dann war sie plötzlich wieder ernst und zärtlich.

»Tom«, murmelte sie, »ich werde dich nicht ärgern. Das wird mein Geschenk für dich sein. Martin Sair kann tun, was du willst. Es gibt einen gewissen Spielraum … vielleicht reicht es für ein einziges Mal. Mein konstantes Alter ist jetzt zwanzig, dann wird es fünfundzwanzig sein. Aber wer um alles in der Welt hätte gedacht, dass die Schwarze Flamme einmal Mutter werden würde … und das gerne? Tom, das ist mein Geschenk an dich … das Leben! Küss mich!«

In einem Moment der Ekstase spürte er, wie ihre Lippen auf seinen bebten.

»Zwei Jungs und ein Mädchen!«, murmelte sie. »Stimmt's, Tom?«

»Und kann Martin Sair«, fragte er ironisch, »das auch für uns regeln?«

»Natürlich. Zwei Jungs wie du, Tom.« Sie hatte plötzlich verträumte Augen.

»Aber das Mädchen nicht wie du.«

»Warum nicht?«

»Weil«, lachte Tom Connor, »ich glaube nicht, dass die Gesellschaft eine zweite Schwarze Flamme vertragen könnte!«

The End